中国经济文库·应用经济学精品系列（二）

董莉莉◎著

碳规划：低碳扩散中政府补贴及监管策略优化

Carbon Planning: Research on the Optimization of Government Subsidy and Its Supervision Strategies in Low-carbon Diffusion

中国经济出版社
CHINA ECONOMIC PUBLISHING HOUSE
北 京

图书在版编目（CIP）数据

碳规划：低碳扩散中政府补贴及监管策略的优化 /
董莉莉著．--北京：中国经济出版社，2021.9（2025.6 重印）
ISBN 978-7-5136-6635-0

Ⅰ．①碳… Ⅱ．①董… Ⅲ．①低碳经济-政府补贴-研究-中国 Ⅳ．①F124.5

中国版本图书馆 CIP 数据核字（2021）第 189329 号

组稿编辑　崔姜薇
责任编辑　夏军城
责任印制　马小宾
封面设计　华子图文

出版发行　中国经济出版社
印 刷 者　三河市同力彩印有限公司
经 销 者　各地新华书店
开　　本　710mm×1000mm　1/16
印　　张　14.25
字　　数　219 千字
版　　次　2021 年 9 月第 1 版
印　　次　2025 年 6 月第 3 次
定　　价　69.80 元
广告经营许可证　京西工商广字第 8179 号

中国经济出版社 **网址** www.economyph.com **社址** 北京市东城区安定门外大街 58 号 **邮编** 100011
本版图书如存在印装质量问题，请与本社销售中心联系调换（联系电话：010-57512564）

前 言 PREFACE

近年来，气候变化问题日益引起世界各国的重视。低碳扩散是适应气候变化、实现大气污染治理目标的重要途径。补贴是各国政府促进低碳扩散普遍采用的一种激励措施，且多为直接补贴。从补贴形式来看，各国主要采用对企业和消费者同时补贴的策略。政府补贴促进了低碳扩散，但是补贴的弊端也开始凸显，例如，随着低碳扩散比例的提高，中央财政和地方财政都面临着越来越大的专项资金支出压力。同时，对于一个行业而言，只有以市场需求为导向，提高产品技术和质量水平，才能在激烈的市场竞争中求得生存。因而，政府逐步降低补贴力度成为一种必然。与此同时，一些企业通过违规生产和伪造低碳产品销售数量等方式骗取补贴，说明政府对低碳补贴缺乏监管或监管力度不够。为此，基于低碳扩散中的政府补贴现状，本书研究了低碳扩散中政府补贴及其监管策略的优化问题。

全书的体系框架如下：

第 1 章：绪论。本章概括总结了研究背景、研究意义，阐述了政府补贴、低碳扩散中政府补贴以及低碳扩散中政府监管的现状；在文献综述的基础上，给出了本书的研究思路、研究内容、研究方法和创新点。

第 2 章：概念界定与理论基础。本章对异质性主体、低碳扩散、政府补贴和政府监管等概念进行了界定，深入分析了低碳扩散中政府补贴及监管策略优化的相关理论基础。

第 3 章：低碳扩散的影响因素与演化博弈分析。本章分析了企业、消费者、政府和噪声环境对低碳扩散的影响。同时，建立了政府补贴对低碳扩散影响的确定性演化博弈模型，并将该模型与布朗运动相结合，得到随机演化博弈模型，基于此，研究了噪声环境下政府补贴与低碳扩散的关系问题，且以比亚迪 E6 和 M6 为例对上述内容进行了仿真分析。

第 4 章：低碳扩散中政府补贴策略的优化分析。本章建立了以政府、企业和消费者为主体的三方博弈模型，并根据不同的补贴策略（不补贴、只补贴企业、只补贴消费者和同时对企业、消费者进行补贴），将模型转换为以企业和消费者为主体的四种演化博弈模型，并对四种演化博弈模型进行静态均衡分析和动态均衡分析。同时，结合实例对上述内容进行仿真分析和验证。基于此，进一步研究了政府补贴策略的优化问题，给出了两种不同的补贴退坡方式，基于补贴对象的不同，给出了四种补贴退坡策略。依据给定的最优补贴退坡策略判定准则，得到低碳扩散中政府补贴的最优补贴退坡策略，并以比亚迪 S2 和 M6 为例说明了上述内容的应用。

第 5 章：低碳扩散中政府补贴监管策略的演化博弈分析。本章建立了以企业和政府为主体的演化博弈模型，并对模型进行均衡点分析，得到四种系统演化均衡情形，给出四种情形对应的相位图。同时，分析了相关参数的变化对不同主体策略选择的影响，并通过数值算例对上述内容进行分析和验证。

第 6 章：低碳扩散中政府补贴监管策略的优化分析。本章研究了在企业实施低碳策略和存在政府补贴的前提下，政府对低碳补贴监管的策略问题，构建了以政府和企业为主体的无监管时和有监管时的演化博弈模型，给出三种监管策略：对所有企业进行随机监管、对申请高补贴的企业进行随机监管和对给高补贴的企业进行随机监管，并给出监管效率和监管稳定性两项优化指标。同时，在构建小世界网络模型的基础上，分析了不同监管策略的监管效率和监管稳定性，从而得到最优监管策略以及相应的最优监管概率，并结合收益稳定性指标对噪声环境、监管成本和惩罚成本三个参数进行敏感性分析。此外，在前述研究基础上，运用精炼贝叶斯均衡理论，得到政府低碳补贴的最优边界条件，并仿真验证该条件的有效性。

第 7 章：政策分析。本章根据第 3 章至第 6 章的研究结论，提出相应的政策建议。

第 8 章：结论与展望。本章对低碳扩散中政府补贴及监管策略的优化研究进行了总结，并对研究中存在的不足，以及未来工作安排进行说明。

本书对“为什么补贴，补贴谁，怎么补贴”以及“为什么监管，监管谁，怎么监管”的问题进行深入分析，为低碳扩散中政府补贴和监管政策的制定提供了理论依据。同时，本书对政府补贴及监管策略下各主体之间的演化机制进行分析，有助于政府从整体上把握低碳在企业和消费者中的扩散规律，为补贴策略、监管策略的制定和执行提供理论支撑。

目　录 CONTENTS

第1章 绪 论

1.1 研究背景与研究意义

1.1.1 研究背景

近年来，气候环境日趋恶化，尤其是温室气体排放量的增长导致全球气候变暖、海平面上升以及自然灾害频发等严重危及人类生存。1880—2012年，北半球地表平均温度大约上升了0.85℃，预估21世纪末全球地表气温将在21世纪初的基础上再升高0.3~4.8℃。1901—2010年，全球平均海平面上升速率为1.7mm/a；1993—2010年，海平面上升速率增加至3.2mm/a①；20世纪中叶以来，极端天气频繁发生。Meadows D L等提出“增长极限”理论，该理论认为传统经济发展模式使人类和自然之间的矛盾日益激烈，气候变化问题已成为人类社会的共同挑战。应对气候变化，低碳发展是必由之路。

低碳发展是指在确保社会经济发展和人类进步的前提下，使温室气体的排放最小化。为了实现低碳发展，需要在各个领域和行业扩散低碳理念、低碳知识、低碳技术、低碳策略等。在低碳扩散进程中，需要社会公

① 数据来源：IPCC（政府间气候变化专门委员会）第五次评估报告。

众的参与，包括企业、消费者、政府等主体。因为低碳扩散不能仅靠市场自我调节或政府提供公共物品，还需要政府干预来解决市场和系统失灵的问题，从而确保低碳扩散进程中分配机会和效益的公平。

2019 年 12 月，欧盟委员会发布《欧洲绿色协议》，承诺加大投资，预计每年追加 2600 亿欧元的资金投入，约占欧盟 GDP 的 1.5%；欧盟将长期预算的 25%用于支持气变行动，同时积极鼓励私营部门投资，支持碳密集活动地区向“绿色”经济转型。2020 年 10 月，美国制定了《清洁能源革命和环境计划》，指出在 2050 年之前实现净零排放，并立法要求污染者承担碳污染的全部成本，在 10 年内投资 4000 亿美元用于清洁能源和创新。2020 年 11 月 18 日，英国鲍里斯·约翰逊政府公布了绿色工业革命 10 项计划，计划指出将从 2030 年停止售卖新的汽油和柴油汽车及货车，比早期计划提前 10 年，并于 2035 年停止售卖混合动力汽车；同时，将动用超过 120 亿英镑的政府资金，截至 2030 年促进 3 倍以上的私营部门投资，以在英国及世界各地建立适应未来的绿色产业。德国 2019 年 12 月 18 日通过的《联邦气候变化法》指出，从 2025 年开始，确定 2030 年后的排放上限，对个人的罚款可高达 5 万欧元。日本也推出了绿色增长战略，将在海上风力发电、电动车、氢能源、航运业、航空业、住宅建筑等 14 个重点领域推进减排。中国提出到 2020 年实现单位 GDP 的二氧化碳排放比 2005 年降低 40%~50%的目标，且不与其他国家的减排目标挂钩，也不带任何附加条件。2020 年 9 月 22 日，在第 75 届联合国大会上，习近平主席向国际社会做出庄严承诺，中国力争二氧化碳排放 2030 年前达到峰值、2060 年前实现碳中和。2020 年 10 月 29 日，中共十九届五中全会通过的《中共中央关于制定国民经济和社会发展第十四个五年规划和二〇三五年远景目标的建议》提出，到 2035 年，广泛形成绿色生产生活方式，碳排放达峰后稳中有降，生态环境根本好转，美丽中国建设目标基本实现。“十四五”期间，加快推动绿色低碳发展，降低碳排放强度，支持有条件的地方率先达到碳排放峰值，制定 2030 年前碳排放达峰行动方案，推进碳排放权市场化交易，加强全球气候变暖对我国承受力脆弱地区影响的观测。

有效的政策能规范、引导和调节市场主体的行为，促进低碳扩散和社会可持续发展。补贴是各国政府促进低碳扩散常见的政策手段，世界各国都制定了各种与补贴相关的政策，以促进企业开展与低碳技术有关的研发活动和进行低碳产品的生产。例如，美国每年都会在高新技术产业领域投入大量资金，且根据 GDP 的增速调整每年的补贴额度，截至 2016 年，补贴总额已有 140 亿美元。日本政府也不例外，从 2012 年起，日本政府就一直关注新能源汽车产业，并将新能源汽车的发展作为其长期战略的一部分。为了促进新能源汽车的推广，日本采取了一系列补贴措施（研发补贴等）。[①] 同样，我国各地方也制定了与国家对应的与低碳相关的补贴政策。例如，2011 年 8 月 11 日，北京市人民政府发布了《北京市“十二五”时期节能降耗及应对气候变化规划》。一系列政策的实施推动了低碳产业的发展，促进了低碳扩散。例如新能源汽车产业，2009—2015 年中央财政累计发放补贴 334.35 亿元，尤其是多级补贴、独立牌照和不限行等措施的实施使新能源汽车产业得到快速发展。据《2016 节能与新能源汽车年鉴》的数据，中国 2014 年和 2015 年的新能源汽车生产量分别为 7.85 万辆和 37.9 万辆；2014 年的销售辆是 7.48 万辆，2015 年我国新能源汽车保有量位居世界第一。[②] 如此快的发展速度与我国的新能源汽车补贴政策密切相关。

就目前来说，不管是国内还是国外，低碳扩散（例如新能源汽车行业的发展）非常依赖政策的扶持以及政府补贴，如同婴儿阶段的孩子，离不开奶水一样。但婴儿终归要断奶，国家也终将会取消对低碳行业的补贴。只是补贴的取消应是一个缓慢的过程，在该过程中，政府应该采取何种补贴形式？补贴作为政府主要的引导手段，是否能达到预期效果？政府是否可以在不影响低碳扩散效果的前提下，调整补贴策略？政府补贴应该如何递减或者如何逐步递减？

此外，政府补贴虽然促进了低碳扩散，但也产生了一些问题。例如，对于中国而言，虽然目前与低碳相关的政府补贴力度很大，但是实施效果却不容乐观。例如新能源汽车行业，2015 年 1—10 月，我国新能源汽车销

---

① 沈云竹．政府补贴对全球价值链地位提升影响研究：基于我国制造业面板数据实证分析［D］．杭州：浙江大学，2017.

② 逄琳．我国新能源汽车政府扶持补贴政策探析［D］．北京：北京交通大学，2017.

售数和上牌数分别为 17.4 万辆和 10.8 万辆，销售数与上牌数之间存在 6.6 万辆的差异。一方面说明一部分新能源汽车可能并未被消费者购买；另一方面说明部分新能源汽车企业利用政府新能源汽车补贴政策的设计和执行漏洞“骗补”。为了解决这一问题，中央组织有关部门进行核查，结果发现：在核查的 90 家新能源汽车中，涉嫌“骗补”和违规“谋补”的汽车数量约为 7.6 万辆，涉及的政府新能源汽车补贴数额高达 92.71 亿元。2016 年，仅财政部公布的 5 家骗补车企涉及的新能源汽车补贴金额已超 10 亿元。①

这一方面说明政府补贴没有被合理利用，另一方面说明政府需要对低碳补贴进行监管，且必须加强监管。为此，根据微观层面主体的行为，政府必须考虑如何对发放的低碳补贴进行监管，以及监管时应该考虑哪些因素；是否存在相应的最优边界条件；不确定性环境下，政府补贴与低碳扩散的关系如何等问题。

基于上述研究背景，下面从理论意义和实践意义两方面来说明本书的研究意义。

1.1.2 理论意义

本书结合气候变化和低碳发展的现实背景，揭示了噪声环境下政府补贴与低碳扩散的关系，分析了低碳扩散中的政府补贴策略，指出政府补贴可以是动态的内部机制，从而优化了低碳扩散中的政府补贴策略，进而完善了低碳扩散相关研究。同时，建模仿真、演化博弈等量化方法和案例分析的综合应用使低碳扩散中政府补贴及监管策略研究突破了现有静态研究的不足，使政府低碳补贴及监管的政策建议更具有科学性、合理性，是低碳扩散和政府补贴及政府监管理论的新发展，对于促进低碳扩散，推动经济社会可持续发展具有重要意义。

---

① FAN RUGUO, DONG LILI. Study on the optimal supervision strategy of government low-carbon subsidy and the corresponding efficiency and stability in the small-world network context [J]. Journal of Cleaner Production, 2017 (168): 536-550.

1.1.3 实践意义

本书首先对低碳扩散中政府补贴及监管策略的优化的相关概念进行了界定，并对政府补贴、低碳扩散中政府补贴和低碳扩散中政府监管的研究现状进行了阐述和分析，有助于从整体上把握低碳扩散中政府补贴与监管的相关问题，为政府制定低碳补贴及监管策略提供了现实依据。其次，通过对低碳扩散的影响因素分析和政府补贴对低碳扩散的影响研究，为政府补贴及监管的重要性提供了现实支撑。再次，对低碳扩散中政府补贴及监管策略的分析研究，对政府补贴和补贴监管下异质性主体之间的演化机制的探索分析，对各类主体（政府、企业和消费者）的策略选择和策略优化均具有一定的现实意义。最后，对低碳扩散中政府补贴及监管策略的优化研究，为政府补贴和监管决策的制定提供了指导。

综上所述，本书对低碳扩散中政府补贴及监管策略优化问题的研究，有利于依据当前经济发展趋向，践行国家基于气候变化和经济发展、发展模式提出的发展要求，助推社会经济绿色健康低碳发展。

1.2 文献综述

结合本书的研究内容，下面从政府补贴、低碳扩散中政府补贴以及低碳扩散中政府监管三个方面对国内外相关重要文献进行分类综述。

1.2.1 政府补贴研究现状

目前，国内外关于政府补贴的相关研究主要包括三个方面，具体内容如下。

其一，政府补贴对某一特定问题的影响研究，主要集中在研发（Peng et al.，2018）、创新（毛其淋，2015；曹兴等，2018；胡志军，2018；章元等，2018；牛霄鹏等，2018；颜晓畅，2019）、供应链（孔珍珠，2017；刘小兰等，2017；Li et al.，2018；周蕊，2018；Liu et al.，2019；曹裕等，2019；张正等，2019）、教育（Wang，2018）、农业（李松林等，1992；刘伟等，2017；陈莫凡等，2018）领域。例如，Peng 等（2018）通过调节效应模型，发现研发投入对创业公司的增长不存在滞后效应，研发前补贴对研发投资与创业公司的增长存在负向调节作用，政府补贴对研发投资与创业企业增长有正向调节作用。Li 等（2018）研究了政府补贴对双渠道供应链中环境友好产品的影响，发现消费补贴对主流消费者和替代消费者都有利，替代补贴有利于替代消费者，但伤害了主要消费者；两项补贴对企业都有利，但加剧了渠道竞争；对企业来说哪种补贴方式更好取决于补贴金额和回收市场等因素。Liu 等（2019）认为一定范围的政府补贴可以促进供应链成员承担社会责任，提高供应链的整体绩效和社会福利。周蕊（2018）利用 Stackberg 博弈方法建立了逆向供应链的 3 种决策模型，比较了政府补贴和奖惩机制对供应链的影响。张正等（2019）从企业技术创新的视角出发，综合考虑政府研发补贴和消费补贴的影响，构建了三阶段博弈模型，研究了供应链价值创造的问题。Wang（2018）探讨了教育补贴政策对儿童入学等方面的影响，发现政府补贴对贫困儿童具有相当大的影响，使入学率提高 11 个百分点。刘伟等（2017）运用多 Agent 建模方法，研究了战略背景下不同政策补贴因素对农机扩散的动态过程影响。

其二，政府补贴策略及机制研究。研究多集中在能源（Zhang et al.，2017）、供应链（范丹丹等，2018；侯刚，2018）、创新（尚洪涛等，2018）以及再制造（孙佳琳，2017）领域。例如，Zhang 等（2017）研究了刺激可再生能源投入的最优补贴机制问题，认为碳排放交易计划有助于减少补贴，单位发电量、电力市场价格、二氧化碳价格和投资成本波动与补贴负相关，而投资成本、电价波动以及二氧化碳价格与补贴正相关，建议政府采取一些措施，如推动技术进步、建立全国碳排放交易市场、促进可再生能源产业的竞争、保持二氧化碳价格和电价的稳定，进而减少所需的补贴。范丹丹等（2018）通过构建博弈模型，对比分析了不同权力结构下政府最优补贴策略和供应链企业的最优碳减排决策，并探讨了相关因素对这些决策的影响。尚洪涛等（2018）探讨了政府补贴方式对企业创新的促进效应，以及该效应在国企和非国企之间的差异。孙佳琳（2017）分析了不同政府补贴模式下的品牌制造商与上游供应商之间的环保博弈问题，并针对政府补贴政策的制定以及品牌制造商环保策略的制定提出了相关建议。

其三，政府补贴政策的实施效果评估（Zhao et al.，2018；Kuo et al.，2019）。例如，Zhao 等（2018）利用中国地方政府收集的经验数据，构建了一个计量经济模型，用于评估政府研发补贴的直接（溢出）效应和间接（挤出）效应，并实证了两种效应的存在，且当补贴金额很大时具有正的净效应。

目前，国内外关于政府补贴的影响研究较多，且涉及多个领域，但关于政府补贴策略与机制的研究相对较少。为了更全面地了解政府补贴的研究现状，下面从补贴对象、补贴模型、补贴方式和补贴效果四个方面进行分类综述。

（1）补贴对象。20 世纪 90 年代，国外学者主要关注煤补贴和研发补贴，也有学者对食物、教育补贴展开研究。20 世纪 90 年代至 21 世纪初，国内外学者集中对农业、技术创新方面的补贴政策展开研究。直到 21 世纪初才有相关的定量研究，2009 年才开始有学者开展与低碳相关的政府补贴问题研究，相对于国外研究，国内相关研究起步较晚，具体如表 1.1 所示。

（2）补贴模型。国内外关于政府补贴研究所用的模型主要有博弈模型、面板数据分析模型、计量经济学模型等，也有学者采用多元回归模型、数学模型、优化模型、决策模型对政府补贴的相关问题进行研究。博弈模型和计量经济学模型是最常用的两种模型，具体如表 1.2 所示。

表 1.1　国内外关于补贴对象的研究

研究者	补贴对象
柯居韩等（1985）	农业
李扬（1989）	农业
汪巍（1991）	农产品
李松林等（1992）	农业
官建成等（1995）	技术创新
Anderson（1995）	煤

续表

研究者	补贴对象
Radetzki（1995）	煤
Irwin 等（1996）	研发
Kauko（1996）	研发
Ali 等（1996）	食物
Fredriksson（1998）	环境污染
Zhang 等（1998）	教育
Löfgren 等（2001）	食物
鲁文龙等（2003）	技术
刘楠等（2005）	研发创新
许春等（2005）	研发创新
张国兴等（2008）	秸秆替代煤发电
姚佳（2009）	可再生能源
Aalbers 等（2009）	技术采用
赵书新（2011）	节能减排
朱庆华等（2011）	绿色供应链
李庆（2012）	消费
Jiang 等（2015）	能源
Zhang 等（2017）	可再生能源
Peng 等（2018）	研发
Chen 等（2018）	创新
Li 等（2018）	绿色贷款
Wang（2018）	教育

资料来源：笔者根据相关文献整理。

表 1.2　国内外关于补贴模型的研究

研究者	研究所用模型
鲁文龙等（2003）	博弈模型
Mitra 等（2008）	数学模型
Sakai 等（2010）	面板数据分析模型
Lu 等（2016）	优化模型
Boeing（2016）	计量经济学模型
Zhang 等（2017）	实物期权模型

续表

研究者	研究所用模型
刘伟等（2017）	Agent 模型
孔珍珠（2017）	博弈模型
刘小兰等（2017）	博弈模型
周蕊等（2018）	博弈模型
杨国忠等（2018）	扩散模型
段丁强等（2018）	计量经济学模型
胡志军（2018）	回归模型
尚洪涛等（2018）	面板数据分析模型
Zhao 等（2018）	计量经济学模型
Peng 等（2018）	多元回归模型
Yan 等（2018）	计量经济学模型
Chen 等（2018）	数学模型
Wang（2018）	差异模型
Zhao 等（2018）	决策模型
Li 等（2018）	博弈模型
Li 等（2018）	利润风险模型
Liu 等（2019）	博弈模型
曹裕等（2019）	博弈模型
张正等（2019）	博弈模型
颜晓畅（2019）	面板数据分析模型

资料来源：笔者根据相关文献整理。

（3）补贴方式。国内外相关研究主要有以下几种：①从补贴领域角度看，在研发领域有直接补贴、低息贷款、税收优惠（Zhao et al.，2018）、研发前补贴和研发后补贴（Peng et al.，2018）等形式；其他领域有单位生产补贴和创新努力补贴（Chen et al.，2018）、消费补贴和替代补贴（Li et al.，2018）、绿色贷款补贴（Li et al.，2018）、产品补贴和环保投入补贴（孙佳琳，2017）以及差异化补贴（Wang，2018）。②从补贴对象角度看，主要有对再制造商进行补贴、对再制造商和消费者同时补贴（Zhao et al.,2018）、只给再制造商、只给制造商、再制造商和制造商共享补贴（Mitra et al.，2008）、单一补贴和混合补贴（曹裕等，2019）等。为了提高补贴效率，有学者提出政府应该动态调整补贴，包括补贴标准、补贴方式等（刘伟等，2017）。

（4）补贴效果。多数学者认为政府补贴可以促进某特定行业的发展（Wang，2018；Liu et al.，2019；李松林等，1992；尚洪涛等，2018），但是也有学者认为政府补贴并不一定都发挥正向作用，也有可能发挥抑制作用（谢彦明等，2018）。对政府补贴的效果存在质疑，认为不同发展阶段的政府补贴效果存在差异（Boeing，2016；Chen et al.，2018），政府应该逐步减少特定行业的补贴（Burke et al.，2018）。也有学者认为政府可以取消某一特定领域的补贴，并分析了取消补贴后的效果（Radetzki，1995；Newbery，1995；Bertocchi et al.，1997；Jiang et al.，2013；Jiang et al.，2015）。

1.2.2 低碳扩散中政府补贴的研究现状

为了应对气候环境的变化，多数学者对低碳经济展开了研究，包括低碳经济的实现路径（Dagoumas et al.，2010；Foxon，2011；Li et al.，2018）、影响因素（Campiglio，2016；Zhao et al.，2017；Niamir et al.，2018）等。为了实现低碳经济，需要特定的高碳排放量行业和领域实施低碳转型（Wang et al.，2018），例如，Mohareb 等（2014）对实现低碳的城市技术采用情景进行了分析。Mittal 等（2016）对比分析了中国和印度的低碳交通情景。Shi 等（2015）分析了实现低碳建筑的路径。

多数学者认为低碳技术能够解决低碳问题（Richels et al.，2007；Edenhofer et al.，2010；McJeon et al.，2011），低碳技术是实现低碳发展、低碳扩散的关键，因此，相关研究多是对低碳技术扩散的影响因素进行研究。国外学者分别从企业、公众意识和不确定性角度出发，研究了低碳技术扩散的影响因素。从企业角度而言，有学者认为低碳扩散会受到企业管理者的风险偏好和经验等因素的影响（Isoard et al.，2001；Kemp et al.，2008；Richards et al.，2012），也有学者认为企业性质（Rose et al.，1990；Delmas et al.，2011）、成本、需求和政策信号（Dixit et al.，1994）

均会对低碳扩散产生影响，公众意识也会对低碳扩散产生重要影响（Upreti，2004；Montalvo，2008；West et al.，2010；Wüstenhagen et al.，2017）。从不确定性角度而言，学者主要探讨了政策不确定性对低碳扩散的影响（Jaffe et al.，1995；Jaffe et al.，2002；Jaffe et al.，2005；Fuss et al.，2012）。国内学者从企业、消费者角度对影响低碳技术扩散的因素进行了研究。有学者认为政府政策是影响企业低碳生产意愿的主要因素（王晓莉等，2011；谢守红，2013；朱淀等，2013），而经济刺激和政府政策（例如补贴政策和强制性政策）会对消费者的低碳消费行为产生重大影响（陈凯等，2012；张文玲，2012；李倩等，2016）。

可见，从企业和消费者角度而言，国内外学者均认为政府政策会对企业和消费者的低碳采纳意愿产生重大影响。这也是本书选择低碳扩散中政府补贴问题作为研究对象的重要原因。下面对低碳扩散中政府补贴的国内外研究现状进行综述。

目前，政府对低碳补贴方面的研究主要有两大类，一类是将政府补贴作为前提条件，对其影响以及不同主体（政府、企业）的决策进行研究；另一类是将政府补贴作为研究对象，对补贴策略及相关实证分析进行研究。总体而言，国外与低碳有关的政府补贴研究起步较早。早在20世纪90年代，国外学者就开始研究与低碳相关的政府补贴问题（Krawczyk et al.，1995；Fredriksson，1998），例如，Krawczyk等（1995）探讨了地方政府对污染的管理问题，认为政府可以采取补贴等手段，以鼓励污染企业建立减排设施。政府对企业低碳补贴的相关研究主要有以下五个方面。

第一，政府补贴对低碳相关问题的影响研究。该方面的研究主要集中在可再生能源（Sun et al.，2014；Yu，2016；Cavicchi，2017）、低碳技术创新（Wang et al.，2017；Fan et al.，2018；杨国忠等，2018）以及低碳产品（Hao et al.，2014；徐朗等，2016）等领域。例如，Cavicchi（2017）研究了政府对可再生能源发电补贴和对整体电力市场的影响，认为基于能力的补贴支付，将大大降低电价市场价格的可能性。Sun等（2014）评估了沼气补贴对中国农村家庭沼气能源使用的影响，研究结果表明沼气补贴确实促进了沼气池的建设。Yu（2016）结合中国可再生能源面板数据，研究了政府对中国可再生能源领域的补贴行为给企业研发投资行为带来的影响，结果发现政府补贴对企业的研发投资行为具有显著的挤出效应，且企业所有权的属性进一步影响了政府补贴的作用。Fan 等（2018）评估了补贴政策对中国碳捕捉与封存投资决策的影响。Hao 等（2014）分析了中国政府对电动汽车补贴的影响。

第二，关于政府低碳补贴策略的研究。该方面的研究包括特定领域的动态补贴策略（He et al.，2018）以及某一特定领域的策略设计问题（Chen et al.，2016）。例如，He 等（2018）在动态模拟发电成本的基础上，结合成本学习曲线，从减排效益的角度建立了光伏发电的动态补贴模型，并探讨了减排效益补贴与光伏发电成本、收益之间的关系。Chen 等（2016）探讨了通过强化猪只喂养操作，进而尽可能降低环境污染的补贴策略设计。张国兴等（2014）运用信号博弈理论探讨了政府与企业在节能减排补贴申请与发放过程中双方策略的选择与依存性变化。秦字兴（2016）运用动态演化博弈模型分析了政企博弈下的电动汽车研发补贴政策问题。

第三，政府低碳补贴条件下企业决策研究。Yu 等（2016）研究了在消费者环境意识和绿色补贴条件下制造商的最佳生产策略问题。张国兴等（2013）研究了在政府节能减排补贴政策下，从企业与政府补贴信号博弈的视角，分析了企业和政府策略的选择机制问题。程发新等（2015）研究了在政府补贴政策下，在企业主动碳减排阶段成本收益模型和行业成本收益模型的基础上，企业的最优策略和帕累托最优策略问题。纪静（2016）从政府给予的回收补贴和对单位产品征收碳税的角度分析了再制造闭环供应链的定价策略。刘青（2015）研究了低碳经济背景下政府补贴政策的设计和制造商决策优化问题。李友东等（2014）通过构建政府对制造商和零售商合作减排进行补贴的博弈模型，分析了企业的最优减排成本投入决策问题。王波（2018）分析了政府补贴条件下对绿色建筑发展有影响的关键主体之间的博弈问题。

第四，政府低碳补贴策略效果的实证研究。该方面的研究主要集中于节能电器（Wang et al.，2017）、能源系统（Simpson et al.，2016；Nicolini et al.，2017；Frey et al.，2018）领域。Wang 等（2017）分析了中国政府对城市居民节能电器的购买补贴是否有效的问题。Frey 等（2018）研究了加州太阳能计划补贴对非住宅采用太阳能电池板的影响，发现企业确实通过增加太阳能的强度来应对更高的太阳能补偿，同伴效应似乎在太阳能采用决策中发挥了重要作用。Nicolini 等（2017）研究了可再生电力的政策支持是否有效推广了 2000—2010 年欧洲五大国家生产的可再生能源，进而提出了补贴与激励能源的生产以及装机容量之间存在正相关关系。乔金杰等（2016）分析了政府补贴对技术采用的影响机理，并运用山西和河北两省的调研数据，检验了政府补贴对低碳农业技术采用的干预效应。

第五，政府补贴的优化问题。该方面研究主要针对政府补贴策略的优化。例如，Jeon 等（2015）以韩国光伏补贴项目为例，提出了一种基于系统动力学和实物期权模型的最优补贴估算方法，用于优化财政补贴和可再生能源技术公共研发投资。Hirte（2013）运用空间一般均衡分析方法，研究了在德国大城市区域的电动车最优补贴策略。Yang 等（2016）建立了包括可再生能源企业和基于市场的传统能源企业的完全信息和不对称信息的双对垄断模式，并得出可再生能源企业的最优补贴与完全信息下的成本呈正相关等结论。孙迪和余玉苗（2018）运用博弈模型研究了绿色产品市场中政府的最优补贴政策问题，并运用该模型分析了对绿色生产者补贴和对消费者补贴两种政策的补贴效果。

由第一方面和第三方面的研究可知，多数学者认为政府补贴对企业和消费者的决策有较大的影响，且集中在可再生能源和新能源汽车领域。为了更全面地了解低碳扩散中政府补贴的研究现状，下面从补贴方式、补贴模型和补贴效果三个方面进行综述。

1.2.2.1 补贴方式

根据表 1.3 可知，目前国内外政府对低碳的补贴方式主要有对企业和消费者补贴两大类，就单一对企业或消费者的补贴方式看，对企业而言，通常有直接补贴、税收优惠、研发补贴和生产补贴等方式；对消费者而言，则主要采取作用于价格的措施，如直接补贴和价格折扣等。有学者认为应该同时对企业和消费者进行补贴，尤其是在新能源汽车领域（Ma et al. ,2017；Li et al. , 2019）；只有同时对两类主体补贴，才能更好地促进新能源汽车的扩散。

表 1.3　国内外与低碳相关的政府补贴方式研究

研究者	补贴对象	补贴方式
Chang 等（2011）	太阳能热水器	对消费者直接补贴
He 等（2011）	实施低碳生产和技术的企业	对企业现金补贴、税收减免
Chang 等（2013）	太阳能热水器	对消费者进行价格补贴
Wang 等（2014）	中国循环再造制造企业	初始补贴、回收补贴、研发补贴和生产补贴
Kung 等（2016）	生物能源	政府购买
秦字兴（2016）	低碳技术研发企业	研发补贴
Shao 等（2017）	电动汽车	对消费者提供补贴激励计划或价格折扣
Cavicchi（2017）	可再生电力资源企业	基于生产的支付和基于能力的支付
Xue 等（2017）	秸秆发电	只对农民补贴、只对经纪人补贴和只对发电厂补贴
Nguyen 等（2018）	海上风能	区域上网电价补贴
Wen 等（2018）	秸秆发电的农民或经纪人	价格激励
He 等（2018）	光伏企业	对于内部收益率未达到基本费率的项目，提供一定比例的初始投资补贴，后续动态调整
邵慰等（2018）	低碳技术研发企业	研发补贴和生产补贴
李磊（2018）	低碳技术研发企业	研发补贴和消费补贴
孙迪等（2018）	企业和消费者	对绿色生产者补贴和对消费者补贴

资料来源：笔者根据相关文献整理。

1.2.2.2　补贴模型

根据表 1.4 可知，所用模型主要有博弈模型、系统动力学模型、面板数据分析模型和实物期权模型，也有学者运用委托代理模型以及数学模型对与低碳有关的问题进行研究。其中，博弈模型是最常用的模型。

表 1.4　国内外研究政府低碳补贴问题所用的模型

研究者	补贴对象	研究模型
He 等（2011）	实施低碳生产和技术的企业	委托代理模型
Chang 等（2013）	太阳能	系统动力学模型
Wang 等（2014）	中国循环再造制造业	系统动力学模型
Zhang 等（2014）	风电和太阳能制造企业	面板数据分析模型
Jeon 等（2015）	光伏技术	系统动力学和实物期权模型
Kung 等（2016）	生物能源	价格内生，部分均衡的数学模型
Yu（2016）	可再生能源研发	面板数据分析模型
任杰等（2016）	制造商	博弈模型
秦字兴（2016）	电动汽车	博弈模型
Nicolini 等（2017）	可再生电力	计量经济学模型
Xue 等（2017）	秸秆发电	博弈模型
李磊（2017）	新能源汽车	面板数据分析模型
Wen 等（2018）	秸秆发电的农民或经纪人	博弈模型
He 等（2018）	光伏	动态模型
Fan 等（2018）	实施碳捕获和存储的燃煤企业	实物期权三叉树模型
聂佳佳等（2018）	低碳产品	博弈模型
李明玉等（2018）	秸秆回收与加工	系统动力学模型
王波（2018）	绿色建筑	演化博弈模型
王新凤（2018）	秸秆发电供应链	优化模型
姚海琳等（2018）	资源循环利用产业	面板数据分析模型
胡佳莹（2018）	节能减排	博弈模型
孙迪等（2018）	绿色产品	博弈模型

资料来源：笔者根据相关文献整理。

1.2.2.3　补贴效果

根据表 1.5 可知，国内外大多数学者认为政府补贴可以有效地促进低碳行业的发展，但是也有学者认为政府补贴并不是解决环境污染问题的有效方法（Fredriksson，1998）。因此，有学者开始对政府补贴的机制进行研究，例如，He 等（2018）认为随着光伏发电技术的逐步推进，减排效益补贴应随着单位成本的降低而降低。也有学者认为当特定行业的低碳市场发展到一定程度时，政府补贴的作用并不明显，且政府补贴的作用会受补贴数额、补贴强度和补贴方式的影响。因此，政府应该动态调整补贴力度（张海斌等，2015），甚至取消补贴（Xiong et al.，2016）。

表 1.5 国内外与低碳相关的政府补贴效果研究

研究者	补贴对象	补贴效果
Chang 等（2011）	太阳能热水器	负向：由于补贴高于总安装成本，市场规模的扩大可能会对太阳能热水器行业和当地市场的发展产生负面影响，这与系统设计有关
Sun 等（2014）	沼气	正向作用和负向作用均有：沼气补贴确实促进了沼气池的建设，但沼气补贴与消化器的平均使用时间呈负相关
Zhang 等（2014）	风电和太阳能制造企业	不明显
Kung 等（2016）	生物能源	不确定：不恰当的补贴金额将导致资源配置效率低下
Yu 等（2016）	可再生能源研发	挤出效应：政府补贴对企业的 R&D 投资行为具有显著的挤出影响，而企业所有权属性进一步对政府补贴产生影响
Xiong 等（2016）	光伏产业	动态作用：在早期探索阶段，政府补贴可以最大限度地发挥社会和经济效应，而在中间阶段和成熟阶段，政府补贴的作用不大
Nicolini 等（2017）	可再生电力	正向：补贴与能源的生产以及装机容量之间存在正相关关系
李磊（2017）	新能源汽车	正向：政府补贴全面推进了新能源汽车产业的技术创新
Frey 等（2018）	太阳能电池	正向：政府补贴可以促进太阳能发电量的增加
聂佳佳，李伟琛（2018）	低碳产品	不确定：竞争会削弱补贴对生产低碳产品的激励作用；较大的政府补贴反而会增加碳排放；市场波动程度与政府补贴的激励作用负相关
王波（2018）	绿色建筑	正向：在政府补贴条件下，博弈双方选择绿色建筑的倾向性显著增强

续表

研究者	补贴对象	补贴效果
王新凤（2018）	秸秆发电供应链	正向：政府补贴下，秸秆发电供应链中的秸秆供应量增大，各成员及整体的利润有所提升
姚海琳等（2018）	资源循环利用产业	不确定：政府补贴对企业生产率的效果与企业获补贴强度密切相关：在（1.5%，1.6%］区间内补贴显著促进TFP增长，在（1.6%，2.7%］区间补贴无效率，大于2.7%时补贴显示出抑制作用
吕开剑（2018）	新能源企业	不明显：我国政府补贴并没有显著地促进新能源企业的研发投入
孙迪等（2018）	绿色产品	正向：政府对消费者补贴可以提高消费者对绿色产品的需求，为绿色生产者带来更大收益，同时能增进社会福利，进而有效地促进绿色产业的发展

资料来源：笔者根据相关文献整理。

1.2.3 低碳扩散中政府监管的研究现状

目前，国内外关于政府监管的研究主要集中于建筑物能耗（Yao et al. ,2011；邓建英等，2015）、供水行业（牛尧飞，2014）、食品安全（曹裕等，2017；罗珺等，2019）、网络平台（颜卉等，2017）、PPP项目（何雪锋等，2017；何一慧等，2018）方面。例如，Yao等（2011）分析了建筑物能源消耗不断增长的原因，提出降低建筑物能耗（与常规能源消耗相比）的强化监督策略，并以宁波市为例进行了详细分析。牛尧飞（2014）分析了由于政府监管错位所带来的城市供水行业问题，并借鉴国外经验构建了合理的城市供水行业政府监管体系。罗珺等（2019）研究了保健食品安全风险监管行为激励相容机制，分析了企业的行为选择对保健食品安全风险监管行为的影响机制，并提出了监管建议。颜卉等（2017）运用三方博弈模型研究了农产品供应链网络信息平台的市场监管政策问题。何一慧等（2018）从宏观和微观角度分析了PPP模式下私人与政府部门之间的博弈过程，发现政府监管存在的问题，并提出了合理建议。也有学者对监管的有效性进行了研究（李慧，2017）。

国内外关于政府监管研究所用模型如表 1.6 所示。

表 1.6　国内外关于政府监管研究所用模型

研究者	研究对象	研究模型
唐柳等（2014）	金融外包服务	演化博弈模型
邓建英等（2015）	建筑节能服务机构	博弈模型
颜卉等（2017）	网络平台	博弈模型
何雪锋等（2017）	PPP 项目	博弈模型
Liu 等（2019）	企业社会责任	博弈模型
何一慧等（2018）	PPP 模式	博弈模型
孔繁成（2018）	环境	面板数据分析模型
曾繁伟等（2018）	矿区环境	演化博弈模型
罗珺等（2019）	食品安全	博弈模型

资料来源：笔者根据相关文献整理。

由表 1.6 可知，国内外学者对政府监管研究所用的模型主要为博弈模型。就监管策略而言，学者多是从其研究的特定问题出发，认为需要对相关问题进行监管，并提出相应监管建议。例如，Jin 等（2008）针对目前大型公共建筑的节能现状，提出监管目标、监管制度和五个基本制度在监管中的作用，并分析了五个基本制度的运行机制。

但是，针对与低碳相关的政府监管研究较少。Shen 等（2018）研究了雾霾治理中，中国对企业污染行为的监管机制，并提出了相应的监管策略。徐莹等（2018）运用演化博弈模型，研究了雾霾背景下政府监管与交通企业低碳行为之间的关系问题。张玉秀（2017）运用博弈模型，分析了政府对企业低碳生产监管的问题。可见，针对与低碳相关的政府监管研究所采用的模型多是博弈模型。也有学者将博弈模型和复杂网络相结合对低碳问题进行研究，例如，Wu 等（2017）运用复杂网络方法，基于政企之间的博弈模型研究了低碳策略的扩散问题。同时，与低碳相关的监管策略可分为监管和不监管（吕永卫等 2018）、主动监管和被动监管（徐建中等，2015；徐莹等，2018）、严格监管和宽松监管（张玉秀，2017）、高程度监管和低程度监管（李家丽，2016）。

1.2.4　文献述评

由国内外政府补贴、低碳扩散中政府补贴和低碳扩散中政府监管的研究现状可知，目前对低碳扩散中政府补贴及监管策略的研究已取得了一定成果。

有关低碳的政府补贴研究相对较多，包括政府低碳补贴的影响、政府补贴的策略选择以及优化问题研究。其中，有关政府补贴对低碳的影响研究最多，且多数学者认为政府补贴能够促进低碳的扩散。就补贴方式而言，现有研究多是考虑政府对单一主体（如企业）的补贴，而没有同时考虑对其他主体（消费者）的补贴，即使是针对多主体的补贴策略研究，也只是考虑静态补贴，没有考虑动态补贴。对于政府补贴的策略优化问题，国内外相关研究多是定性静态地分析政府对某一具体行业的最优补贴设计，缺乏定量研究和动态研究；即使有，也只是提出采取动态补贴策略的建议，没有对“应该如何动态调整补贴”这一问题展开研究。就补贴模型而言，博弈模型和计量经济学模型是有关政府补贴研究的常用模型，将政府低碳补贴与复杂网络相结合的文献较少。就补贴效果而言，国内外多数学者认为政府补贴可以发挥正向作用，同时会受其他因素（发展阶段、补贴额度等）的影响，补贴效果存在差异。综上所述，目前国内外尚无学者系统地研究政府在低碳扩散中“为什么补贴，补贴给谁，怎么补贴”等问题。

相比与低碳相关的政府补贴研究，与低碳相关的政府监管研究较少，且多是定性研究；即使为定量研究，也只是考虑政府监管这一因素，并没有将其作为研究对象。多数学者依据是否监管以及监管程度对监管策略进行划分，并不涉及“应该如何监管”这一问题。同时，很少有文献将政府低碳补贴作为监管对象，更不用说解决“为什么监管，监管谁，怎么监管”等问题，即定量研究监管策略和策略优化等问题。

1.3 研究思路与研究内容

1.3.1 研究思路

本书以低碳扩散中政府补贴及监管策略的优化为研究内容，主要分析了政府低碳补贴和低碳补贴监管两种行为，以期达到以下研究目的：①了解影响低碳扩散过程的因素，分析噪声环境下政府补贴与低碳扩散的关系；②了解低碳扩散中政府补贴的现状，解决“为什么补贴，补贴谁，怎么补贴”等问题，并提供相应的政策建议和决策参考；③分析政府补贴的递减机制，解决“补贴如何退坡”问题；④根据当前低碳扩散中政府补贴的效果，分析政府对低碳补贴的监管策略问题，即“为什么监管，监管谁，怎么监管”等问题。本书的研究思路如图 1.1 所示。

1.3.2 研究内容

本书的研究内容和相关结论如下。

首先，从主体和环境角度分析了影响低碳扩散过程的因素，包括企业、消费者、政府和噪声环境。基于此，建立了考虑政府补贴、以企业和消费者为主体的确定性演化博弈模型，并将布朗运动与该确定性模型相结合，建立了随机演化博弈模型。通过稳定性分析，得到政府补贴与低碳扩散关系的三种情形，分别为：政府补贴能使低碳最终扩散至有效状态、政府补贴不能使低碳最终扩散至有效状态以及政府补贴与低碳扩散之间的关系混沌。同时，通过对随机演化博弈模型进行泰勒级数展开，量化了绝对稳定和相对稳定概率下的噪声强度。通过仿真分析验证了上述内容的有效性，并得到如下结论：①当采取低碳策略的企业比例和采取低碳消费的消费者比例都较低时，在不同的噪声强度下，仅依靠政府补贴，低碳不能在企业和消费者中成功扩散；②随着采取低碳策略的企业比例和采取低碳消费的消费者比例的提高，政府补贴与低碳扩散之间为混沌关系，但是当两

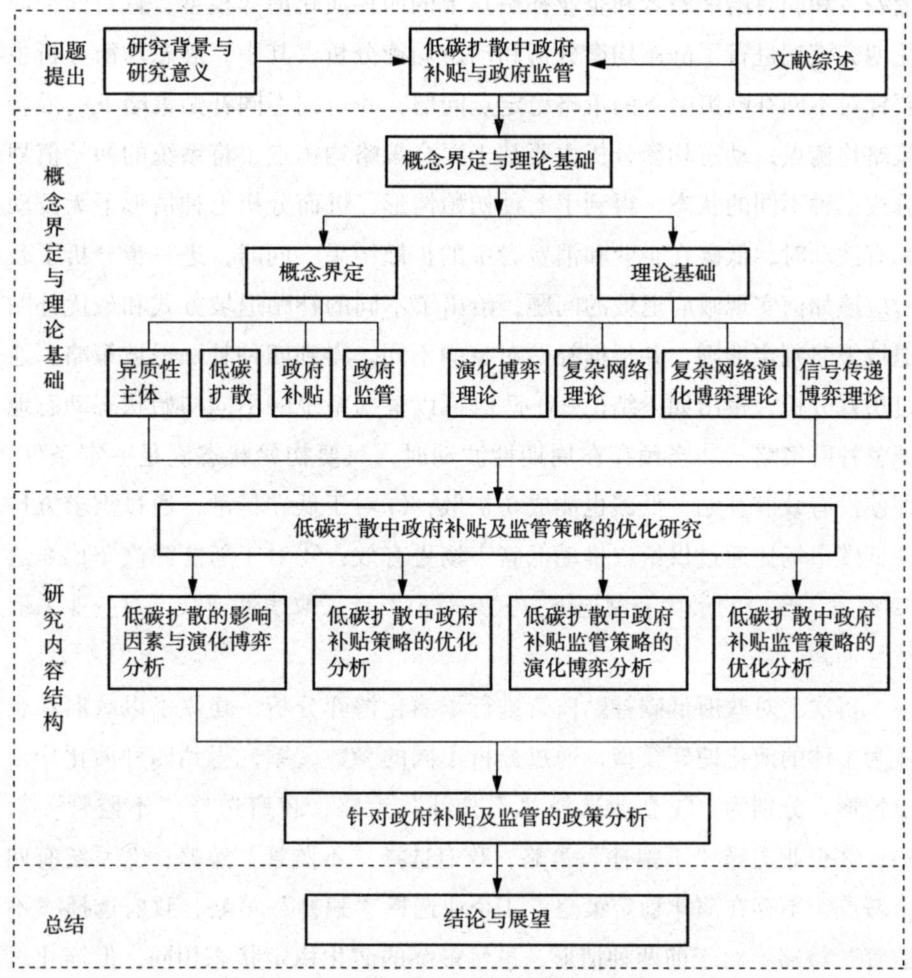

图 1.1　本书的研究思路

者的比例继续提高至一定值时，量变导致质变，政府补贴对低碳扩散发挥显著作用，低碳扩散最终能够以不同概率实现有效稳定；③低碳在企业中的扩散具有滞后性，且消费者对企业实施低碳策略的影响要远大于企业对消费者实施低碳消费的影响；④低碳扩散中的不确定性未必全是风险，有时也是一种机遇。

其次，建立了以政府、企业和消费者为主体的三方博弈模型，并根据该模型的特点，将其转化为不同补贴策略（不补贴、只补贴企业、只补贴消费者和同时给消费者和企业补贴）下的四种演化博弈模型，且对四种演化博弈模型进行了静态均衡分析和动态均衡分析。其中，静态均衡分析主要针对不同补贴策略下的策略稳定点问题，并得到不同补贴策略下的混合策略均衡点；动态均衡分析主要基于混合策略均衡点，将系统的初始值划分成七种不同的状态，得到了七种初始情形，进而分析七种情形下无波动和有波动时，低碳在企业和消费者中的扩散结果。同时，进一步分析了政府应该如何实现政府退坡的问题，给出了不同的补贴退坡方式和最优补贴退坡策略判定准则，并根据补贴对象的不同，得到四种补贴退坡策略。通过仿真分析，得出如下结论：①政府可以根据系统的不同初始状态动态地调整补贴策略；②当预存在周期性波动时，只要初始状态满足一定条件，即使没有政府补贴，低碳也能成功扩散；③对于低碳扩散，通过需求方拉动低碳市场比通过供给方推动低碳市场更有效；④对于新能源汽车比亚迪 S2 而言，政府的最优补贴退坡方式是对消费者采取线性递减，对企业采取线性递减。

再次，对政府低碳补贴监管进行了演化博弈分析，建立了以政府和企业为主体的演化博弈模型，通过分析不同的参数关系，得到四种演化均衡点情形，分别为：①企业选择“不骗补”策略，政府选择“不监管”策略；②企业选择“不骗补”策略，政府选择“不监管”策略；③系统有四个鞍点，不存在演化稳定策略；④企业选择“骗补”策略，政府选择“不监管”策略。对于前两种情形，虽然最终的演化稳定状态相同，但演化过程并不一样。在现实生活中，第三种情形可能是一种常态，而第四种情形几乎不存在。因此，本书进一步研究了第三种情形下监管成本、政府不监管的损失以及企业因骗补所造成的潜在损失三个参数对政府和企业策略选择的影响。通过对上述内容的仿真验证和分析，结果发现：①企业和政府的策略选择会影响彼此的行为预期，进而影响下一周期双方的策略选择；②在监管成本减小、政府不监管的损失以及企业因为骗补所造成的潜在损失增大时，有利于低碳扩散。因此，从长期而言，政府应该对低碳补贴实施监管。

最后，研究了低碳扩散中政府补贴监管策略的优化问题，构建了以政府和企业为主体的无监管时和有监管时两种演化博弈模型，并对两种模型进行了均衡点分析。进一步研究了政府低碳补贴的最优监管策略问题，给出了三种监管策略，分别为：对所有企业进行随机监管、对给高补贴的企业进行随机监管和对申请高补贴的企业进行随机监管，且在给出的两项优化指标（监管效率和监管稳定性）基础上，得到最优监管策略的判定指标。构建了小世界网络模型，对上述内容进行了仿真分析，并对噪声环境、监管成本、惩罚成本三个参数进行了敏感性分析，结果发现：①政府的最优监管策略是对申请高补贴的企业进行随机监管，且相应的最优监管概率为0.48，整体最优监管概率为0.24；②监管策略的监管效率和收益稳定性可以兼得，为了使各主体的收益最大化，可以考虑效率优先，兼顾稳定性的原则；③环境噪声越大，政府和企业的平均收益越低，收益稳定性越差；监管成本越高，政府和企业的平均收益越低，收益稳定性越差；而惩罚成本的增加并不一定带来收益的增加，当惩罚成本增加至一定程度继续增加时，各主体的收益降低再升高，收益稳定性则先变差后变好。为了有效遏制企业骗补，根据信号传递博弈理论中的精炼贝叶斯均衡理论，得到政府低碳补贴监管的最优边界条件，并通过仿真分析验证该条件的有效性。

综上所述，本书通过对“为什么补贴，补贴谁，怎么补贴”以及“为什么监管，监管谁，怎么监管”等问题进行分析，为低碳扩散中政府补贴和监管政策的制定提供了理论依据。同时，对政府补贴及监管策略下的各主体之间的演化机制分析，有助于政府从整体上把握低碳在企业和消费者中的扩散规律，为补贴策略、监管策略的制定和执行提供理论支撑。

1.4 研究方法

本书主要采用了以下几种方法。

（1）演化博弈分析方法。以演化博弈理论的分析框架来分析多主体之间（政府、企业和消费者）的策略互动关系，并依据复制动态方程来分析多主体策略选择行为的演化规律及其稳定性。

（2）复杂网络分析方法。基于企业之间的直接或间接联系，构建由多个企业构成的小世界网络模型，进而分析网络下的主体策略选择。

（3）复杂网络博弈分析方法。将不同群体（企业和消费者）构成的网络纳入政府的博弈分析框架之中，分析网络结构下多主体（政府、企业和消费者）之间的策略博弈机制及其动态演化过程。

（4）信号传递博弈方法。将企业申请补贴和政府发放补贴的不同情形与信息传递博弈模型相结合进行分析，运用精炼贝叶斯均衡理论，得到政府低碳补贴监管的最优边界条件。

（5）系统建模与仿真方法。借助 MATLAN 仿真平台，建立以政府、企业和消费者为主体的演化博弈模型和复杂网络演化博弈模型，并对其进行仿真分析。

1.5 创新点

本书主要有以下创新点。

（1）分析了噪声环境下政府补贴与低碳扩散之间的关系；将布朗运动与确定性演化博弈模型相结合，发现政府补贴与低碳扩散之间存在混沌关系；量化了绝对稳定和相对稳定概率下的噪声强度；发现低碳在企业中的扩散具有滞后性，且消费者对企业实施低碳策略的影响远大于企业对消费者实施低碳消费的影响；解决了“为什么补贴”的问题。

（2）分析了政府应该如何动态调整低碳补贴的问题；考虑了不同补贴策略（不补贴、只补贴企业、只补贴消费者和同时对企业和消费者进行补贴）和初始状态下的无波动和有波动时的低碳扩散结果，得到政府可以取消低碳补贴的系统初始状态；考虑了递减退坡两种政府补贴退坡方式，得到四种不同补贴退坡策略；给出了最优补贴退坡策略判定准则；发现通过需求方拉动低碳市场比通过供给方推动低碳市场更有效；解决了“补贴谁，怎么补贴”的问题。

（3）分析了如何有效监管政府补贴以及遏制企业骗取补贴的问题；考察了政府是否监管和企业是否骗补之间的内在关系；建立了考虑政府补贴以政府和企业为主体的有监管（对所有企业进行随机监管、对给高补贴的企业进行随机监管和对申请高补贴的企业进行随机监管）时的演化博弈模型；量化了监管效率和监管稳定性，认为最优监管策略是对申请高补贴的企业进行随机监管；发现政府的监管效率和监管稳定性可以兼得；得到了政府补贴监管的最优边界条件；解决了“为什么监管，监管谁，怎么监管”的问题。

第2章 概念界定与理论基础

2.1 概念界定

结合研究内容，下面对异质性主体、低碳扩散、政府补贴和政府监管进行界定。

2.1.1 异质性主体

异质性是相对于同质性而言的，是遗传学概念，属于化学、生物、医学等学科领域的研究范畴。该概念被引入社会科学后，成为经济学、管理学与社会学领域普遍使用的分析工具，表现为多样性、差异程度和非匀质性。

对主体异质性进行定义的文献较多，1993 年，Parkhe 最早对主体异质性展开研究，并将其定义为企业（战略联盟成员）之间存在的某些属性或维度差异，他将这种差异定义为“主体间异质性”，此处的主体是指联盟主体。基于此，梁靓（2014）结合其研究问题，将主体异质性定义为两个或多个组织在资源上的差异、多样化程度，此处的资源包括知识、技术、能力等，而主体是指开放式创新主体。

基于上述定义和文献，本书将异质性主体界定为：具有差异性的主体，且这些主体的各属性之间具有不同的特点或者某种特定属性有差异。

值得注意的是，“异质性主体”和“主体异质性”只是侧重点不同。前者侧重于主体，而后者强调异质性，核心内容类似。结合本书的研究内容，本书中的异质性主体主要指政府、企业和消费者。

2.1.2　低碳扩散

2.1.2.1　低碳的内涵

低碳概念最早源自较低的温室气体排放问题，而温室气体排放问题主要为二氧化碳问题，亦称碳排放。故“低碳”可以理解为减少碳排放。近年来，环境污染问题日益引起世界各国的关注，解决这一问题需要各国共同应对，需要加强政府在其中的作用，进而采取有效措施节能减排，促进低碳的良性发展。从国家层面而言，低碳体现为一种社会责任。但是从资源使用者、污染源和温室气体排放源来说，企业应该承担更多的责任。因此，从企业的角度而言，低碳是指通过提高能源的利用效率，开发使用新的清洁能源（如太阳能、风能等）等方式来提升资源价值、减少二氧化碳等温室气体和污染物的排放，而这需要低碳理念、低碳知识以及低碳技术的扩散和应用。目前已有部分企业将低碳目标作为其长期战略的一部分，如格力、丰田等。有文献认为消费者也是温室气体的重要排放源之一。因此，有必要提高消费者的低碳意识、环保意识，进而促进低碳消费。倡导和鼓励消费者购买使用低碳产品，为促进绿色低碳发展和保护绿色环境做贡献。

综上所述，低碳的内涵，涉及政府、企业和消费者等多个主体，强调单一层面的低碳化并不能真正落实低碳扩散、实现低碳发展，甚至成为低碳扩散和低碳发展的障碍。

2.1.2.2　低碳扩散的内涵

较多的文献认为发展低碳技术可以解决低碳化问题。目前，学者对低碳技术的定义论述较多，普遍认为低碳技术为能够有效控制温室气体的技术（华锦阳，2011；王靖宇等，2011）。从广义角度而言，所有能够降低碳排放量的技术都可以称为低碳技术。按照低碳技术的特点可将其分为减少碳排放量的技术、无碳技术和去碳技术（谢和平，2010）。有文献从低碳策略扩散的角度来分析低碳化问题。如 Wu 等（2017）运用复杂网络方法，基于政企之间的博弈模型研究低碳策略的扩散问题。

基于上述分析，本书将低碳扩散界定为：低碳的理念、知识、技术、策略等在各行业、各领域和异质性主体中的传播。本书主要考虑低碳在异质性主体（企业和消费者）中的扩散。

值得注意的是，本书所提及的低碳扩散概念和低碳策略扩散或者低碳技术扩散，均不能完全等同。第一，扩散对象不同。低碳技术扩散的对象是技术，低碳策略扩散的对象是策略，而低碳扩散的对象既可以是一种理念、知识，也可以是一种技术、策略或政策。第二，扩散范围不同。低碳扩散的内容更丰富，范围更广泛。第三，扩散层次不同。低碳技术的扩散更多涉及企业范围内的技术层次，低碳策略的扩散涉及的多是企业内的纵向多个层次，而低碳扩散则可以涉及多个主体（政府、企业、消费者）内的纵向和横向多个层次。因此，低碳扩散包括低碳策略扩散和低碳技术扩散，是指低碳在不同主体中的扩散过程。

2.1.3 政府补贴

“补贴”一词来源于拉丁语 subsidium，该词的意思是“国家援助”。古代，为了扩大财政收入和解决国计民生等问题，政府通常会以实物或货币形式进行税负的征收、减免或补助，这可以看作是“政府补贴”政策的一种表现形式。“政府补贴”一词最早由马克思提出。1875 年，马克思在其著作《哥达纲领批判》中提到国民收入再分配的含义（马克思，1992），指出再分配是在初次分配的基础上，国家通过财政支出手段实现政府收入、企业收入和个人收入的最终分配。虽然马克思并没有对政府补贴进行明确定义，但其对国民收入的再分配论述已经勾画出政府补贴的雏形。庇古在其著作《福利经济学》中，最先系统地讨论了补贴问题。庇古在马希尔的“消费者剩余”概念基础上，将其发展为福利经济学。他认为，当市场环境为完全竞争时，资源可以得到最优配置。但是在一些因素的作用下，社会福利很难实现最大化。因此，这种情形下就需要政府的参与，政府通过制定相应的措施实现收入再分配，如补贴、碳税等，进而缩小成本与收益的差距。政府补贴是各国财政支出的重要组成部分，也是国家进行宏观调控的重要手段。政府会根据一定时期内的发展战略和政策，以及特定的目的，通过直接或间接手段对个体无偿进行经济支付，来促进微观个体的发展，进而实现国家发展目标。

国内外文献对政府补贴的定义并不完全相同，存在一定差异。相关文献对政府补贴的定义主要有两种，分别为：①政府对生产者的现期转移。这是由联合国经济和社会事务部统计处给出的政府补贴的定义（联合国经济和社会事务部统计处，1982），并给出了补贴量化方法，即首先获得按要素收入计算的国内生产总值与按购买价值计算的国内生产总值的差，然后再计算其与间接税的和。②企业获得的货币性资产或者非货币性资产，是从政府那里取得的没有付出任何代价的资产，并且不包括政府作为企业股东所投入的资本。这是财政部《企业会计准则第 16 号》中给出的政府补贴定义。从该定义可以看出，无偿性和直接取得资产是政府补贴的主要特性。美国经济学家 Musgrave R A 和 Musgrave P B 在其著作《财经理论与实践》中对补贴进行了分析，基于社会产品理论，产品的类型有纯公共物品、纯私人产品和社会产品三种，且现实经济社会中的产品都可以看作是属于上述前两种产品之间的产品，由于这些产品具有公共物品属性，政府补贴将会给其不同的补贴分配，且分配比例由公共物品的属性所占比例来决定。

基于以上分析，结合本书的研究主题，本书将政府补贴界定为：在一定时期内，政府直接或间接地安排一定的财政专项资金给特定事项，且政府提供的这些资金对各主体而言是无偿的。

由于与低碳扩散有关的活动（包括技术采纳、低碳知识扩散等）均具有很强的外部性，低碳采纳者无法获得低碳采用的所有收益，且低碳活动以及相关产品具有公共产品属性，具有风险大、外部性效应明显、不确定性高以及被赋予的周期性长等特点，由此导致市场功能不能很好地发挥作用。因此，在低碳扩散中需要政府等公共机构的干预。政府干预的途径有很多，政府补贴是普遍采用的一种解决市场失灵的手段。

近年来，低碳发展受到世界各国的重视。为了促进低碳发展，推动低碳扩散，实现绿色健康发展，对实施低碳的主体（企业和消费者）进行补贴成为各国普遍采用的政策工具。作为低碳产品的生产者，企业通常可以获得研发补贴，该补贴的目的是促进企业低碳技术的研发和创新；作为低碳产品的消费者，消费者通常可以获得消费补贴，该补贴的目的是扩大市场需求，进而鼓励低碳在企业中的扩散。

2.1.4 政府监管

不同理论对政府监管的内涵和界定并不完全相同，公众利益理论、私人利益理论和监管政治理论都对政府监管的内涵进行了解读。

公众利益理论认为（郭志斌，2002），政府监管包括两部分内容：①市场如何配置资源？②市场主体（主要指企业）会选择什么行为，以及这些行为的后果是什么？值得注意的是，政府监管的出发点是通过对市场主体行为的规范和监管，从而提高公众的利益。在该过程中，政府对市场做出一定的理性计算，使该过程“帕累托最优”，并通过政府监管实现经济效益和社会公平的目标。同时，公众利益理论认为，只有通过政府的干预才能解决市场自发运作机制存在的缺陷。政府是有效率的组织，且政府监管是善意的反应。与公共利益理论不同，私人利益理论认为（肖兴志等，2006），各私人利益个体、集团或组织之间进行竞争，他们都想实现其自身利益的最大化。因此，需要政府通过监管行为进行协调。该理论包括利益集团压力理论、捕获理论和官僚理论。其中，利益集团压力理论认为获得政治上的最大支持是政府或其他机构实施监管的目的，故政府或其他机构将能够利用的资源和福利合理地分配给市场上的各个利益集团；捕获理论认为政府监管会受到监管对象的影响，其目标在于实现特定团体的利益最大化，实现该目标的途径有直接给予金钱补贴、限制新的竞争者进入市场和固定价格三种；官僚理论认为，政府或其他机构实施监管的目的是实现其自身的利益。与上述两种理论不同，监管政治理论认为（肖兴志等，2006），政府监管在运作时会受到各种政治团体的影响，且政府监管政策是在各种政治团体相互博弈的过程中形成的。

基于上述三种理论对政府监管内涵的理解，本书基于私人利益理论和监管政治理论对政府监管的解读，将政府监管的内涵界定为：政府监管是在市场上各种利益团体的博弈中形成的、为了实现政府资源合理公平分配、实现各市场个体或群体利益最大化的监管。同时，结合本书的研究对象和研究内容，本书的政府监管对象是指政府低碳补贴。

2.2　理论基础

博弈论理论是研究相互依赖的行为个体间的决策和均衡问题的重要理论方法和工具，为揭示个体行为和集体行动乃至经济社会运行规律提供了分析框架（范如国等，2006）。就低碳扩散中的政府补贴及监管而言，其策略的选择不仅会受到自身决策的影响，还会受到其他主体（包括企业和消费者）决策的影响，且在不同主体决策的相互影响作用下，最终达到某种均衡状态。本书主要借助演化博弈理论、复杂网络理论、复杂网络演化博弈理论和信号传递博弈理论来分析低碳扩散中各主体之间的相互博弈行为及其演化规律。下面对这几种理论作简要介绍。

2.2.1　演化博弈理论

现代博弈论起源于数学家 Von Neumann 和经济学家 Morgenstern 1974 年合著的 *Thetheory of games and economic behavior*。自此，学者们对博弈论展开了深入研究，尤其在纳什将策略均衡概念创造性地引入非合作博弈后，博弈论逐渐成为重要且有用的分析工具。自 1994 年诺贝尔经济学奖颁发给 3 位博弈论专家 Harsanyi、Nash 和 Selten 后，至今有 7 次诺贝尔经济学奖与博弈论有关，如 2012 年获奖的 Roth 和 Sharply、2014 年获奖的 Tirole 等，博弈论已经成为主流经济学的核心内容。

随着学者对博弈论研究的不断深入，其隐藏的潜在问题逐渐暴露，博弈论对人们理性和行为能力完全性的基本假设便是其中之一。基于理性局限性，人们对传统博弈论的预测作用产生怀疑，演化博弈论便在发展传统博弈论完全理性假设过程中逐渐产生和发展起来。

演化博弈论来源于生物进化论（谢识予，2010）。20 世纪 70 年代是演化博弈论发展的关键时期，Smith 和 Price（1973）将生物演化论与传统博弈理论相结合，提出了演化博弈的基本均衡概念——演化稳定策略（evolutionary stable strategy，ESS），这一概念的提出标志着演化博弈理论的诞生。此后，1978 年 Taylor 和 Jonker 在考察生态演化现象时，提出演化博弈理论的基本动态概念——复制者动态。自此，演化博弈理论的研究和应用迅速发展起来。

在应用演化博弈理论分析实际问题时，需要依托一些基本假设，这些假设是建立演化博弈模型的前提，其中假设博弈方有限理性是演化博弈理论的基本假设。有限理性是指具有诸多限制的理性，在应用演化博弈理论建模时，有限理性表现为参与博弈各方在每一轮博弈中的策略选择过程。

演化博弈模型的建立基于选择和突变两个方面（郑月龙，2017），选择时体现"优胜劣汰"的思想，即支付较高的策略会被选择，最终会存活下来；突变时体现"随机选择"思想，即博弈个体以低级方式选择不同于群体的策略，突变是另一种形式的选择。在应用模型分析群体的动态演化过程中，群体中的博弈个体的策略调整、改进和选择应体现有限理性。

演化博弈理论基于有限理性的假设条件，通过动态分析（如复制动态方程），进而研究系统最终达到均衡状态的过程，且通过"演化稳定均衡"这一概念，对博弈参与群体的行为进行预测。根据 Smith 等（1973）提出的演化博弈理论基本分析过程可知，该理论主要包含随机配对博弈、动态演化方程和演化稳定策略三个核心概念。

（1）随机配对博弈。假设一个群体中有无限个参与者，首先在群体内或群体间随机选择两个参与者进行配对博弈，再按照参与者所选策略的相应支付函数计算博弈收益。

（2）动态演化方程。动态演化方程通常用复制动态方程描述（Taylor et al.，1978），用于解释某一策略在群体中被采用的变化趋势，复制动态

方程式为

$$\frac{\mathrm{d}x_i}{\mathrm{d}t}=x_i(t)\left[u_t(s_i)-\overline{u}_t\right]$$

其中，$x_i(t)$ 表示群体中采取纯策略 s_i 的比例，$\frac{\mathrm{d}x_i}{\mathrm{d}t}$是纯策略的适应度 $u_t(s_i)$ 与平均适应度$\overline{u}_t$之差的严格增函数。

（3）演化稳定策略。演化稳定策略是指在长时间的寻优和淘汰过程中，群体中的策略将最终稳定在某一均衡状态，即使存在某一变异策略的扰动，该状态仍然能够保持策略稳定。

假设总体中的变异者占总体的比例为 ε，且 $\varepsilon\in(0,1)$，这些变异者有可能选择原有策略 $s^*\in\Delta$，也有可选择变异策略 $s\in\Delta$。从存在两种不同的策略总体中随机抽取成对的人进行博弈，且每人抽中的概率相等。因此，被抽中参加博弈的人，其对手采用变异策略 s 的概率为 ε，对手采取现有策略的概率为 $1-\varepsilon$。此时，策略收益与采取混合策略 $w=\varepsilon s+(1-\varepsilon)s^*\in\Delta$ 的博弈方匹配带来的收益是相同的。因此，现有策略进入后的收益为 $u(s^*,w)$，变异策略进入后的收益为 $u(s,w)$。生物学经验告诉我们，演化力量不会选择变异策略，当且仅当变异策略进入后的收益低于现有策略的收益，满足 $u[s^*,(1-\varepsilon)s^*+\varepsilon s]>u[s,(1-\varepsilon)s^*+\varepsilon s]$，则称策略 $s^*\in\Delta$ 是演化稳定策略。当变异者占总体的比例足够小时，这个不等式对任何变异策略 $s\neq s^*$ 都是成立的。即

定义 2.1　如果对任何策略 $s\neq s^*$，存在某个$\overline{\varepsilon}_s\in(0,1)$使得不等式 $u[s^*,(1-\varepsilon)s^*+\varepsilon s]>u[s,(1-\varepsilon)s^*+\varepsilon s]$ 对所有的 $\varepsilon\in(0,\overline{\varepsilon}_s)$ 都成立，那么 $s^*\in\Delta$ 是一个演化稳定策略（ESS）（Smith et al.，1973）。

令 $\Delta^{ESS}\subset\Delta$ 表示所研究的博弈的演化稳定策略集合，容易验证，每个 ESS 对其自身来说一定是最优的。如果策略 s^* 对其自身不是最优的，那么必然针对 s^* 乃至某个个体得到更高收益的策略 s。因此，如果变异策略 s 在总体中的比例 ε 足够小，那么根据 u 的连续性，s 针对总体混合 $w=\varepsilon s+(1-\varepsilon)s^*$ 得到的收益比 s^* 得到的收益高。因此，s^* 不是演化稳定的，即 $\Delta^{ESS}\subset\Delta^{NE}$。但是演化稳定性的要求更为严格。如果 s^* 是演化稳定的，且 s

是针对 s^* 的另一个最优反应，那么 s^* 必然是针对 s 比 s 更好的反应（威布尔，2006）。

值得注意的是，演化稳定策略可能是纯策略，也可能是混合策略。在囚徒困境博弈中，社会最优具有内在的不稳定性，它要求两个博弈方都采取严格劣策略；有时即使社会最优是一个严格纳什均衡，演化稳定性也有可能得到社会低效率。

就本书的研究内容而言，低碳扩散中政府补贴及监管策略选择是各主体（政府、企业、消费者）之间博弈和相互作用的结果。因此，基于演化博弈理论来研究低碳扩散中的政府补贴和政府补贴监管问题，可有效地分析各主体间的博弈互动关系，并基于演化视角来分析各主体的行为选择以及系统最终的稳定状态，以期为低碳扩散中政府补贴策略和补贴监管策略的制定提供可操作性解决思路。

2.2.2 复杂网络理论

在现实社会中，社会环境以及社会本身不断变化，相应的社会系统并不固定于某一特定结构，系统中各个节点及其之间的关系不断地发展变化，从而构成了复杂网络。复杂网络是呈现高度复杂性的网络，其复杂性主要体现在以下几个方面：①结构复杂性，表现在节点数目巨大，网络结构呈现多种特征。②网络进化，表现在节点或连接的产生与消失。③连接多样性，指节点之间的连接权重存在差异，且有可能存在方向性。④动力学复杂性，表现在节点集可能属于非线性动力学系统，如节点状态随时间发生复杂变化。⑤节点多样性，指复杂网络中的节点可以代表任何事物。⑥多重复杂性融合，指以上多重复杂性相互影响，导致更难以预料的结果。复杂网络的基本特征为：①网络行为的统计性。网络节点数很多，进而使得大规模的网络行为具有统计特性。②节点动力学行为的复杂性。各个节点本身可以是各非线性系统具有分岔和混沌等非线性动力学行为。③网络连接的稀疏性。一个 N 个节点的具有全局耦合结构的网络的连接数目为 $O(N^2)$，而实际大型网络的连接数目通常为 $O(N)$。④连接结构的复杂性，网络连接结构既不是完全规则的，也不是完全随机的。⑤网络的时空演化复杂性，复杂网络具有空间和时间的演化复杂性，表现为复杂行为的多样性。这五种特征反映了实际网络的复杂性特征，既具有混沌分形和自组织演化的特征，也具有形成序参量的特征（徐绪松，2010）。

复杂网络的统计参数主要包括平均路径长度、聚类系数和度分布。下面对三个参数作简要介绍。

（1）平均路径长度，表示任意两个节点之间距离的平均值，也称网络的特征路径长度。

$$l = \frac{1}{N(N+1)/2}\sum_{i>j} d_{ij}$$

其中，N 表示网络中节点具体数目；d_{ij} 表示节点 i 和节点 j 最短路径的边数。尽管实际中复杂网络节点数很多，但是网络的平均路径却很小。平均路径决定了系统的顺畅程度，该参数越小，到达目标位置的时间越短，失真性越小。

（2）聚类系数，表示节点 i 的 k_i 个邻居节点之间实际存在的边 E_i 和可能的总边数 $k_i(k_i-1)/2$ 的比值，即

$$C_i = \frac{E_i}{k_i(k_i-1)/2}$$

网络的聚类系数 C_i 是所有节点的聚类系数的平均值，聚类系数反映了系统中某一节点的邻居节点之间的连接程度。聚集系数越高，表示系统的稳定性越高。

（3）度分布。节点 i 的度为与该节点连接的其他节点的数目。网络中节点度的分布情况可以用网络中度数为 k 的顶点的个数占顶点总个数的比例来描述。度表示各个节点与周围节点之间的关系，即有多少个节点给这一节点输入资源或能量，这一节点又可以给哪些节点输出资源，度决定了整个系统中所有节点之间的关系。在系统不断演化时，分析节点的度分布，可以把握系统内部各个元素之间关系的变化。

经典的复杂网络模型有小世界网络模型和无标度网络模型两种。Watts等（1998）提出了一个兼具小世界性和高聚集性的网络模型，即WS模

型，该模型的提出是复杂网络研究的重大突破。随后，很多学者在 WS 模型的基础上做了改进，如 Newman 等提出的 NW 小世界网络模型（Newman et al.，1999）。Barabá 等（1999）认为用幂律分布来描述现实中的大多数大规模真实网络的度分布更加准确，并将这种网络称为无标度网络。这种网络类型的大多数节点仅有少量连接，而少数节点拥有大量连接。自此，国内外学者将网络与其研究问题相结合来开展研究。通常将其所研究问题置入网络结构中，通过分析网络结构的特性进而发现所研究问题的规律和内在机制。

WS 小世界网络模型具有聚集系数高、平均路径短的特点。因此，WS 小世界网络的连通性更好、信息传播速度更快。

2.2.3 复杂网络演化博弈理论

随着网络科学的发展，复杂网络演化博弈理论应运而生。该理论将复杂网络理论与演化博弈理论相结合，以分析参与人以局域互动关联的方式进行博弈的演化稳定结果。最早的复杂网络演化博弈研究始于 Nowak 与 May（1992）在规则网络上的囚徒困境博弈。该理论主要包含以下三个核心概念（Szabó et al.，2007）。

（1）博弈类型。博弈类型是指参与者之间存在的博弈结构，不同博弈结构下参与人的决策地位和决策收益并不相同。常用的博弈类型主要有囚徒困境博弈、雪堆博弈、智猪博弈等。

（2）博弈的网络结构。博弈的网络结构是指参与者之间通过局域互联所涌现的宏观结构，不同博弈网络结构的属性及其扩散机制并不相同。常用的网络结构有规则网络、小世界网络和无标度网络等。

（3）策略的学习规则。策略的学习规则是指参与人通过学习或试错进行策略调整、更新，进而获得更好的收益或更高的适应性。常用的策略学习规则为费米规则。费米规则是基于物理学中的费米函数提出的（Szabó et al.，1998），该规则以参与人是有限理性为出发点，通过在策略学习规则中引入环境噪声来描述其对策略选择行为的影响。其公式为

$$P_i(s_i \to s_j) = \frac{1}{1+\exp[\frac{\pi_x - \pi_y}{K}]}$$

其中，K 表示环境噪声，其值的大小反映了各主体在策略学习过程中环境的不确定性。

可见，复杂网络演化博弈理论能够更加系统地描述网络结构上的策略演化规律和动力学机制。结合本书的研究内容，低碳扩散中政府补贴和政府补贴监管的对象为企业，企业拥有自己的关系网络或邻域，尤其在互联网快速发展的今天，企业之间的联系更紧密。对于实施低碳策略的企业而言，在自身利润最大化的前提下，企业并不是固定地选择某一策略申报低碳补贴，而是根据距离其较近企业（或邻居）的收益调整自身的行为和决策。因此，由企业组成的网络结构既有一定的规律可循，又存在随机性，故不能用传统的规则网络或随机网络来解释企业之间的关系。因为复杂网络中的小世界网络同时兼具随机性和规则性特征，能恰当地反映企业之间的关系特征，故本书运用复杂网络演化博弈理论来研究低碳扩散中的政府监管策略问题。

2.2.4　信号传递博弈理论

信号传递博弈是指有两个参与人（信号发送者和信号接收者）进行的不完全信息动态博弈（Spence，1974）。其博弈过程如下。

第一阶段：参与人 1 的类型空间为 $\Theta=\{\theta_1, \theta_2, \cdots, \theta_N\}$，那么参与人 2 不知道属于参与人 1 的类型空间 θ；对于参与人 2 而言，其仅知道 θ 是参与人 1 所选类型的“先验概率”（prior probability），该概率为 $p=p(\theta)$，且 $\sum_n p(\theta_n)=1$。

第二阶段：参与人 1 的行动。当参与人 1 搜寻到类型 θ 之后，发出信号，记信号空间为 $M=\{m_1, m_2, \cdots, m_S\}$。

第三阶段：参与人 2 的行动。当参与人 2 发现信号 m 后，将会得到“后验概率”（posterior probability），且该概率为 $\tilde{p}=\tilde{p}(\theta \mid m)$。此外，后验

概率是基于先验概率 $p=p(\theta)$，运用贝叶斯法则（Bayesian rule）计算得到。根据该概率，参与人 2 进行行动选择，记其行动空间为 $A=\{a_1, a_2, \cdots, a_S\}$。

第四阶段：计算支付函数。参与人 1 和参与人 2 的支付函数分别为 $u_1(m, a, \theta)$ 和 $u_2(m, a, \theta)$。精炼贝叶斯均衡是信号传递博弈的基本概念，可以划分为分离均衡、混同均衡和准分离均衡三类。下面对三种均衡形式进行简要介绍。

2.2.4.1 分离均衡（Seperating Equilibrium）（张维迎，1996）

分离均衡是指假定仅有两种类型（θ_1 和 θ_2）的信号发送者，且发送 2 个信号 m_1 和 m_2，那么两种类型的信号发送者将会以 100%的概率选择 m_1 或者 m_2。假定类型 θ_1 的最优选择是 m_1，那么类型 θ_2 的最优选择就是 m_2，即 $u_1[m_1, a^*(m), \theta_1] > u_1[m_2, a^*(m), \theta_1]$，$u_2[m_2, a^*(m), \theta_2] > u_2[m_1, a^*(m), \theta_2]$。因此，后验概率是 $\tilde{p}(\theta_1 \mid m_1)=1$，$\tilde{p}(\theta_1 \mid m_2)=0$；$\tilde{p}(\theta_2 \mid m_1)=0$，$\tilde{p}(\theta_2 \mid m_2)=1$。

2.2.4.2 混同均衡（Pooling Equilibrium）（张维迎，1996）

混同均衡是指不同类型的发送者选择相同的信号。接收者不修正先验概率，假定 m_j 是均衡策略，则

$u_1[m_j, a^*(m), \theta_1] \geqslant u_1[m, a^*(m), \theta_1]$；

$u_2[m_j, a^*(m], \theta_2) \geqslant u_2[m_1, a^*(m), \theta_2]$；

$\tilde{p}(\theta_k \mid m_j) \equiv p(\theta_k)$

2.2.4.3 准分离均衡（Semi-separating Equilibrium）（张维迎，1996）

准分离均衡是假定参与人 1（类型 θ_1 的发送者）随机地选择 m_1 或者 m_2 作为信号发送，对于参与人 2（类型 θ_2 的发送者）而言，其以 100%的概率选择类型 m_2。将该策略组合设为均衡策略组合，则

$u_1[m_j, a^*(m), \theta_1] = u_1[m_2, a^*(m), \theta_1]$；

$u_2[m_1, a^*(m), \theta_2] < u_2[m_2, a^*(m), \theta_2]$；

$$\tilde{p}(\theta_1 \mid m_1) \equiv \frac{\alpha \times p(\theta_1)}{\alpha \times p(\theta_1) + 0 \times p(\theta_2)} = 1;$$

$$\tilde{p}(\theta_1 \mid m_2) \equiv \frac{(1-\alpha) \times p(\theta_1)}{(1-\alpha) \times p(\theta_1) + 1 \times p(\theta_2)} < p(\theta_1);$$

$$\tilde{p}(\theta_2 \mid m_2) \equiv \frac{1 \times p(\theta_1)}{(1-\alpha) \times p(\theta_1) + 1 \times p(\theta_2)} > p(\theta_2)$$

可见，信号传递博弈是研究具有信息传递特征的信号机制的一种不完全信息动态博弈模型（范如国等，2006）。参与人 1 先以一定的概率分布从信号类型空间中向参与人 2 发出信号，然后参与人 2 在其行为空间中选择某一特定行为，并向参与人 1 发出信号，最后参与人 2 根据参与人 1 的行为选择其行为。在政府低碳补贴监管策略选择的过程中，企业是信号发送者，由于企业实施低碳策略的效果存在差异，故不同实施效果的企业实施低碳策略的成本也不相同；如果实施效果差的企业发出与实施效果好的企业同样的信号，以伪装其特征，此时信号机制会失效。因此，为了提高政府补贴的分配效率，需要对低碳补贴进行监管。本书将使用信号传递博弈中的精炼贝叶斯均衡理论对政府低碳补贴监管的最优边界条件进行分析。

第3章 低碳扩散的影响因素与演化博弈分析

企业、消费者、政府以及噪声环境会对低碳扩散产生很大的影响。在低碳扩散的不同阶段，相同策略在变化的环境中所产生的影响和作用也不尽相同。那么，噪声环境下政府补贴与低碳扩散的关系如何？据此，本章的研究框架设计如图 3.1 所示。

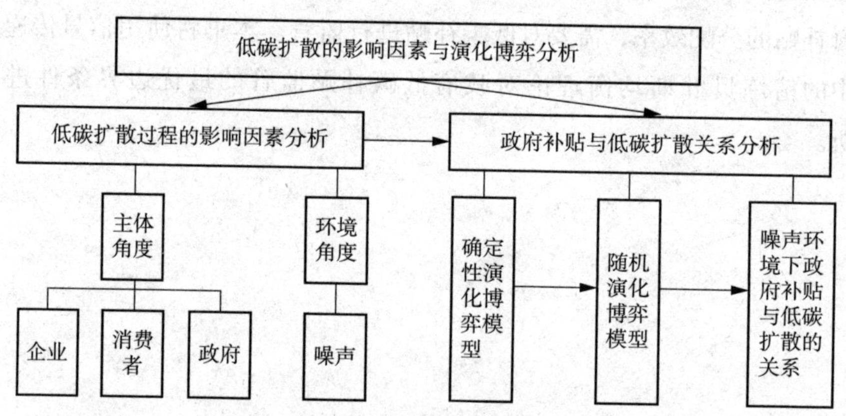

图 3.1　本章的研究框架

首先，本章从主体和环境角度分析低碳扩散过程的影响因素；其次，基于影响因素分析，建立以企业和消费者为主体的随机演化博弈模型，并对该模型进行分析；最后，研究噪声环境下政府补贴与低碳扩散的关系问题。通过对上述问题的研究，本章主要解决了“为什么补贴”的问题。

3.1　低碳扩散过程的影响因素分析

识别低碳扩散过程中的影响因素有助于提出促进低碳扩散的对策。本节主要从主体和环境角度分析低碳扩散过程的影响因素，其中主体包括企业、消费者和政府，环境主要指公众环境和社会环境。作为低碳策略的实施者和低碳产品的使用者，企业和消费者的低碳意愿会对低碳扩散产生很大影响。因此，下面主要分析影响企业和消费者低碳意愿的因素。

3.1.1　企业

作为低碳产品的生产者，企业是否实施低碳策略对最终能否成功实现低碳扩散有重要的影响。因此，识别低碳扩散中影响企业低碳生产、低碳策略采纳意愿的因素非常重要，有助于提出在企业中扩散低碳的对策。企业的低碳生产意愿受以下因素影响。

3.1.1.1　低碳产品的成本

利润是企业做决策时考虑的重要因素。低碳发展作为一种新思想、新理念，相关技术还不成熟，有些技术需要从国外引进。这决定了实施低碳策略的企业需投入较高的成本，而未来的市场又不可预测，如此以利润为目标的企业就会放弃实施低碳策略，即使企业具备较强的资金能力，也可能由于未来市场收益的不确定性而继续进行传统生产。随着低碳技术的发展，低碳市场将逐渐成熟，相应的成本降低，有更多的企业愿意实施低碳生产。因此，低碳产品的成本是影响企业低碳生产意愿的重要因素。

3.1.1.2　预期收益

为了生存和发展，企业需要获得经济利润，为其可持续发展提供基础和保障。因此，企业在进行低碳策略选择时，通常将是否能为其带来更多利润作为主要因素。故当低碳产品的预期收益较高时，企业愿意主动地实施低碳策略；相反，当低碳产品的预期收益较低时，企业通常会放弃实施低碳策略。

3.1.1.3 研发创新能力

当企业的研发创新能力较强时，企业拥有更好的实施低碳生产的条件，包括技术、团队、知识等，进行低碳技术研发成功的概率更大。在政策引导下，为了能成为低碳行业的领头羊，相比于研发创新能力弱的企业，研发创新能力强的企业更愿意实施低碳策略。因此，研发创新能力是影响企业低碳生产意愿的重要因素。

3.1.1.4 社会责任意识

企业低碳策略的实施会使其能源利用率提高、化石能源消耗量降低以及温室气体排放量减少，进而实现节能减排的环保目标。因此，具有强大社会责任意识的企业通常会自愿选择实施低碳策略，为提升社会效益贡献自己的一分力量。社会责任意识不强的企业则往往选择实施传统策略。

3.1.1.5 社会压力

社会压力是影响企业是否采取低碳策略的重要因素。首先，当社会低碳发展氛围浓厚时，低碳将变成一种社会意识、一种社会文化。此时，企业更愿意选择采取低碳策略，进而适应市场环境的变化。其次，消费者是否认可低碳观念会对消费者的消费模式产生影响，即当消费者认可低碳观念时，其会优先考虑购买低碳产品；同时，在消费需求的引导下，企业会倾向于采取低碳策略进行生产。最后，当特定行业的低碳责任意识浓厚时，该行业内部容易自发形成行业低碳标准，在标准的影响下，企业更愿意采取低碳策略。

3.1.1.6 企业高层管理者的素质

企业高层管理者的素质是影响企业低碳生产策略的重要因素之一。企业高层管理者的素质在一定程度上决定了企业的文化氛围、企业愿景。当企业高层管理者的素质较高时，其更容易接受新的知识和理念，社会责任意识也更强，故由素质高的高层管理者领导的企业更愿意实施低碳策略。

3.1.1.7 低碳产品的市场需求

低碳产品的市场需求是影响企业实施低碳策略的重要因素。当低碳产品的市场需求较大时，企业实施低碳策略的预期收益增大，企业自然会更愿意实施低碳策略。

3.1.1.8 企业性质

企业性质是影响企业实施低碳策略的重要因素。低碳技术的高成本使很多企业对其望而却步。通常，国有企业更容易获得政府补贴。因此，相对于不易获得政府补贴的私有企业而言，国有企业更愿意实施低碳策略。

3.1.2 消费者

影响消费者低碳消费的因素包括心理因素和情景因素两方面，其中，心理因素包括价值观、环境态度、环境知识和感知预期等；情景因素包括社会规范、配套设施等。

3.1.2.1 价值观

一些学者对影响消费者低碳消费的价值观因素进行了探讨，例如，Larouche 等（2001）以美国北部消费者为研究对象，发现集体主义和安全感两类价值观对绿色消费意愿有显著直接影响。Chan（2001）通过样本调查发现集体主义价值观和居民的低碳消费意愿之间存在显著正相关关系。当集体主义价值观是个人价值观的主要表现形式时，个人采取低碳消费行为的概率增加。此外，由于价值观对消费行为的直接影响作用较弱，往往需要借助一些中间变量（如态度、意愿）来发挥作用。

3.1.2.2 环境态度

环境态度是指主体对环境行为的立场或看法。环境态度是影响消费者低碳行为的重要因素，通常积极的环境态度会带来环境友好行为。值得注意的是，环境态度不同于环境感受，环境感受只是停留在内心感受方面。如果缺乏正面的环境态度，消费者很难实施低碳消费，因为其认为自身对环境问题所承担的责任有限，应该由其他主体（如政府）承担更多的责任。因此，只有使消费者具备正面的环境态度而不是环境感受才有助于促进低碳扩散。

3.1.2.3 环境知识

环境知识是指与环境有关的各种知识，如自然环境知识、环境问题知识以及相关解决方案等。如果消费者拥有丰富的环境知识，则更愿意实施低碳消费行为。相关学者对该问题进行了探讨，例如，Schahn 等（1990）从消费者的知识、性别和背景三个方面分析了其对环境的关注程度，结果发现环境知识对消费者的低碳消费行为起到决定性作用。Hines 等（1987）运用文献分析法，对环境责任行为进行了分析和综述，发现环境知识和低碳消费行为之间存在正相关关系。此外，如果缺乏环境知识，即使有积极的环境态度，也难以长久实施低碳消费行动。因为环境知识的缺乏，消费者不能真正地理解低碳消费的内涵，进而不能有效实施低碳消费，最终阻碍低碳成功扩散。

3. 1. 2. 4　感知预期

低碳消费感知预期，是指消费者对低碳消费行为所花费的时间、财力以及行为效果的预期。如果消费者认为自己拥有丰富的资源机会和较少的感知障碍时，其采取低碳消费行为的概率就大；反之，实施低碳消费行为的概率就小。消费者对低碳消费行为的感知价值越高，感知风险越低，其实施低碳消费的概率越大。

3. 1. 2. 5　产品的内外部属性

产品的内部属性是指与产品的使用价值相联系的属性，产品的外部属性是指与产品自身属性无关的外部因素（包括价格、品牌、保证等）。Howard 等（1969）提出消费者产生购买意向的决定因素之一是品牌。王丽芳（2005）也认为由于信息不对称性，消费者通常依据产品的外部属性来决定其是否购买产品。价格作为产品外部属性被众多学者加以研究，一般认为价格与质量正相关。因此，价格在交易中充当着分配和信息两种角色。通过市场交易，价格一方面体现了资源在社会中的再分配；另一方面则可以传递信息，这些信息决定了消费者是否采取低碳消费行为。

3. 1. 2. 6　情景因素

情景因素是指那些对低碳消费行为产生影响的外部因素，如配套设施、社会规范和经济刺激等。消费者所处情景的变化，会引起其消费行为的变化。Mohan 等（2012）发现商店的外部情景（如音乐、灯光、布置等）会影响消费者的购买意愿。许多学者的研究表明，情景因素与消费者低碳消费行为存在重要的关联性。De Young（1990）发现显著影响垃圾回收行为的情景因素有是否设置回收箱、回收是否方便、回收是否耗时等。情景因素主要通过对消费者的感知发生作用，进而影响消费者的低碳行为；如果情景设置可以有效地减少消费者的感知障碍，则可以促进低碳行为的发生。

作为情景因素的重要构成，社会规范可在很大程度上影响消费者的行为，且主要通过对消费者提供标杆参考或施加压力来影响消费者的行为。其中，对消费者提供标杆参考是为了鼓励消费者自觉接受低碳消费行为，而对消费者施加压力是为了强制消费者被动接受低碳消费行为。Hopper 等（1991）以及 Vining 等（1992）运用规范激励理论，发现个人规范对消费者是否实施回收利用行为有很大影响。Bamberg 等（2003）研究发现消费者的自身规范对其购买轿车行为有显著影响。

3.1.3　政府

政府主要通过制定政策措施来引导或强制主体实施低碳行为，进而促进低碳扩散。根据研究文献可知，政府政策对企业的低碳生产意愿和消费者的低碳消费意愿均会产生重大影响。下面从政府补贴和补贴监管两方面对低碳扩散的影响进行分析。

3.1.3.1　政府补贴对低碳扩散的影响

低碳作为一种新思想、新理念，其高成本和收益不确定性是影响企业是否采取低碳策略、消费者是否实施低碳消费的重要因素。同时，外部性的存在，使低碳扩散中利益相关方（企业、消费者）之间的环境利益和经济利益出现矛盾，进而影响低碳的扩散进程。初期，企业实施低碳策略的成本较高，且由于外部性的存在，企业往往更愿意选择传统策略，放弃低碳策略。为了降低企业实施低碳策略、消费者实施低碳消费的成本，缩小各主体的私人成本和社会成本的差距，政府可以采取补贴措施正向刺激低碳扩散。

在政府补贴的刺激下，有能力且有意愿的企业会选择低碳策略。同时，对于那些愿意实施低碳策略但没有能力的企业而言，政府补贴为其提供了利益的增长空间，也能实现低碳扩散目标。随着低碳市场的日趋成熟，政府补贴的作用日益显著。目前，多数学者认为政府补贴可以促进低碳扩散，例如，Lieven（2015）、Silvia 等（2016）和 Langbroek（2016）分析了政府补贴对新能源汽车包括纯电动车的推广效果。Zhang 等（2014）、Michalena 等（2016）研究了政府补贴在新能源行业的实施效果，发现政府补贴可以显著地促进低碳扩散。

3.1.3.2 补贴监管对低碳扩散的影响

在政府补贴的刺激下，越来越多的企业开始实施低碳策略。这些企业有的确实在进行低碳生产，但是也有一部分企业骗取补贴，在获得政府补贴的同时，却生产传统产品，或者其所谓的低碳产品并没有实际销售给消费者。根据中国汽车工业协会的数据，2015 年新能源汽车销量为 33 万辆，涉及骗补的企业生产的车辆总数超过总销量的 1/4，这意味着 2015 年新能源汽车生产企业每卖出 4 辆新能源汽车，就有 1 辆涉及骗补。这种“骗补”行为严重影响其他企业的积极性，造成财政资金的严重浪费。因此，政府需要对低碳补贴进行监管。通常，政府对低碳补贴的监管能够在一定程度上遏制骗补的发生，进而确保低碳扩散成功。但是，政府对低碳补贴进行监管，会发生监管成本，且监管行为是否发挥作用会受到其他因素的影响。例如，企业因骗补行为而获取的收益和潜在损失等，这些因素会影响政府对企业是否会有骗补行为的预期，进而影响其监管策略的选取。因此，为了保证政府低碳补贴资金的有效配置和合理利用，防范杜绝骗补的发生，政府应该关注低碳产业的各环节，加大监管力度，完善惩罚机制，保证政策有效执行，确保实现低碳扩散目标。

3.1.4 噪声环境

噪声环境主要是指低碳实施环境的不确定性，包括低碳成本的不确定性、市场不确定性和收益不确定性。低碳扩散是否成功很大程度上取决于低碳技术的发展，而我国的低碳技术与发达国家相比仍然有较大差距，企业通常倾向于引进国外的先进技术或成熟设备。出于专利等知识产权及关税等方面的原因，这些低碳技术和设备往往需要花费大量资金，故资金雄厚的企业才有能力采取低碳策略实施低碳生产。也就是说，低碳生产的高成本使很多企业对低碳生产望而却步。高成本也使企业收益降低，进而导致企业实施低碳生产收益的不确定性。同时与低碳相关的产品市场还不成熟，低碳产品最终能否成功仍然具有很大的不确定性，这些因素导致企业对低碳生产退避三舍。总之，企业低碳生产的不确定性、消费者低碳消费的不确定性以及市场的不确定性相互影响、相互作用，最终导致低碳扩散的不确定性。

3.2　政府补贴对低碳扩散影响的确定性演化博弈模型

由第 3.1 节分析可知，企业、消费者、政府以及噪声环境都会对低碳扩散造成很大影响。同时，低碳扩散不同阶段的政府补贴效果也不尽相同。为此，本节建立了以企业和消费者为主体的确定性演化博弈模型，为随机演化博弈模型的建立以及政府补贴与低碳扩散的关系分析奠定基础。

3.2.1　模型假设

假设 1：低碳策略对应的低碳产品的价格为 p_c；非低碳策略对应的产品价格为 p_n，且 $p_c>p_n>0$。

假设 2：采取低碳策略的企业单位低碳产品成本为 c_c，采取非低碳策略的企业单位产品成本为 c_n，且 $c_c\geqslant c_n\geqslant 0$。

假设 3：假设市场有以低碳消费为主的消费者和以传统消费为主的消费者。在衡量以低碳消费为主的消费者的效用时，忽略其传统消费的效用；在衡量以传统消费为主的消费者的效用时，忽略其低碳消费的效用。

假设 4：低碳策略相应的低碳产品的市场需求取决于消费者剩余。

假设 5：当政府进行补贴时，对企业的补贴额度不能超过其成本，对消费者的补贴额度不能超过低碳产品的售价。

根据假设 4 和假设 5，在构建模型时，需要对政府补贴和消费者剩余进行量化，具体量化方式如下。

3. 2. 1. 1　政府补贴

当政府对企业进行补贴时，补贴公式为

$$w_1=\varepsilon(c_c-c_n) \tag{3.1}$$

其中，w_1 表示政府对企业的补贴额度，ε 为调整因子。

政府对消费者的补贴可分为两部分：价格补贴和其他形式的补贴。因为购置税为其他形式补贴的主要部分，故其他形式的补贴主要指购置税的补贴。补贴公式为

$$w_2=a_1+a_2 \tag{3.2}$$

其中，w_2 为政府对消费者的补贴额度，a_1 为价格补贴额度，a_2 为购置税补贴额度，且 $a_2=\frac{p_c}{1+vx_t}\times10\%$，$vx_t$ 为增值税。

3. 2. 1. 2　消费者剩余

由于消费者的策略选择具有随机性，在实际中无法准确获得消费每种产品的实际效用。因此，基于文献（徐朗等，2016），引入消费者剩余函数如下：

$$U_{cc}=\sigma_c\eta_c-\tau_c p_c \tag{3.3}$$

$$U_{nn}=\sigma_n\eta_n-\tau_n p_n \tag{3.4}$$

其中，U_{cc}表示消费者消耗单位低碳产品的消费者剩余；U_{nn}表示消费者消耗单位非低碳产品的消费者剩余；σ_c 表示低碳偏好消费者的环保偏好系数；σ_n 表示非低碳偏好消费者的环保偏好系数；η_c 表示低碳产品的环保效用；η_n 表示非低碳产品的环保效用，且 $\eta_c>\eta_n>0$；τ_c 表示低碳偏好消费者的价格敏感系数；τ_n 表示非低碳偏好消费者的价格敏感系数。

政府采取对消费者补贴的消费者剩余函数为

$$U_{cc}'=\sigma_c\eta_c-\tau_c\ (p_c-w_2) \tag{3.5}$$

3.2.2 模型分析

基于前述假设，结合目前我国的政策，当政府对企业和消费者同时补贴时，可以构建演化博弈模型，如表 3.1 所示。

表 3.1 演化博弈的收益矩阵（政府对企业和消费者同时补贴）

企业	消费者行为	
	非低碳消费	低碳消费
非低碳策略	p_n-c_n，U_{nn}	$-c_n$，0
低碳策略	$-c_c+w_1$，0	$p_c-c_c+w_1$，U_{cc}'

设 t 时刻采取非低碳策略的企业比例为 λ，则采取低碳策略的企业比例为 $1-\lambda$；非低碳消费的消费者比例为 μ，则采取低碳消费的消费者比例为 $1-\mu$。根据上述假设和收益矩阵，可得企业采取低碳策略的收益为 $\pi_{AC}=\mu(-c_c+w_1)+(1-\mu)(p_c-c_c+w_1)$，企业采取非低碳策略的收益为 $\pi_{AN}=\mu\ (p_n-c_n)+(1-\mu)(-c_n)$，且企业群体的平均收益为 $\overline{\pi}_A=\lambda\pi_{AN}+(1-\lambda)\pi_{AC}$，相应的复制动态方程为

$$d\lambda=\lambda(1-\lambda)[(p_c+p_n)\ \mu+(-c_n-p_c+c_c-w_1)]dt \tag{3.6}$$

式（3.6）的缺点在于只考虑了企业采取非低碳策略的期望收益和企业整体收益，而没有考虑企业采取低碳策略的收益和采取非低碳策略的期望收益之间的差异，因此将上述公式改为

$$d\lambda=\lambda[(p_c+p_n)\ \mu+(-c_n-p_c+c_c-w_1)]dt \tag{3.7}$$

同时，消费者采取低碳消费的收益为 $\pi_{SC}=(1-\lambda)U_{cc}'$，采取非低碳消费的收益为 $\pi_{SN}=\lambda U_{nn}$，且消费者群体的平均收益为 $\overline{\pi}_S=\mu\pi_{SN}+(1-\mu)\ \pi_{SC}$，相应的复制动态方程为

$$d\mu=\mu(1-\mu)[(U_{nn}+U_{cc}')\lambda-U_{cc}']dt \tag{3.8}$$

式（3.8）的缺点在于只考虑了消费者采取非低碳消费的期望收益和消费者的整体收益，而没有考虑消费者采取低碳消费的收益和非低碳消费的期望收益之间的差异，因此将上述公式改为

$$d\mu=\mu[(U_{nn}+U_{cc}')\lambda-U_{cc}']dt \tag{3.9}$$

3.3 政府补贴对低碳扩散影响的随机演化博弈模型

确定性演化博弈模型存在如下问题：一是由企业群体和消费者群体构成的系统为复杂系统，其演化的动力学机制具有不确定性，受到一些不确定性因素的影响，如企业的风险偏好、预期收益水平等。同时，企业所处的政治、经济、文化环境也会对其决策产生影响，进而影响低碳策略扩散过程的稳定性。二是消费者的策略选择会受到一些不确定性因素的影响，如消费者收入水平的变化以及周围人的消费意识等。因此，政府、企业和消费者所处的环境具有不确定性，其演化过程也会表现为不确定性。为此，本书在式（3.7）和式（3.9）中引入了白噪声，反映随机扰动对主体决策的影响，由此建立了随机演化博弈模型，如式（3.10）和式（3.11）所示。

$$d\lambda(t)=\lambda(t)(\pi_{AN}-\pi_{AC})=\lambda(t)[(p_c+p_n)\mu(t)+(-c_n-p_c+c_c-w_1)]dt+\sigma\lambda(t)dw(t) \tag{3.10}$$

$$d\mu(t)=\mu(t)(\pi_{SN}-\pi_{SC})=\mu(t)[(U_{nn}+U_{cc}')\lambda(t)-U_{cc}']dt+\sigma\mu(t)dw(t) \tag{3.11}$$

其中，$w(t)$ 服从标准的一维布朗运动；$dw(t)$ 为高斯白噪声；当 $t>0$，$h>0$ 时，其增量 $\Delta w(t)=w(t+h)-w(t)$ 服从正态分布 $N(0, \sqrt{h})$；σ 表示随机扰动的强度，且 $\sigma>0$。式（3.10）为企业群体受到随机扰动的复制动态方程；式（3.11）为消费者群体受到随机扰动的复制动态方程。

3.3.1 模型分析

假设初始时刻 $t=0$，当 $\lambda(t)=\lambda(0)=0$，$\mu(t)=\mu(0)=0$ 是随机微分方程组的解。本书将初始状态记作 λ_0 和 μ_0，即当没有受到外界干扰时，系统永远停留在该状态。此时，企业全部采用低碳策略，消费者全部是低碳消费者。但是这种情况几乎不存在，因为系统总会受到内外部环境变化的影响，进而影响系统的稳定性。因此，需要考虑随机因素作用下，系统的稳定状态。根据文献（胡适耕等，2008），有如下引理。

引理给定一个随机微分方程：

$$dx(t)=f[t,x(t)]dt+g[t,x(t)]dw(t),x(t_0)\equiv x_0 \tag{3.12}$$

设存在 $V(t,\ x)\in C^{1,2}(R_+\times R^d)$ 与正常数 c_1，c_2，使得 $c_1\ |x|^p\leqslant V(t,\ x)\leqslant c_2\ |x|^p$，则

（1）若存在正常数 γ，使得 $LV(t,\ x)\leqslant -\gamma V(t,\ x)$，则方程（3.12）的零解 P 阶矩指数稳定，且 $E\ |x\ (t,\ x_0)\ |^p\leqslant (c_2/c_1)\ |x_0|^p e^{-\gamma t}$。

（2）若存在正常数 γ，使得 $LV(t,\ x)\geqslant \gamma V(t,\ x)$，则方程（3.12）的零解 P 阶矩指数不稳定，且 $E\ |x(t,\ x_0)\ |^p\geqslant (c_2/c_1)\ |x_0|^p e^{-\gamma t}$。

根据上述引理，得出如下结论，用以判断企业和消费者行为的演化稳定性。

命题1　针对式（3.10），取 $V[t,\ x(t)]=\lambda(t)$，$\lambda(t)\in[0,\ 1]$，$c_1=c_2=1$，$p=1$，$\gamma=1$，则 $LV[t,\ x\ (t)]\ =f[t,\ \lambda(t)]$。于是有：当 $\mu\ (t)\leqslant \frac{c_n+p_c-c_c+w_1-1}{p_n+p_c}$，且 $c_n+p_c-c_c+w_1\geqslant 1$ 时，方程（3.10）的零解矩指数稳定；当 $\mu\ (t)\geqslant \frac{c_n+p_c-c_c+w_1+1}{p_n+p_c}$，且 $p_n-c_n+c_c-w_1\geqslant 1$ 时，方程（3.10）的零解矩指数不稳定。

证明：对于式（3.10），取 $c_1=c_2=1$，$p=1$，$\gamma=1$，$V[t,\ x\ (t)]\ =\lambda(t)$ 时，$LV[t,\ x(t)]\ =f[t,\ \lambda(t)]\ =\lambda(t)\ [(p_c+p_n)\ \mu(t)\ +(-c_n-p_c+c_c-w_1)]$。

条件1　当式（3.10）零解矩指数稳定时，需满足 $\lambda(t)[(p_c+p_n)\mu(t)+(-c_n-p_c+c_c-w_1)]\leqslant -\lambda(t)$，由于 $\lambda(t)\ \in[0,\ 1]$，故 $(p_c+p_n)\mu(t)+(-c_n-p_c+c_c-w_1)\ +1\leqslant 0$。求得 $\mu(t)\ \leqslant \frac{c_n+p_c-c_c+w_1-1}{p_n+p_c}$，且满足 $\frac{c_n+p_c-c_c+w_1-1}{p_n+p_c}\geqslant 0$，可得方程（3.10）的零解矩指数稳定条件为 $\mu(t)\ \leqslant \frac{c_n+p_c-c_c+w_1-1}{p_n+p_c}$，且 $c_n+p_c-c_c+w_1\geqslant 1$。

条件2　当式（3.10）零解矩指数不稳定时，需满足 $\lambda(t)[(p_c+p_n)$

$\mu(t)+(-c_n-p_c+c_c-w_1)]\geqslant\lambda(t)$，故 $(p_c+p_n)\mu(t)+(-c_n-p_c+c_c-w_1)\geqslant 1$。计算可得 $\mu(t)\geqslant\frac{c_n+p_c-c_c+w_1+1}{p_n+p_c}$，且满足 $\frac{c_n+p_c-c_c+w_1-1}{p_n+p_c}\leqslant 1$，可得方程（3.10）的零解矩指数不稳定条件为 $\mu(t)\geqslant\frac{c_n+p_c-c_c+w_1+1}{p_n+p_c}$，且 $p_n-c_n+c_c-w_1\geqslant 1$。

命题 1 表明：在存在政府补贴的前提下，当采取非低碳消费的消费者比例满足条件 1 时，企业群体最终将选择低碳策略；当该比例满足条件 2 时，企业群体倾向于采取非低碳策略。该结论为政府在实践中如何制定针对企业的补贴措施，引导企业群体进行低碳生产提供理论依据。

命题 2　针对式（3.11），取 $V[t,\gamma(t)]=\mu(t)$，$\mu(t)\in[0,1]$，$c_1=c_2=1$，$p=1$，$\gamma=1$，则 $LV[t,\gamma(t)]=f[t,\mu(t)]$。于是有：

条件 1　当 $\lambda(t)\leqslant\frac{U_{cc}'-1}{U_{cc}'+U_{nn}}$ 且 $U_{cc}'\geqslant 1$ 时，零解矩指数稳定。

条件 2　当 $\lambda(t)\geqslant\frac{U_{cc}'+1}{U_{cc}'+U_{nn}}$ 且 $U_{nn}\geqslant 1$ 时，零解矩指数不稳定。

命题 2 的证明过程同命题 1。

命题 2 表明：在存在政府补贴的前提下，当采取非低碳策略的企业比例满足条件 1 时，消费者群体最终会选择低碳消费；当该比例满足条件 2 时，消费者群体则会倾向于选择非低碳消费。该结论为政府在实践中如何制定针对消费者的补贴措施，引导消费者群体进行低碳消费提供理论依据。

同时，由于 $\frac{U_{cc}'-1}{U_{cc}'+U_{nn}}<\frac{U_{cc}'+1}{U_{cc}'+U_{nn}}$，$\frac{c_n+p_c-c_c+w_1-1}{p_n+p_c}<\frac{c_n+p_c-c_c+w_1+1}{p_n+p_c}$，两个稳定性状态的边界并不重合，存在中间区域没有被覆盖，且该区域为 $\frac{U_{cc}'-1}{U_{cc}'+U_{nn}}<\lambda(t)<\frac{U_{cc}'+1}{U_{cc}'+U_{nn}}$，$\frac{c_n+p_c-c_c+w_1-1}{p_n+p_c}<\mu(t)<\frac{c_n+p_c-c_c+w_1+1}{p_n+p_c}$。在本书中，我们称该区域为混沌区域，此时政府发挥重要作用。该区域是一个关键区域，如果在该阶段，政府采取了合适的补贴措施，低碳就可以成功扩散，且前期的政府补贴没有被浪费；否则，政府补贴可能会前功尽弃。

综上可知，政府补贴与低碳扩散之间的关系存有三种情形：

情形 1：$0\leqslant\lambda\leqslant\frac{U_{cc}'-1}{U_{cc}'+U_{nn}}$，$0\leqslant\mu\leqslant\frac{c_n+p_c-c_c+w_1-1}{p_n+p_c}$，其中，$U_{cc}'\geqslant1$，$c_n+p_c-c_c+w_1\geqslant1$。

当采取非低碳策略的企业和采取非低碳消费的消费者比例满足上述条件时，系统存在唯一演化稳定策略 ESS(0，0)，即企业群体和消费者群体最终分别采取低碳策略和低碳消费，这是一种有效率的低碳扩散状态。此时，政府补贴能使低碳在企业和消费者中成功扩散。因此，当采取低碳策略的企业比例和采取低碳消费的消费者比例均较高时，政府补贴可以使低碳成功扩散，此时政府补贴对低碳扩散发挥显著作用。

情形 2：$\frac{U_{cc}'+1}{U_{cc}'+U_{nn}}\leqslant\lambda\leqslant1$，$\frac{c_n+p_c-c_c+w_1+1}{p_n+p_c}\leqslant\mu\leqslant1$，其中，$p_n-c_n+c_c-w_1\geqslant1$，$U_{nn}\geqslant1$。

当采取非低碳策略的企业和采取非低碳消费的消费者比例满足上述条件时，系统存在唯一演化稳定策略 ESS（1，1），即企业群体和消费者群体最终分别采取非低碳策略和非低碳消费，这是一种无效率的低碳扩散状态。因此，当采取低碳策略的企业比例和采取低碳消费的消费者比例均较低时，政府补贴最终没有使低碳扩散至有效状态。

值得注意的是，这种状态存在于一定强度噪声前提下。当噪声强度增大到一定值时，仍然有很大概率稳定于（0，0）点，即很有可能向有效率状态发展，这是在该条件下零解矩指数不稳定的体现。说明噪声不一定全是坏事，政府要学会利用不确定性，把握机遇。

情形 3：$\frac{U_{cc}'-1}{U_{cc}'+U_{nn}}<\lambda<\frac{U_{cc}'+1}{U_{cc}'+U_{nn}}$，$\frac{c_n+p_c-c_c+w_1-1}{p_n+p_c}<\mu<\frac{c_n+p_c-c_c+w_1+1}{p_n+p_c}$，其中，$p_n-c_n+c_c-w_1\geqslant1$，$U_{nn}\geqslant1$。

当采取非低碳策略的企业和采取非低碳消费的消费者比例满足上述条件时，系统既有可能向（0，0）演化，也有可能向（1，1）演化，即企业最终既有可能选择低碳策略，也有可能选择非低碳策略；而消费者最终既有可能选择低碳消费，也有可能选择非低碳消费，这是一种混沌状态。这种状态可以理解为一个过渡期，政府需要在该阶段把握机会，为低碳扩散创造有利环境，进而确保企业和消费者的策略分别向低碳策略和低碳消费方向演化。

3.3.2 不同有效扩散概率下的噪声强度的量化

为了分析不同噪声强度对政府补贴与低碳扩散关系的影响，本节量化了有效扩散概率下的噪声强度。首先，对随机演化博弈模型进行泰勒级数展开，得

$$\begin{cases} h\{[\lambda(t_n)[(p_c+p_n)\mu(t_n)-(-c_n-p_c+c_c-w_1)]+\Delta w_n\cdot\sigma\cdot\lambda(t_n)+\frac{1}{2}[(\Delta w_n)2-h]\cdot \\ \sigma^2\cdot\lambda(t_n)\}\geqslant 0 \qquad (3.13) \\ h\{[\mu(t_n)[(U_{nn}+U_{cc}')\lambda(t_n)-U_{cc}']+\Delta w_n\cdot\sigma\cdot\mu(t_n)+\frac{1}{2}[(\Delta w_n)2-h]\cdot \\ \sigma^2\cdot\mu(t_n)\}\geqslant 0 \qquad (3.14) \end{cases}$$

令 $\lambda=1$，$\mu=1$，并将式（3.13）和式（3.14）中的 Δw_n 视为待求变量。对于式（3.13），有

$$\Delta w_n=\frac{-\sigma\pm\sqrt{\sigma^2-2\sigma^2\left[h(p_c+p_n)+(-c_n-p_c+c_c-w_1)-\frac{\sigma^2}{2}\right]}}{\sigma^2}$$

将上式记为

$$\Delta w_{n_1}=\frac{-\sigma+\sqrt{\sigma^2-2\sigma^2\left[h(p_c+p_n)+(-c_n-p_c+c_c-w_1)-\frac{\sigma^2}{2}\right]}}{\sigma^2}$$

$$\Delta w_{n_2}=\frac{-\sigma-\sqrt{\sigma^2-2\sigma^2\left[h(p_c+p_n)+(-c_n-p_c+c_c-w_1)-\frac{\sigma^2}{2}\right]}}{\sigma^2}$$

则需要噪声 σ 满足以下条件：

$$normcdf(\Delta w_{n_2})-normcdf(\Delta w_{n_1})<Prob_\lambda \qquad (3.15)$$

其中，*normcdf* 函数是 Matlab 中的累计正态分布函数。运用 Matlab 计

算实现稳定状态的概率，为了简化起见，此处用 normcdf 函数表达实现不同稳定概率下的噪声强度。

同理，对于式（3.14），有

$$\Delta w_n{}'=\frac{-\sigma\pm\sqrt{\sigma^2-2\sigma^2\left[h(U_{nn}+U_{cc}{}')-U_{cc}{}'-\frac{\sigma^2}{2}\right]}}{\sigma^2}$$

将上式记为

$$\Delta w_{n_1}{}'=\frac{-\sigma+\sqrt{\sigma^2-2\sigma^2\left[h(U_{nn}+U_{cc}{}')-U_{cc}{}'-\frac{\sigma^2}{2}\right]}}{\sigma^2}$$

$$\Delta w_{n_2}{}'=\frac{-\sigma-\sqrt{\sigma^2-2\sigma^2\left[h(U_{nn}+U_{cc}{}')-U_{cc}{}'-\frac{\sigma^2}{2}\right]}}{\sigma^2}$$

则需要噪声 σ 满足以下条件：

$$normcdf\ (\Delta w_{n_2}{}')\ -normcdf\ (\Delta w_{n_1}{}')\ <Prob_{\mu} \tag{3.16}$$

当 $Prob_{\lambda}=Prob_{\mu}=0.0001$ 时，表示在政府补贴措施下，系统可以实现绝对稳定；当 $Prob_{\lambda}=Prob_{\mu}=0.05$ 时，表示在政府补贴措施下，系统实现有效稳定状态的概率为95%；当 $Prob_{\lambda}=Prob_{\mu}=0.10$ 时，表示在政府补贴措施下，系统实现有效稳定状态的概率为90%，以此类推。

因此，根据式（3.15）和式（3.16），可以得到不同有效扩散概率下的噪声强度。

3.4 仿真分析

下面以新能源汽车比亚迪 E6 和非新能源汽车比亚迪 M6 为例，通过仿真分析来说明上述研究的应用。笔者根据搜集的资料并结合相关文献，获取以下相关数据：比亚迪 E6 市场售价为 30.98 万~36.98 万元，取平均值 33.98 万元。同时政府给予消费者约 5.5 万元的价格补贴，根据比亚迪发布的电池成本等相关参数，估计比亚迪 E6 的整车成本约为 25 万元。比亚迪 M6 市场售价为 10.39 万~15.39 万元。取平均值 12.89 万元，以国内主流厂家整车利润 10%计算，考虑购置税和技术转让费等，该车的整车成本约为 5.54 万元。同时，增值税取 17%，相关参数值为 $p_c=33.98$，$c_c=25$，$p_n=12.89$，$c_n=5.54$，$a_1=5.5$，$vx_t=17\%$，$a_2=2.9$。取 $\varepsilon=1$，则由式（3.1）和式（3.2）可知：$w_1=19.46$，$w_2=8.4$。基于文献（徐朗等，2016），得到参数数据：$\eta_c=50$，$\eta_n=40$，$\tau_c=1$，$\tau_n=1$，$\sigma_c=1.2$，$\sigma_n=1$。则根据式（3.3）、式（3.4）和式（3.5）可得，$U_{cc}=26.02$，$U_{nn}=27.11$，$U_{cc}'=37.02$。

将上述数值代入式（3.7）和式（3.9），得

$$d\lambda=\lambda(46.87\mu-33.98)dt+\sigma\lambda dw(t) \tag{3.17}$$

$$d\mu=\mu(64.13\lambda-37.02)dt+\sigma\mu dw(t) \tag{3.18}$$

根据第 3.3 节，政府补贴与低碳扩散关系存在的三种情形，可得

情形 1：$0\leqslant\lambda\leqslant56.17\%$，$0\leqslant\mu\leqslant70.17\%$。

情形 2：$59.29\%\leqslant\lambda\leqslant1$，$74.63\%\leqslant\mu\leqslant1$。

情形 3：$56.17\%<\lambda<59.29\%$，$70.17\%<\mu<74.63\%$。

同时，根据式（3.15）和式（3.16），通过 Matlab 软件，可分别获得在 100%、95%和 90%概率下噪声 σ 的取值，如表 3.2 所示。

表 3.2　100%、95%和 90%概率下噪声 σ 的取值

λ			μ		
100%	95%	90%	100%	95%	90%
$\sigma=0.37$	$\sigma=0.84$	$\sigma=1.08$	$\sigma=0.83$	$\sigma=2$	$\sigma=2.5$

为了同时验证上述三种情形，以及噪声强度对扩散结果的影响，下面对不同噪声强度下的低碳扩散结果进行仿真，其中噪声强度分别设为 $\sigma=0.3$，$\sigma=0.8$，$\sigma=1$，$\sigma=2$。仿真结果如图 3.2~图 3.4 所示。

（1）当 $0\leqslant\lambda\leqslant56.17\%$，$0\leqslant\mu\leqslant70.17\%$，取 $\lambda_0=0.5$，$\mu_0=0.5$。

由图 3.2 可知，当 $\lambda_0=0.5$，$\mu_0=0.5$ 时，当采取非低碳策略的企业比例和采取非低碳消费的消费者比例分别为 0.5 和 0.5 时，系统最终均稳定在（0，0）这个状态。也就是说，在不同的噪声强度下，低碳策略和低碳消费均可以实现有效扩散，且演化到稳定状态的次数相同。在次数约为 18

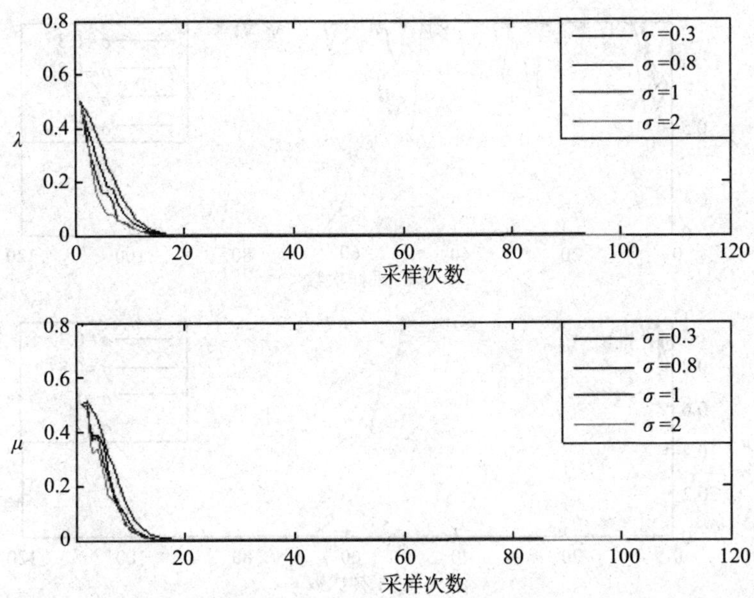

图 3.2　当 $\lambda_0=0.5$，$\mu_0=0.5$ 时，采取非低碳策略生产 M6 的企业比例和采取非低碳消费购买 M6 的消费者比例的演化趋势

时，企业全部采用低碳策略，消费者全部采用低碳消费。因此，这是一种有效率的稳定状态，情形 1 得证。同时，随着噪声强度的增大，达到稳定状态之前的波动越大。

（2）当 $59.29\%\leqslant\lambda\leqslant1$，$74.63\%\leqslant\mu\leqslant1$，取 $\lambda_0=0.7$，$\mu_0=0.8$。

由图 3.3 可知，当 $\lambda_0=0.7$，$\mu_0=0.8$ 时，采取低碳策略的企业比例和采取低碳消费的消费者比例分别为 0.3 和 0.2，此时，在不同噪声强度下，最终实现的稳定状态略有不同，且演化到稳定状态的次数也不相同。在这种情形下，当噪声强度分别为 0.3、0.8 和 1 时，演化的最终结果为企业全部采用非低碳策略，消费者全部采用非低碳消费，此时政府补贴并没有最终使低碳扩散至有效状态。而当噪声强度为 2 时，演化的最终结果则相反，此时企业全部采用低碳策略，消费者全部采用低碳消费。可见，当噪声强度增大到一定值时，可以影响政府补贴的作用和低碳扩散的最终结果，而不确定性程度的增大不一定不利。情形 2 得证。

根据情形 1 和情形 2 的仿真结果可知，当低碳最终扩散至有效状态时，

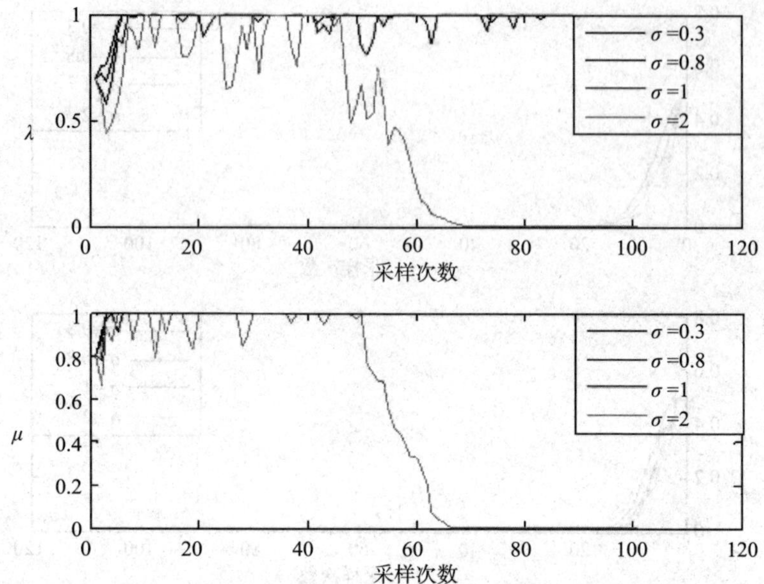

图 3.3　当 $\lambda_0=0.7$，$\mu_0=0.8$ 时，采取非低碳策略生产 M6 的企业比例和采取非低碳消费购买 M6 的消费者比例的演化趋势

在同一种噪声强度下，总是消费者先实现有效稳定（$\mu=0$），企业才实现有效稳定（$\lambda=0$），即低碳策略在企业中的有效扩散具有滞后性。这说明政府对消费者提供补贴可能比对企业提供补贴更有效，更能有效地促进低碳成功扩散。同时，在实现稳定的过程中，低碳策略在企业中扩散的波动性总是高于低碳消费在消费者中扩散的波动性，即消费者对企业实施低碳策略的影响要远大于企业对消费者实施低碳消费的影响。因此，政府在制定低碳补贴措施时要权衡企业和消费者的关系，充分发挥政府补贴的作用。

（3）当 $56.17\%<\lambda<59.29\%$，$70.17\%<\mu<74.63\%$ 时，取 $\lambda_0=0.58$，$\mu_0=0.73$。

由图 3.4 可知，当 $56.17\%<\lambda<59.29\%$，$70.17\%<\mu<74.63\%$ 时，市场是一种混沌状态，有可能最终稳定在均衡点（0，0），也有可能最终稳定在均衡点（1，1），且噪声的影响没有明显的规律。情形 3 得证。

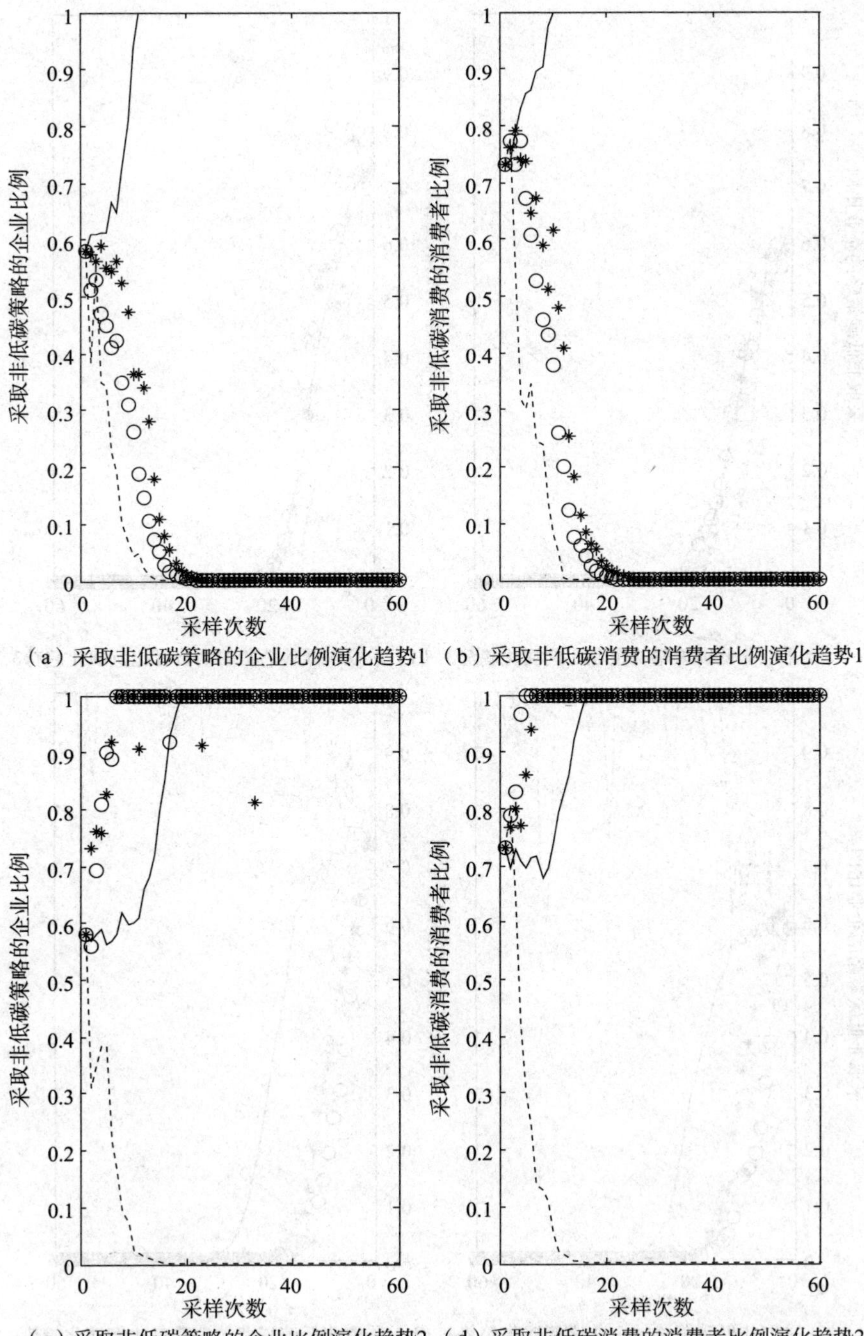

（a）采取非低碳策略的企业比例演化趋势1（b）采取非低碳消费的消费者比例演化趋势1

（c）采取非低碳策略的企业比例演化趋势2（d）采取非低碳消费的消费者比例演化趋势2

图 3.4 当 $\lambda_0=0.58$，$\mu_0=0.73$ 时，采取非低碳策略生产 M6 的企业比例和采取非低碳消费购买 M6 的消费者比例的演化趋势

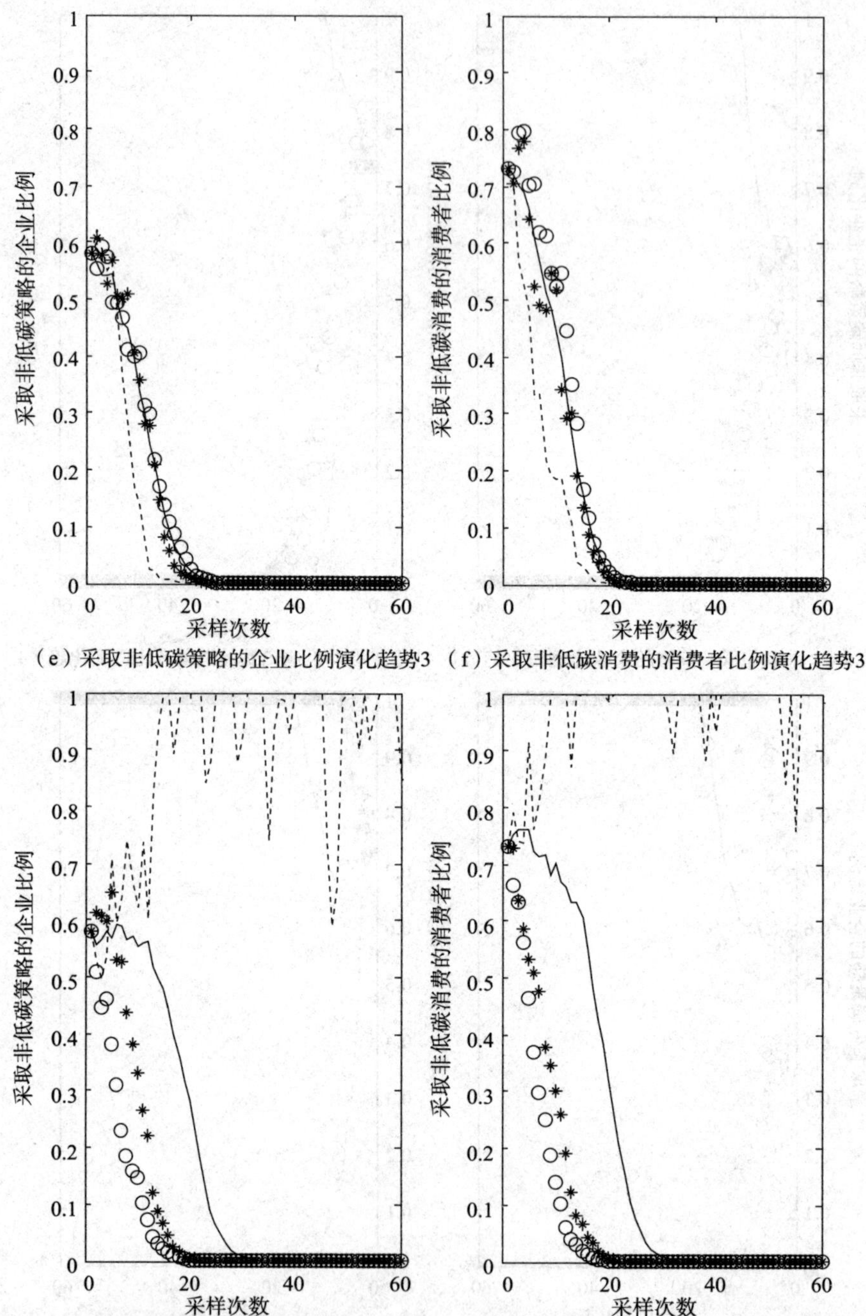

（e）采取非低碳策略的企业比例演化趋势3　（f）采取非低碳消费的消费者比例演化趋势3

（g）采取非低碳策略的企业比例演化趋势4　（h）采取非低碳消费的消费者比例演化趋势4

图 3.4　当 $\lambda_0=0.58$，$\mu_0=0.73$ 时，采取非低碳策略生产 M6 的企业比例和采取非低碳消费购买 M6 的消费者比例的演化趋势（续）

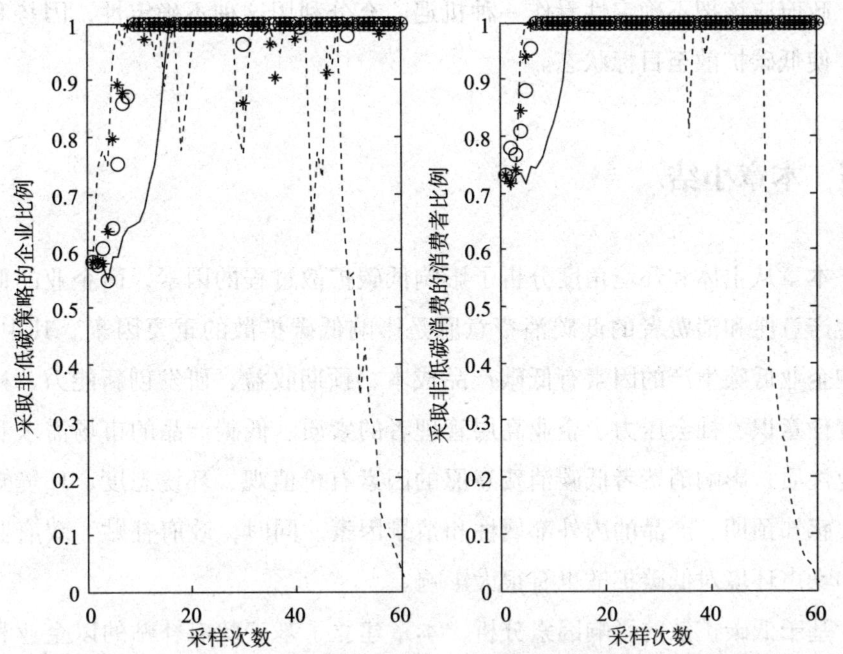

（i）采取非低碳策略的企业比例演化趋势5 （j）采取非低碳消费的消费者比例演化趋势5

图 3.4 当 $\lambda_0=0.58$，$\mu_0=0.73$ 时，采取非低碳策略生产 M6 的企业比例和采取非低碳消费购买 M6 的消费者比例的演化趋势（续）

由上述仿真结果可知，在噪声环境下，不同的初始值状态对政府补贴与低碳扩散的关系有很大的影响。当采取低碳策略的企业比例和采取低碳消费的消费者比例较小时，政府补贴对低碳扩散的作用不显著。此时，政府需要采取多种激励措施，如补贴和碳税相结合，进而刺激低碳在企业和消费者中扩散。当采取低碳策略的企业比例和采取低碳消费的消费者比例均较大时，政府补贴与低碳扩散之间是一种混沌关系。在这种情形下，政府的地位和作用要比其他时刻更大。在模糊、混沌的市场环境中，更需要政府对企业和消费者的引导，包括政府政策的一致性，提高企业和消费者的低碳预期，进而促进低碳成功扩散。当采取低碳策略的企业比例和采取低碳消费的消费者比例增大到一定值时，政府补贴对低碳扩散的作用显著，量变导致质变。但是由于环境不确定性的存在，政府仍然需要保持警惕，尽可能地保持政策的连续性和一致性。值得注意的是，面对不确定性时，政府应该把不确定性看作一种机遇，充分利用这种不确定性，因势利导，使低碳扩散至目标状态。

3.5 本章小结

本章从主体和环境角度分析了影响低碳扩散过程的因素，而企业的低碳生产意愿和消费者的低碳消费意愿是影响低碳扩散的重要因素。其中，影响企业低碳生产的因素有低碳产品成本、预期收益、研发创新能力、社会责任意识、社会压力、企业高层管理者的素质、低碳产品的市场需求和企业性质；影响消费者低碳消费意愿的因素有价值观、环境态度、环境知识、感知预期、产品的内外部属性和情景因素。同时，政府补贴、政府监管和噪声环境对低碳扩散也有很大影响。

基于低碳扩散的影响因素分析，本章建立了基于政府补贴的以企业和消费者为主体的确定性演化博弈模型，并将布朗运动与确定性演化博弈模型相结合，建立随机演化博弈模型。同时，对该随机演化博弈模型进行稳定性分析，得到三种政府补贴与低碳扩散之间的关系，分别为：当 $0\leqslant\lambda\leqslant\frac{U_{cc}'-1}{U_{cc}'+U_{nn}}$，$0\leqslant\mu\leqslant\frac{c_n+p_c-c_c+w_1-1}{p_n+p_c}$ 时，其中，$U_{cc}'\geqslant1$，$p_n-c_n+c_c-w_1\geqslant1$，系统存在唯一演化稳定策略 ESS(0，0)，即企业群体和消费者群体的最终策略为低碳策略和低碳消费。此时，政府补贴能使低碳最终扩散至有效状态。当 $\frac{U_{cc}'+1}{U_{cc}'+U_{nn}}\leqslant\lambda\leqslant1$，$\frac{c_n+p_c-c_c+w_1+1}{p_n+p_c}\leqslant\mu\leqslant1$ 时，其中，$U_{cc}'\geqslant1$，$p_n-c_n+c_c-w_1\geqslant1$，存在演化稳定策略 ESS(1，1)，即企业群体和消费者群体的最终策略为非低碳策略和非低碳消费。此时，政府补贴不能使低碳最终扩散至有效状态；当 $\frac{U_{cc}'-1}{U_{cc}'+U_{nn}}<\lambda<\frac{U_{cc}'+1}{U_{cc}'+U_{nn}}$，$\frac{c_n+p_c-c_c+w_1-1}{p_n+p_c}<\mu<\frac{c_n+p_c-c_c+w_1+1}{p_n+p_c}$ 时，其中，$p_n-c_n+c_c-w_1\geqslant1$，$U_{nn}\geqslant1$，系统既有可能向（0，0）演化，也有可能向（1，1）演化，是一种混沌状态。此时，政府补贴与低碳扩散之间是一种混沌关系。

通过仿真分析验证了上述内容的有效性，且得出如下结论：①当采取低碳策略的企业比例和采取低碳消费的消费者比例均较低时，在不同的噪声强度下，仅依靠政府补贴，无法实现低碳策略和低碳消费的成功扩散。②随着采取低碳策略的企业比例和采取低碳消费的消费者比例增大，在特定的噪声强度下，政府补贴与低碳扩散之间是一种混沌关系，但是当两者比例继续增加到一定值时，量变导致质变，低碳扩散最终能够以不同的概率实现有效稳定。此时，政府补贴对低碳扩散发挥显著作用。③低碳策略在企业中的扩散具有滞后性，且消费者对企业实施低碳策略的影响远大于企业对消费者实施低碳消费的影响。研究结论有助于企业理性地利用低碳扩散的规律，适时采取低碳策略，进而规避风险。同时，研究结论有利于政府理性地把握市场主体的行为，充分发挥政府的调控作用。

第 4 章 低碳扩散中政府补贴策略的优化分析

通过低碳扩散的影响因素分析，发现企业、消费者、政府和噪声环境均会对低碳扩散产生影响，特别是政府补贴和补贴监管会对低碳扩散产生重要影响。通过噪声环境下政府补贴与低碳扩散之间的关系分析，发现政府补贴在不同阶段的作用不同，有时显著，有时不显著，有时混沌。因此，为了使补贴更有效率，政府应当在不同发展阶段动态地调整补贴策略。为此，本章的研究框架设计如图 4.1 所示。

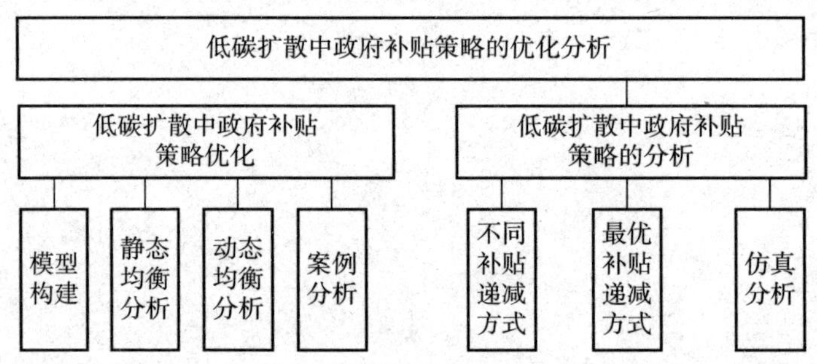

图 4.1　本章研究框架

首先，本章将建立以政府、企业和消费者为主体的三方博弈模型；其次，对三方博弈模型进行转换和分析；最后，在之前分析的基础上，通过给出不同的低碳补贴递减方式和最优补贴策略判定准则，分析政府的最优补贴策略问题。通过对上述问题的研究，本章主要解决“补贴谁，怎么补贴”的问题。

4.1　模型构建

根据3.1节的假设和分析，构建以政府、企业和消费者为主体的三方博弈模型与收益矩阵，如表4.1所示。由表4.1可知，政府补贴策略有四种：不补贴、只对企业补贴、只对消费者补贴、同时对企业和消费者进行补贴。当政府采取不同补贴策略时，博弈过程可以看作是由政府、企业和消费者构成的三方博弈。在博弈过程中，政府根据企业和消费者上一周期的行为决定下一周期要采取的补贴策略；企业根据政府和消费者上一周期的策略决定下一周期是否采取低碳策略；而消费者根据政府和企业上一周期的策略决定下一周期是否进行低碳消费。

表4.1　政府、企业和消费者的博弈模型与收益矩阵

政府与企业策略		消费者低碳消费	消费者非低碳消费
政府不补贴	企业实施低碳策略	p_c-c_c，U_{cc}	$-c_c$，0
	企业不实施低碳策略	$-c_n$，0	p_n-c_n，U_{nn}
政府只补贴企业	企业实施低碳策略	$p_c-c_c+w_1$，U_{cc}	$-c_c+w_1$，0
	企业不实施低碳策略	$-c_n$，0	p_n-c_n，U_{nn}
政府只补贴消费者	企业实施低碳策略	p_c-c_c，U_{cc}'	$-c_c$，0
	企业不实施低碳策略	$-c_n$，0	p_n-c_n，U_{nn}
政府同时补贴企业和消费者	企业实施低碳策略	$p_c-c_c+w_1$，U_{cc}'	$-c_c+w_1$，0
	企业不实施低碳策略	$-c_n$，0	p_n-c_n，U_{nn}

根据三方博弈模型特点，将三方博弈模型转化为演化博弈模型，通过分析不同政府补贴策略下企业和消费者的策略选择，推导出政府的补贴策略选择，具体如下。

（1）当政府采取不补贴策略时，相应的演化博弈模型的收益矩阵如表4.2所示。

表 4.2　演化博弈的收益矩阵（政府不补贴）

企业策略	消费者行为	
	非低碳消费	低碳消费
低碳策略	p_c-c_c，U_{cc}	$-c_c$，0
非低碳策略	$-c_n$，0	p_n-c_n，U_{nn}

（2）当政府采取只对企业补贴的策略时，相应的演化博弈模型的收益矩阵如表 4.3 所示。

表 4.3　演化博弈的收益矩阵（政府只补贴企业）

企业策略	消费者行为	
	非低碳消费	低碳消费
低碳策略	$p_c-c_c+w_1$，U_{cc}	$-c_c+w_1$，0
非低碳策略	$-c_n$，0	p_n-c_n，U_{nn}

（3）当政府采取只对消费者补贴的策略时，相应的演化博弈模型的收益矩阵如表 4.4 所示。

表 4.4　演化博弈的收益矩阵（政府只补贴消费者）

企业策略	消费者行为	
	非低碳消费	低碳消费
低碳策略	p_c-c_c，U_{cc}'	$-c_c$，0
非低碳策略	$-c_n$，0	p_n-c_n，U_{nn}

（4）当政府采取同时对企业和消费者进行补贴的策略时，相应的演化博弈模型的收益矩阵如表 4.5 所示。

表 4.5　演化博弈的收益矩阵（政府同时补贴企业和消费者）

企业策略	消费者行为	
	非低碳消费	低碳消费
低碳策略	$p_c-c_c+w_1$，U_{cc}'	$-c_c+w_1$，0
非低碳策略	$-c_n$，0	p_n-c_n，U_{nn}

4.2 模型静态均衡分析

本节主要对上述博弈矩阵进行静态均衡分析。假设采取低碳策略的企业所占比例为x，采取非低碳策略的企业所占比例为$1-x$，低碳消费的消费者所占比例为y，非低碳消费的消费者所占比例为$1-y$。根据表4.2，此时企业采取低碳策略的收益为$\pi_{AC}^1=y(p_c-c_c)+(1-y)(-c_c)$；企业采取非低碳策略的收益为$\pi_{AN}^1=y(-c_n)+(1-y)(p_n-c_c)$；企业群体的平均收益为$\overline{\pi_A^1}=x\pi_{AC}^1+(1-x)\pi_{AN}^1$，相应的复制动态方程为$\frac{\mathrm{d}x}{\mathrm{d}t}=x(\pi_{AC}^1-\overline{\pi_A^1})=x(1-x)[(p_c+p_n)y-c_c-p_n+c_n]$。消费者低碳消费的收益为$\pi_{SC}^1=xU_{cc}$；消费者非低碳消费的收益为$\pi_{SN}^1=(1-x)U_{nn}$，消费者群体的平均收益为$\overline{\pi_S^1}=x\pi_{SC}^1+(1-x)\pi_{SN}^1$，相应的复制动态方程为$\frac{\mathrm{d}y}{\mathrm{d}t}=y(\pi_{SC}^1-\overline{\pi_S^1})=y(1-y)[(U_{cc}+U_{nn})x-U_{nn}]$。因此，该补贴策略下的复制动态方程组为

$$\begin{cases}\frac{\mathrm{d}x}{\mathrm{d}t}=x(1-x)[(p_c+p_n)y-c_c-p_n+c_n]\\ \frac{\mathrm{d}y}{\mathrm{d}t}=y(1-y)[(U_{cc}+U_{nn})x-U_{nn}]\end{cases}\tag{4.1}$$

根据表4.3，此时企业采取低碳策略的收益为$\pi_{AC}^2=y(p_c-c_c+w_1)+(1-y)(-c_c+w_1)$；企业采取非低碳策略的收益为$\pi_{AN}^2=y(-c_n)+(1-y)(p_n-c_n)$；企业群体的平均收益为$\overline{\pi_A^2}=x\pi_{AC}^2+(1-x)\pi_{AN}^2$，相应的复制动态方程为$\frac{\mathrm{d}x}{\mathrm{d}t}=x(\pi_{AC}^2-\overline{\pi_A^2})=x(1-x)[(p_c+p_n)y-c_c+w_1-p_n+c_n]$。由假设可知，此时消费者低碳消费时的复制动态方程和第一种情况相同为$\frac{\mathrm{d}y}{\mathrm{d}t}=y(\pi_{SC}^2-\overline{\pi_S^2})=y(1-y)[(U_{cc}+U_{nn})x-U_{nn}]$。因此，该补贴方式下的复制动态方程组为

$$\begin{cases}\frac{\mathrm{d}x}{\mathrm{d}t}=x(1-x)[(p_c+p_n)y-c_c+w_1-p_n+c_n]\\ \frac{\mathrm{d}y}{\mathrm{d}t}=y(1-y)[(U_{cc}+U_{nn})x-U_{nn}]\end{cases}\tag{4.2}$$

根据假设和表 4.4 可知，此时企业采取低碳策略时的复制动态方程和第一种情况相同为$\frac{dx}{dt}=x(\pi_{AC}^{3}-\overline{\pi_{A}^{3}})=x(1-x)[(p_c+p_n)y-c_c-p_n+c_n]$。消费者低碳消费的收益为$\pi_{SC}^{3}=xU_{cc}'$；消费者非低碳消费的收益为$\pi_{SN}^{3}=(1-x)U_{nn}$；消费者群体的平均收益为$\overline{\pi_{S}^{3}}=x\pi_{SC}^{3}+(1-x)\pi_{SN}^{3}$，相应的复制动态方程为$\frac{dy}{dt}=y(\pi_{SC}^{3}-\overline{\pi_{S}^{3}})=y(1-y)[(U_{cc}'+U_{nn})x-U_{nn}]$。因此，该补贴策略下的复制动态方程组为

$$\begin{cases}\frac{dx}{dt}=x(1-x)[(p_c+p_n)y-c_c-p_n+c_n]\\ \frac{dy}{dt}=y(1-y)[(U_{cc}'+U_{nn})x-U_{nn}]\end{cases}\tag{4.3}$$

根据假设和表 4.5 可知，此时企业采取低碳策略的复制动态方程与第二种情况相同，即$\frac{dx}{dt}=x(\pi_{AC}^{4}-\overline{\pi_{A}^{4}})=x(1-x)[(p_c+p_n)y-c_c+w_1-p_n+c_n]$；消费者采取低碳消费的复制动态方程与第三种情况相同为$\frac{dy}{dt}=y(\pi_{SC}^{4}-\overline{\pi_{S}^{4}})=y(1-y)[(U_{cc}'+U_{nn})x-U_{nn}]$。因此，该补贴策略下的复制动态方程组为

$$\begin{cases}\frac{dx}{dt}=x(1-x)[(p_c+p_n)y-c_c+w_1-p_n+c_n]\\ \frac{dy}{dt}=y(1-y)[(U_{cc}'+U_{nn})x-U_{nn}]\end{cases}\tag{4.4}$$

令$\frac{dx}{dt}=0$，$\frac{dy}{dt}=0$，则

对于式（4.1）而言，其演化均衡点有（0，0），（0，1），（1，0），（1，1）和（$\frac{U_{nn}}{U_{nn}+U_{cc}}$，$\frac{p_n-c_n+c_c}{p_n+p_c}$）。

对于式（4.2）而言，其演化均衡点有（0，0），（0，1），（1，0），（1，1）和（$\frac{U_{nn}}{U_{nn}+U_{cc}}$，$\frac{p_n-c_n+c_c-w_1}{p_n+p_c}$）。

对于式（4.3）而言，其演化均衡点有（0，0），（0，1），（1，0），

(1，1) 和 $\left(\frac{U_{nn}}{U_{nn}+U_{cc}}, \frac{p_n-c_n+c_c}{p_n+p_c}\right)$。

对于式（4.4）而言，其演化均衡点有（0，0），（0，1），（1，0），(1，1) 和 $\left(\frac{U_{nn}}{U_{nn}+U_{cc}'}, \frac{p_n-c_n+c_c-w_1}{p_n+p_c}\right)$。

现实中，企业与消费者都不能准确地判断对方的行为选择，因此双方通常会选择一种混合策略，即双方群体都会以一定比例采取行动并达到混合策略均衡。在这种情况下，无论是企业还是消费者，单独改变策略都不能增加自己的收益。因此，要针对混合策略解进行分析，具体如表 4.6 所示。

表 4.6　不同补贴策略下的策略均衡点

政府补贴形式	x_i^*	y_i^*
政府不补贴	$x_1^*=\frac{U_{nn}}{U_{nn}+U_{cc}}$	$y_1^*=\frac{p_n-c_n+c_c}{p_n+p_c}$
政府只补贴企业	$x_2^*=\frac{U_{nn}}{U_{nn}+U_{cc}}$	$y_2^*=\frac{p_n-c_n+c_c-w_1}{p_n+p_c}$
政府只补贴消费者	$x_3^*=\frac{U_{nn}}{U_{nn}+U_{cc}'}$	$y_3^*=\frac{p_n-c_n+c_c}{p_n+p_c}$
政府同时补贴企业和消费者	$x_4^*=\frac{U_{nn}}{U_{nn}+U_{cc}'}$	$y_4^*=\frac{p_n-c_n+c_c-w_1}{p_n+p_c}$

4.3　模型动态均衡分析

混合策略只能静态地分析不同补贴策略下的企业和消费者的策略选择问题，并不能动态地获取企业低碳策略和消费者低碳消费的扩散对初始状态（即 x 和 y）的依赖程度，以及政府补贴对低碳扩散的影响程度。下面在给出动态组合情形及分析的基础上，分别从不存在波动以及存在波动两种状况，动态地分析不同初始状态和不同补贴策略下的企业低碳策略和消费者低碳消费的扩散效果，间接考证政府补贴对低碳扩散的影响。

4.3.1 不存在波动时，初始值对低碳扩散的影响

政府不同补贴策略下各主体的收益分别如图 4.2、图 4.3、图 4.4、图 4.5 所示。同时，由表 4.6 可知，$x_1^*=x_2^*>x_3^*=x_4^*$，$y_1^*=y_3^*>y_2^*=y_4^*$。由 $x_1^*>x_4^*$，$y_1^*>y_4^*$ 可知，若要在政府不补贴策略下达到均衡，需要在政府同时补贴企业和消费者的基础上，采取低碳策略的企业比例由大于 x_4^* 增加到 x_1^*，且采取低碳消费的消费者比例由大于 y_4^* 增加到 y_1^*，即使不补贴，依然能实现有效均衡，实现低碳策略的有效扩散，且比例的增加量为 $\Delta x_1=x_1^*-x_4^*=\dfrac{U_{nn}\ (U_{cc}'-U_{cc})}{U_{nn}+U_{cc}'}$，$\Delta y_1=y_1^*-y_4^*=\dfrac{w_1}{p_n+p_c}$。因此，分别设置①、②和③三个位置，其中①处 $x<x_3^*$，$y<x_3^*$，②处 $x_1^*>x>x_3^*$，③处 $x>x_1^*$，$y>y_1^*$。下面根据初始值的不同分析不同情形。

情形 1：当 x_0 和 y_0 较小，均位于①位置时，无论政府采取哪种补贴策略，消费者采取非低碳消费的收益都大于采取低碳消费的收益，企业采取非低碳策略的收益都大于采取低碳策略的收益。因此，低碳消费和低碳策略均没有在消费者和企业中有效扩散。

情形 2：当 x_0 较小，y_0 增大，即当 x_0 位于①位置，y_0 位于②位置时，对于消费者而言，无论政府采取哪种补贴策略，消费者采取非低碳消费的收益都大于采取低碳消费的收益，低碳消费没有在消费者中有效扩散。对于企业而言，当政府只给企业补贴和政府同时补贴企业和消费者时，其采取低碳策略的收益大于采取非低碳策略的收益，可见政府的补贴推动了低碳策略在企业中的扩散；但是由于并没有考虑市场的需求，此时市场并不成熟，一旦没有政府补贴，在市场机制作用下企业最终还是会选择非低碳策略。这种情况易产生市场快速发展的假象，实际政府补贴是无效率状态，从而导致一些企业依靠政府补贴生存，而不是依靠市场。

情形 3：当 x_0 增大，y_0 较小，即 x_0 位于②位置，y_0 位于①位置时，对于消费者而言，在政府不补贴、政府只补贴企业两种策略下，消费者采取非低碳消费的收益大于采取低碳消费的收益，低碳消费未在消费者中有效

扩散。当政府只补贴消费者时，虽然采取非低碳消费的收益小于采取低碳消费的收益，但是由于此时企业没有获得补贴，低碳策略的成本要大于非低碳策略的成本，且非低碳消费的消费者比例远大于低碳消费的消费者比例（y_0 较小），企业最终会选择非低碳策略。故在政府只补贴消费者的策略下，低碳策略没有在企业中得到有效扩散。

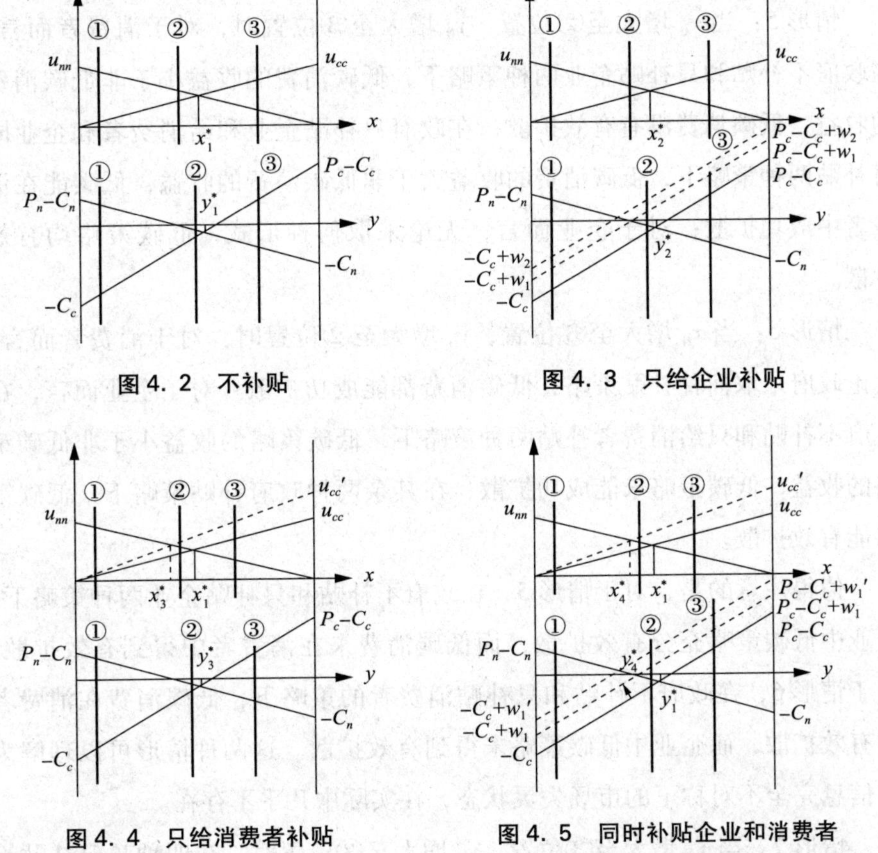

图 4. 2　不补贴

图 4. 3　只给企业补贴

图 4. 4　只给消费者补贴

图 4. 5　同时补贴企业和消费者

情形 4：当 x_0 增大，y_0 增大，企业和消费者两类主体的低碳消费和低碳策略均有一定提高。假设两者均增加至②位置时，对于消费者而言，政府不补贴策略下，采取非低碳消费的收益仍然小于采取低碳消费的收益，此时低碳消费未在消费者中有效扩散。当政府只补贴企业时，由于消费者低碳消费的收益小于非低碳消费的收益，市场仍未成熟，和第二种情形类似。当政府只给消费者补贴时，消费者低碳消费的收益大于非低碳消费的收益，低碳消费在消费者中得到扩散。对于企业而言，虽然有市场需求，但由于成本等因素，低碳策略没有在企业中扩散成功。当政府采取同时补贴企业和消费者策略时，企业和消费者两类主体各采取低碳消费和低碳策略的收益均大于不采取低碳消费和低碳策略的收益，最终低碳消费在消费者中成功扩散，低碳策略在企业中成功扩散。

情形 5：当 x_0 增大至②位置，y_0 增大至③位置时，对于消费者而言，在政府不补贴和只补贴企业两种策略下，低碳消费的收益小于非低碳消费的收益，低碳消费没有有效扩散；在政府只补贴企业和给消费者和企业同时补贴两种策略下，低碳消费的收益大于非低碳消费的收益，低碳能在消费者中成功扩散；对于企业而言，无论采取何种形式，低碳策略均有效扩散。

情形 6：当 x_0 增大至③位置，y_0 增大至②位置时，对于消费者而言，无论政府采取何种补贴策略，低碳消费都能成功扩散。对于企业而言，在政府不补贴和只给消费者补贴两种策略下，低碳策略的收益小于非低碳策略的收益，低碳策略未能成功扩散；在其余两种政府补贴策略下，低碳策略能有效扩散。

值得注意的是，对于情形 5，在政府不补贴和只补贴企业两种策略下，企业中低碳策略充分有效扩散，而低碳消费未在消费者中得到有效扩散；对于情形 6，在政府不补贴和只补贴消费者的策略下，低碳消费在消费者中有效扩散，而企业中低碳策略未得到有效扩散。这两种情形可以理解为在信息完全不对称下的市场失灵状态，在实际中几乎不存在。

情形 7：当 x_0 增大至③位置，y_0 增大至③位置时，在四种政府补贴策略下，低碳消费在消费者中都得到有效扩散，低碳策略在企业中也都得到有效扩散。

4.3.2 存在波动时，初始值对低碳扩散的影响

根据上述分析可知，当初始值 x 和 y 的值递增到一定值时（情形 7），

即使政府不补贴，低碳策略和低碳消费也分别在企业和消费者中有效扩散。在实际生活中，低碳策略的扩散并不能一蹴而就，在其扩散过程中会有波动。因此，在以上分析的基础上，需进一步深入分析在存在波动的情况下，低碳是否能在政府不补贴策略下最终实现有效扩散。

为了解决该问题，本书根据文献（Liu et al，2015），引入周期性波动来进一步分析初始值对低碳扩散的影响。根据式（4.1），计算可得到相应的雅克比矩阵为

$$\boldsymbol{\Phi}=\begin{bmatrix}0 & c_1\\ c_2 & 0\end{bmatrix}$$

其中，$c_1=\frac{U_{nn}U_{cc}(p_c+p_n)}{(U_{nn}+U_{cc})^2}>0$，$c_2=\frac{(U_{nn}+U_{cc})(p_n-c_n+c_c)(p_n+c_n-c_c)}{(p_n+p_c)^2}>0$，

其相应的特征值为 $\lambda_{1,2}=\pm i\sqrt{c_1c_2}=\pm i\sqrt{\frac{U_{nn}U_{cc}(p_n-c_n+c_c)(p_n+c_n-c_c)}{(U_{nn}+U_{cc})(p_n+p_c)}}$。

于是，复制动态方程在均衡点处的迹为

$$x_1=x^*+A\cos(wt+\varphi) \tag{4.5}$$

$$y_1=y^*+A\sin(wt+\varphi) \tag{4.6}$$

其中，$w=\sqrt{c_1c_2}$，$A=\sqrt{(x_0-x^*)^2+(y_0-y^*)^2}$。

为了研究在政府不补贴策略下，初始值对低碳策略和低碳消费成功扩散的影响，本书对式（4.5）和式（4.6）做以下处理：

令 $X=x_0-x^*$，$Y=y_0-y^*$，则：

$$x_1=x_0+A\cos(wt+\varphi) \tag{4.7}$$

$$y_1=y_0+A\sin(wt+\varphi) \tag{4.8}$$

其中，$w=\sqrt{c_1c_2}$，$A=\sqrt{(x_0-x^*)^2+(y_0-y^*)^2}$，且

$$\varphi=\begin{cases}\arctan(Y/X) & Y/X>0\\ \pi+\arctan(Y/X) & Y/X\leqslant 0\end{cases} \tag{4.9}$$

根据上述分析，在初始值给定的情况下，只要式（4.7）和式（4.8）在波动过程中能够使 x 和 y 的值达到 1，此时市场上企业全部采用低碳策

略，消费者全部进行低碳消费，则可认为该初始状态下，即使政府不补贴亦可达到低碳的有效扩散。

4.4 仿真分析

根据 3.2 节的假设和相关公式，得如下数据：$p_c = 33.98$，$c_c = 25$，$p_n = 12.89$，$c_n = 5.54$，$w_1 = 19.46$，$w_2 = 8.4$，$U_{cc} = 26.02$，$U_{nn} = 27.11$，$U_{cc}' = 37.02$。基于此，可得政府四种补贴策略的均衡点如表 4.7 所示，且相应的复制动态方程如下。

（1）当政府采取不补贴的策略时，相应的复制动态方程组为

$$\begin{cases}\frac{dx}{dt}=x(1-x)(46.87y-32.35)\\ \frac{dy}{dt}=y(1-y)(53.13x-27.11)\end{cases}$$

（2）当政府采取只补贴企业的策略时，相应的复制动态方程组为

$$\begin{cases}\frac{dx}{dt}=x(1-x)(46.87y-12.89)\\ \frac{dy}{dt}=y(1-y)(53.13x-27.11)\end{cases}$$

（3）当政府采取只补贴消费者的策略时，相应的复制动态方程组为

$$\begin{cases}\frac{dx}{dt}=x(1-x)(46.87y-32.35)\\ \frac{dy}{dt}=y(1-y)(61.53x-27.11)\end{cases}$$

（4）当政府采取同时给企业和消费者补贴的策略时，相应的复制动态方程组为

$$\begin{cases}\frac{dx}{dt}=x(1-x)(46.87y-12.89)\\ \frac{dy}{dt}=y(1-y)(61.53x-27.11)\end{cases}$$

表 4.7　不同补贴策略下的策略均衡

政府补贴策略	x_i^*	y_i^*
政府不补贴	$x_1^*=0.51$	$y_1^*=0.69$
政府只补贴企业	$x_2^*=0.51$	$y_2^*=0.27$
政府只补贴消费者	$x_3^*=0.42$	$y_3^*=0.69$
政府同时补贴企业和消费者	$x_4^*=0.42$	$y_4^*=0.27$

下面根据不同补贴策略下的均衡解，基于 Matlab 平台对上述内容进行仿真分析。

4.4.1　不同情形下的低碳扩散

（1）$x_0<x_3^*$，$y_0<y_2^*$，取 $x_0=0.2$，$y_0=0.2$。

由图 4.6 可知，当生产 E6 的企业比例和购买 E6 的消费者比例较小时，M6 占据主导地位，在其他条件一定的情况下，无论政府是否补贴，此时企业最终会全部转换成生产 M6，低碳消费全部转换成非低碳消费，即消费者全部购买 M6。情形 1 得证。

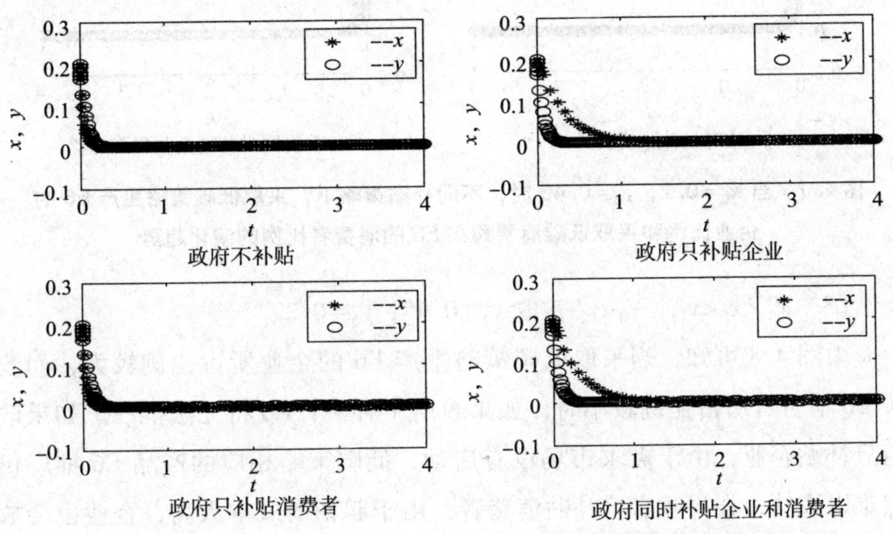

图 4.6　当 $x_0=0.2$，$y_0=0.2$ 时，不同补贴策略下，采取低碳策略生产 E6 的企业比例和采取低碳消费购买 E6 的消费者比例的演化趋势

（2）$x_0<x_3^*$，$y_2^*<y_0<y_3^*$，取 $x_0=0.2$，$y_0=0.45$。

由图 4.7 可知，当购买 E6 的消费者所占比例较大，而生产 E6 的企业所占比例较小时，会有一部分企业尝试采取低碳策略生产 E6，尤其是在政策的引导下，企业会快速实现从生产 M6 到生产 E6 的转换，但是这种快速发展是不稳定的。由于与低碳策略相关的技术并不成熟，这种快速发展只是一种“假象”，没有考虑需求方消费者。即使有政府补贴，但相关技术不成熟，往往起初成本太高，最终仍然会导致消费者向非低碳消费转换，即购买 M6。情形 2 得证。

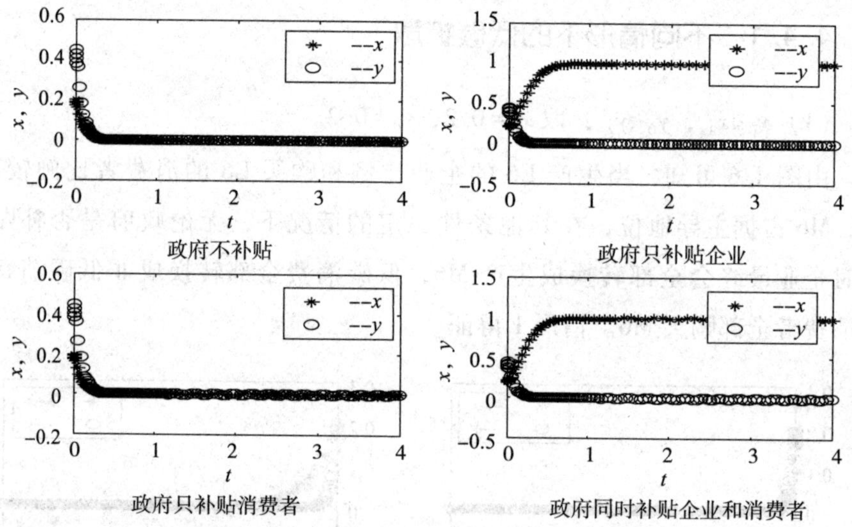

图 4.7　当 $x_0=0.2$，$y_0=0.45$ 时，不同补贴策略下，采取低碳策略生产 E6 的企业比例和采取低碳消费购买 E6 的消费者比例的演化趋势

（3）$x_3^*<x_0<x_1^*$，$y_0<y_2^*$，取 $x_0=0.45$，$y_0=0.2$。

由图 4.8 可知，当采取低碳策略生产 E6 的企业所占比例较大，而购买 E6 消费者所占比例较小时，如果政府不补贴，E6 将无法推广。如果政府只补贴企业，由于需求市场没有启动，低碳策略相应的产品 E6 推广仍然难以成功；如果政府只补贴消费者，由于起初的成本太高，企业也会放弃生产 E6；而在政府同时补贴企业和消费者的情况下，消费者会转向购买 E6，但企业却转向非低碳策略生产 M6，这是一种市场失灵的体现。在这种状况下，政府补贴是无效的，低碳策略生产的产品 E6 的推广也是失败

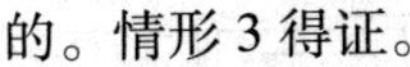
的。情形 3 得证。

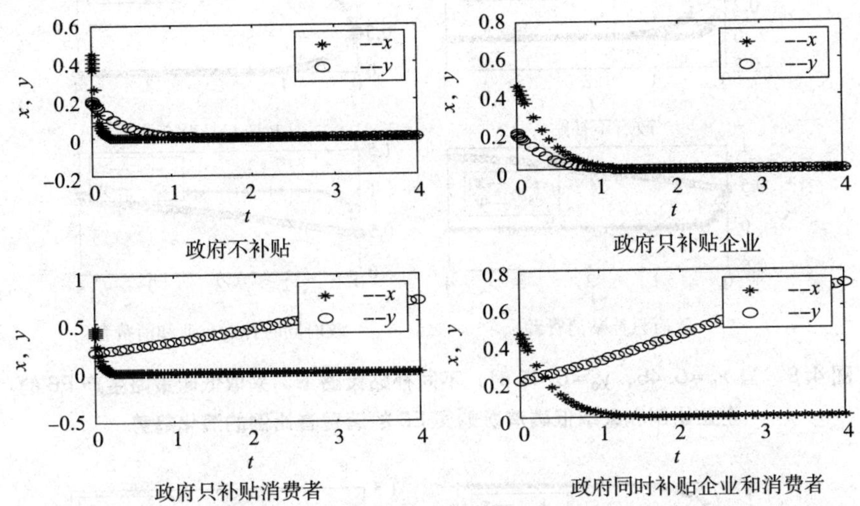

图 4.8　当 $x_0=0.45$，$y_0=0.2$ 时，不同补贴策略下，采取低碳策略生产 E6 的企业比例和采取低碳消费购买 E6 的消费者比例的演化趋势

（4）$x_3^*<x_0<x_1^*$，$y_2^*<y_0<y_1^*$，取 $x_0=0.45$，$y_0=0.45$。

图 4.9 说明当生产 E6 的企业和购买 E6 的消费者都占有较大比例时，在其他条件一定的前提下，如果政府采取同时补贴企业和消费者的策略，可以促进低碳策略生产的产品 E6 的扩散，而其他三种补贴策略都是失败的。情形 4 得证。

（5）$x_3^*<x_0<x_1^*$，$y_0>y_1^*$，取 $x_0=0.45$，$y_0=0.75$。

图 4.10 说明当生产 E6 的企业和采取低碳消费购买 E6 的消费者都占有较大比例时，如果政府采取同时补贴企业和消费者及只补贴消费者两种策略，均可以促进低碳策略生产的产品 E6 的扩散，而其他两种补贴策略都是失败的。情形 5 得证。

（6）$x_0>x_1^*$，$y_2^*<y_0<y_1^*$，取 $x_0=0.75$，$y_0=0.45$。

图 4.11 说明当生产 E6 的企业和低碳消费购买 E6 的消费者都占有较大比例时，如果政府采取同时补贴企业和消费者及只补贴企业两种策略，均可以促进低碳策略生产的产品 E6 的扩散，而其他两种补贴策略都是失败的。情形 6 得证。

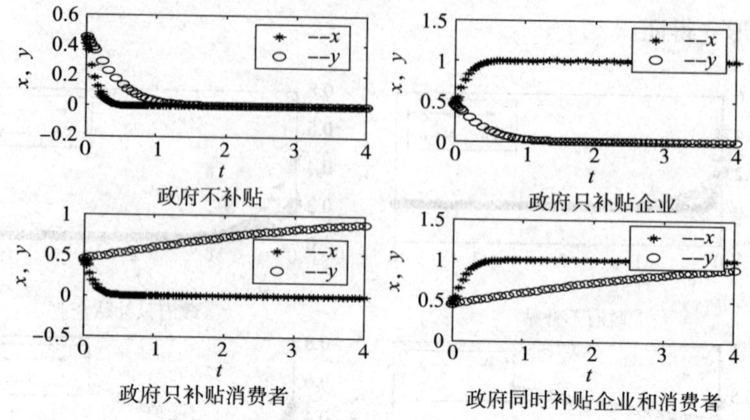

图 4.9 当 x_0=0.45，y_0=0.45 时，不同补贴策略下，采取低碳策略生产 E6 的企业比例和采取低碳消费购买 E6 的消费者比例的演化趋势

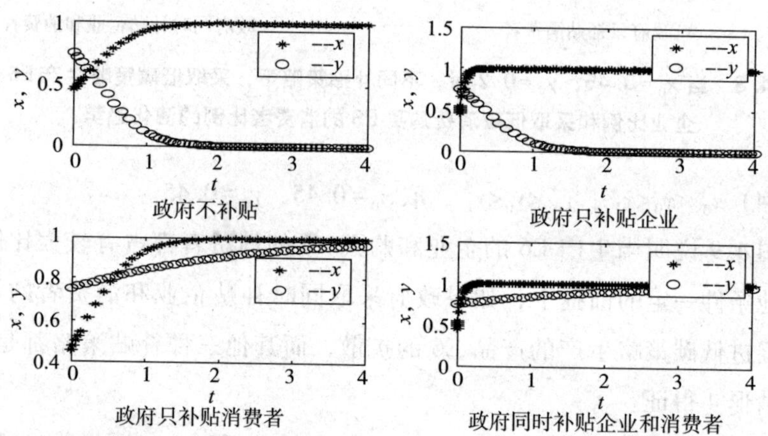

图 4.10 当 x_0=0.45，y_0=0.75 时，不同补贴策略下，采取低碳策略生产 E6 的企业比例和采取低碳消费购买 E6 的消费者比例的演化趋势

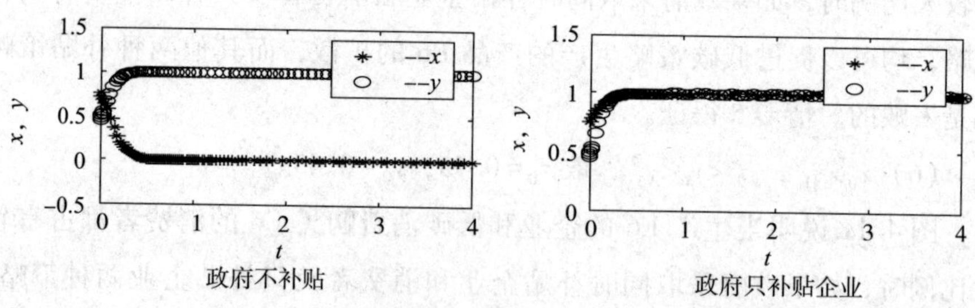

图 4.11 当 x_0=0.75，y_0=0.45 时，不同补贴策略下，采取低碳策略生产 E6 的企业比例和低碳消费购买 E6 的消费者比例的演化趋势

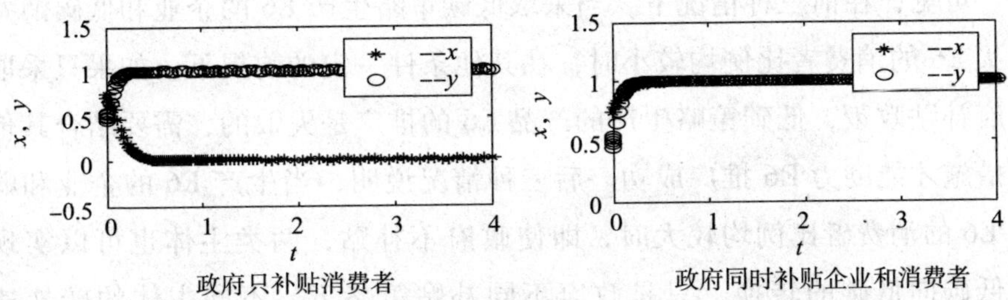

图 4.11　当 $x_0=0.75$，$y_0=0.45$ 时，不同补贴策略下，采取低碳策略生产 E6 的企业比例和低碳消费购买 E6 的消费者比例的演化趋势（续）

（7）$x_0>x_1^*$，$y_0>y_1^*$，取 $x_0=0.75$，$y_0=0.75$。

图 4.12 说明当生产 E6 的企业和低碳消费 E6 的消费者均占有很大比例时，政府无论采取哪种补贴策略，甚至是不补贴，企业均会很快从生产 M6 向 E6 转换，同时消费者也会从购买 M6 快速向低碳消费转换，即购买 E6。此时政府继续对比亚迪 E6 进行补贴是无效的。因此，在该阶段政府可以采取不补贴策略。情形 7 得证。

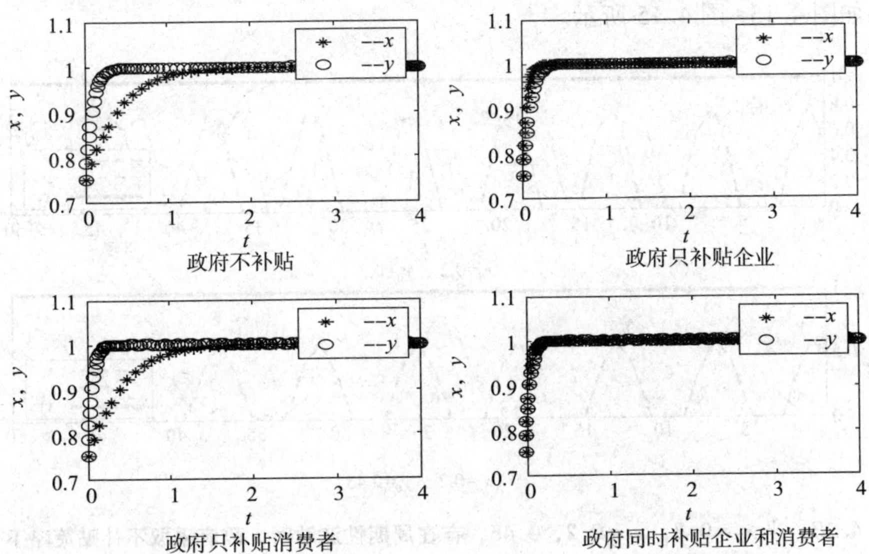

图 4.12　当 $x_0=0.75$，$y_0=0.75$ 时，不同补贴策略下，采取低碳策略生产 E6 的企业比例和低碳消费购买 E6 的消费者比例的演化趋势

可见，在前三种情况下，当采取低碳策略生产 E6 的企业和低碳消费购买 E6 的消费者比例均较小时，在其他条件一定的前提下，如果只采取政府补贴政策，低碳策略生产的产品 E6 的推广是失败的，需要结合其他的措施才能助力 E6 推广成功。后三种情况说明，当生产 E6 的企业和购买 E6 的消费者比例均较大时，即使政府不补贴，两类主体也可以实现非低碳向低碳的转换，只是政府不同补贴策略下，不同主体的转换速度不同而已。此时，政府可以适当采取“退坡”机制，以便充分发挥市场作用。尤其是当生产 E6 的企业和购买 E6 的消费者均占有很大比例时，企业可以从生产 M6 向 E6 快速转换，消费者也可以快速实现相应的转换。

4.4.2 存在周期性波动时，不同情形下的比亚迪 E6 的扩散

下面分析存在周期性波动时，是否存在即使政府不补贴也能实现 E6 有效扩散的初始状态。依然根据 4.4.1 节七种初始状态进行仿真，仿真结果如图 4.13～图 4.15 所示。

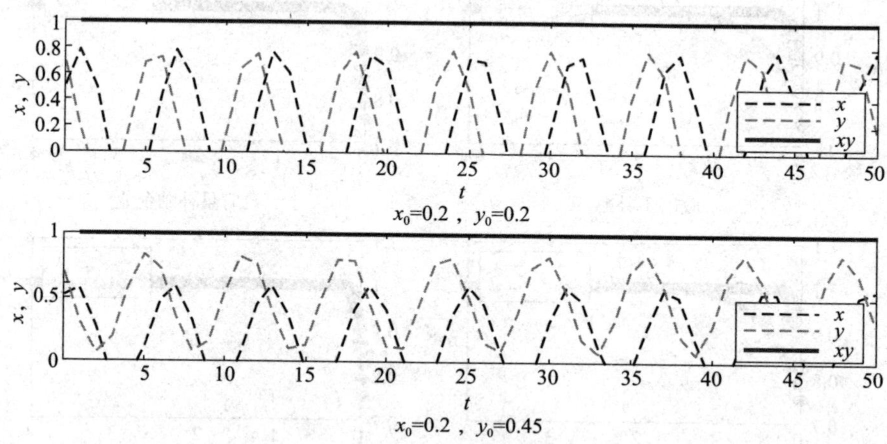

图 4.13 当 $x_0=0.2$，$y_0=0.2$，0.45，存在周期性波动时，政府采取不补贴策略下，采取低碳策略生产 E6 的企业比例和采取低碳消费购买 E6 的消费者比例的演化趋势

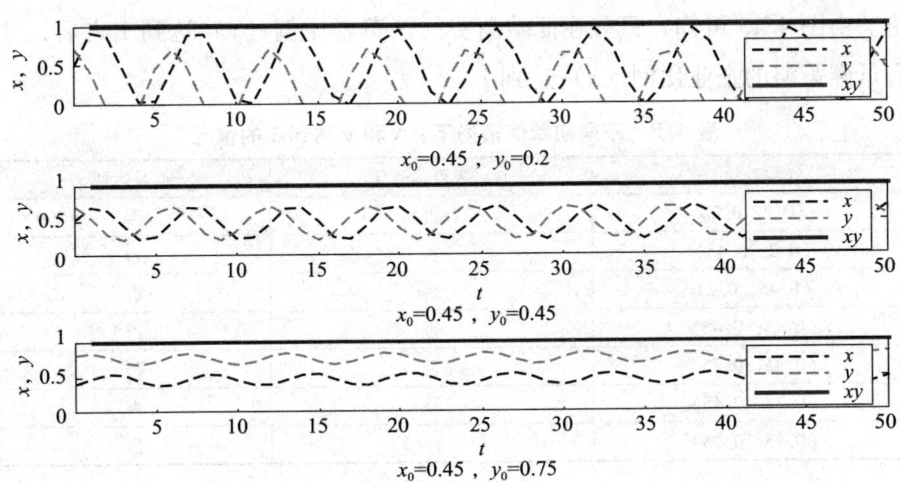

图 4. 14　当 $x_0=0.45$，$y_0=0.2$，0. 45，0. 75，存在周期性波动时，x 和 y 的轨迹

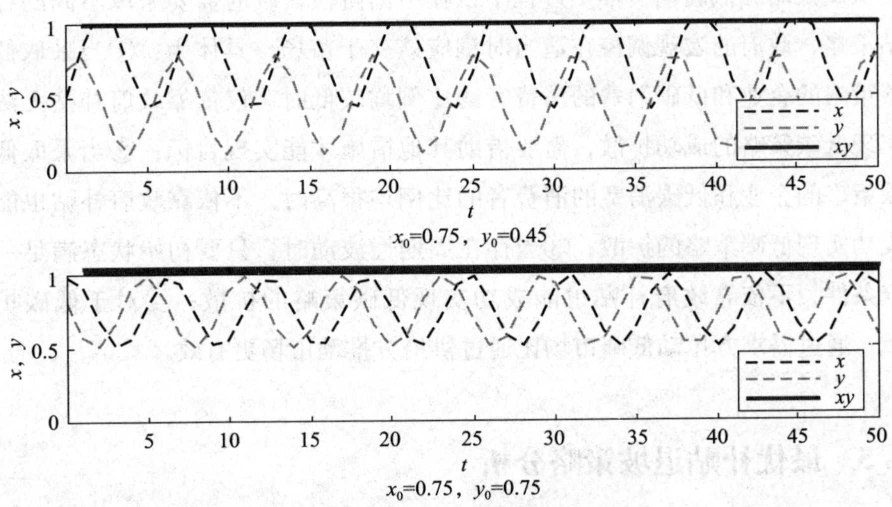

图 4. 15　当 $x_0=0.75$，$y_0=0.45$，0. 75，存在周期性波动时，政府采取不补贴策略下，采取低碳策略生产 E6 的企业比例和采取低碳消费购买 E6 的消费者比例的演化趋势

由图 4. 13～图 4. 15 可知，在不同初始状态下，x 和 y 最终达到 1 的结果统计如表 4. 8 所示。

由表 4. 8 可知，存在周期性波动下，只有情形 7 在政府不补贴时，x 和 y 能够都达到 1。也就是说，即使政府不补贴，也存在能够实现低碳策略生产 E6 的有效扩散的初始状态，同时进一步证明了情形 1 至情形 7 的结论。由图 4.15 可知，只有在低碳消费的消费者比例（y）达到 1 之后，才有低碳策略的企业比例（x）达到 1。

表 4.8　不同初始值情形下，x 和 y 达到 1 的情况

(x_0, y_0)	x 能否达到 1	y 能否达到 1
(0.2, 0.2)	否	否
(0.2, 0.45)	否	否
(0.45, 0.2)	否	否
(0.45, 0.45)	否	否
(0.45, 0.75)	否	否
(0.75, 0.45)	是	否
(0.75, 0.75)	是	是

通过上述研究以及新能源汽车 E6 推广的仿真分析，我们可以看出：在低碳策略和低碳消费推广过程中，在不同阶段，政府需要采取不同的补贴策略，政府的宏观调控在适当时刻应该交于市场，具体为：①当采取低碳策略的企业和低碳消费的消费者的比例均较低时，仅依靠政府补贴无法实现低碳策略的成功扩散，需要借助其他措施才能实现目标；②当采取低碳策略的企业和低碳消费的消费者的比例均很高时，不依靠政府补贴也能成功实现低碳策略的扩散；③当存在周期性波动时，只要初始状态满足一定条件，不依靠政府补贴也能成功实现低碳策略的扩散；④对于低碳扩散，通过需求方拉动低碳市场比通过供给方推动市场更有效。

4.5　最优补贴退坡策略分析

长期的低碳补贴会给政府带来很大的财政压力。同时，对于一个行业而言，依靠政府补贴和政策扶持，很难真正成长壮大。根据 4.1 节的分析可知，政府有四种补贴策略，且当初始值达到一定值时，即使政府不补贴，仍然可以实现低碳的成功扩散。因此，政府应该根据市场状态来动态地调整政府补贴策略，在适当时刻，在不影响最终成功促进低碳扩散的前提下，逐步降低补贴力度，甚至取消补贴。例如，国家已经采取措施提升新能源汽车行业的补贴门槛。从 2016 年起，国家的新能源补贴对新能源汽车提出了运营里程要求，除私人购买和作业类专用车，累计行驶里程必须达到 3 万公里以上才能申请补贴。但结合业内情况，2018 年出台的最终补贴政策将运营里程要求降低至 2 万公里。那么，对于低碳补贴而言，应该如何动态调整？目前较少有文献进行研究，更不用说量化研究。为此，本节对低碳扩散中政府补贴策略的优化问题进行分析，主要包括补贴递减方式、最优补贴递减方式和仿真分析三部分内容。鉴于目前国家多是对企业和消费者同时补贴，因此，下面主要针对该补贴策略进行分析。

4.5.1　补贴退坡策略

对于低碳补贴，目前政府主要采取对企业和消费者同时补贴的策略。由前述内容可知，这种策略下企业和消费者分别采取低碳策略和低碳消费收益的复制动态方程组如式（4.10）所示

$$\begin{cases}\dfrac{dx}{dt}=x(1-x)[(p_c+p_n)y-c_c+w_1-p_n+c_n]\\\dfrac{dy}{dt}=y(1-y)[(U_{cc}'+U_{nn})x-U_{nn}]\end{cases}\tag{4.10}$$

令$\frac{dx}{dt}=0$，$\frac{dy}{dt}=0$，可以得到系统的三个均衡点：$E_1(0,\ 0)$，$E_2(x^*,\ y^*)$ 和 $E_3(1,\ 1)$。其中，$E_2(x^*,\ y^*)$ 是系统的混合策略，且 $x^*=\frac{U_{nn}}{U_{cc}'+U_{nn}}$，$y^*=\frac{p_n-c_n+c_c-w_1}{p_c+p_n}$。实际中，不同主体通常以一定概率选择某种策略，为了分析不同初始状态对政府低碳补贴最优退坡策略效果的影响，本书分析了四种初始情形，如表 4.9 所示。

表 4.9　政府低碳补贴退坡时的四种初始情形

初始状态	x_0	y_0
情形 1	$0<x_0<x^*$	$0<y_0<y^*$
情形 2	$0<x_0<x^*$	$y^*<y_0<1$
情形 3	$x^*<x_0<1$	$0<y_0<y^*$
情形 4	$x^*<x_0<1$	$y^*<y_0<1$

对比 2013—2020 年的国家新能源汽车补贴政策，补贴退坡幅度在大幅度提升。2014 年的补贴标准在 2013 年的基础上下降 5%，2015 年则在 2013 年的基础上下降 10%。2017—2018 年补助标准在 2016 年的基础上下降 20%，2019—2020 年补助标准在 2016 年的基础上下降 40%。基于退坡政策现状，以及历年退坡下降幅度，结合文献（Zhao et al.，2016），给出两种政府补贴退坡方式，如表 4. 10 所示。

表 4. 10 政府低碳补贴的两种退坡方式

方式	图示	函数
线性递减		$w_t = w_0 - w_0 a_1$ （$t-1$）
阶段性递减		$w_t = w_0$ （$1-a_2$）$^{[ceil(t/m)-1]}$

假定初始补贴数额为 w_0，且 $t=1$，2，3，…，n，$w_t>0$，具体分析如下。

4. 5. 1. 1 线性递减

该种补贴退坡的过程：第 1 年的补贴数额为 w_0，第 2 年的补贴数额为 $w_0-w_0\times a_1$，第 3 年的补贴数额为 $w_0-w_0\times a_1\times 2$……即历年以 a_1 的速率退坡，直至减少至 0，即

$$w_t = w_0 - w_0 a_1 \ (t-1)$$

其中，a_1 是线性退坡率，且 $0<a_1<1$。

4. 5. 1. 2 阶段性递减

该种补贴退坡的过程：以 m 年为一个阶段，以 a_2 的速率阶段性递减。

第 1 年到第 m 年的补贴数额为 w_0，第 $m+1$ 年到第 $2m$ 年的补贴数额为 $w_0\times(1-a_2)$，第 $2m+1$ 到第 $3m$ 年的补贴数额为 $w_0\times(1-a_2)^2$……直至减少至 0，即

$$w_t=w_0(1-a_2)^{[ceil(t/m)-1]}$$

其中，a_2 是阶段性退坡率，且 $0<a_2<1$。

当政府对低碳补贴实施退坡时，政府对企业和消费者采取的补贴退坡方式有线性递减和阶段性递减两种，考虑到补贴对象的不同，本书给出如下四种退坡策略。

（1）政府对企业的低碳补贴采取线性递减方式，对消费者的低碳补贴采取线性递减方式，即 w_1 的退坡方式为线性退坡，w_2 的退坡方式为线性退坡，此时

$$\begin{cases}w_{t1}=w_0-w_0a_{11}\ (t-1)\\w_{t2}=w_0-w_0a_{21}\ (t-1)\end{cases}$$

（2）政府对企业的低碳补贴采取线性递减方式，对消费者的低碳补贴采取阶段性递减方式，即 w_1 的退坡方式为线性退坡，w_2 的退坡方式为阶段性退坡，此时

$$\begin{cases}w_{t1}=w_0-w_0a_{11}\ (t-1)\\w_{t2}=w_0\ (1-a_{22})^{[ceil(t/m)-1]}\end{cases}$$

（3）政府对企业的低碳补贴采取阶段性递减方式，对消费者的低碳补贴采取线性递减方式，即 w_1 的退坡方式为阶段性退坡，w_2 的退坡方式为线性退坡，此时

$$\begin{cases}w_{t1}=w_0\ (1-a_{12})^{[ceil(t/m)-1]}\\w_{t2}=w_0-w_0a_{21}\ (t-1)\end{cases}$$

（4）政府对企业的低碳补贴采取阶段性递减方式，对消费者的低碳补贴采取阶段性递减方式，即 w_1 的退坡方式为阶段性退坡，w_2 的退坡方式为阶段性退坡，此时

$$\begin{cases}w_{t1}=w_0\ (1-a_{12})^{[ceil(t/m)-1]}\\w_{t2}=w_0\ (1-a_{22})^{[ceil(t/m)-1]}\end{cases}$$

其中，w_{t1}和w_{t2}分别为政府对企业和消费者在第t年的补贴数额；a_{11}和a_{21}分别为政府对企业和消费者补贴均采取线性递减方式时的退坡速率；a_{12}和a_{22}分别为政府对企业和消费者补贴均采取阶段性递减方式时的退坡速率。

4.5.2 最优补贴退坡策略

由4.5.1节分析可知，政府对企业和消费者的补贴退坡策略一共有四种，那么w_1和w_2哪一种退坡策略更优？为此需要给出最优补贴退坡策略判断准则。

准则1：退坡策略能够使低碳策略在企业中成功扩散，且低碳消费在消费者中成功扩散。

准则2：退坡策略使低碳成功扩散所需的时间最短。

准则3：退坡策略使低碳成功扩散所用的补贴总额最低。

准则4：准则1、准则2和准则3的优先级为：准则>1准则2>准则3，即准则1优于准则2，准则2优于准则3。

根据上述四个准则，可以判断哪种方式为最优补贴退坡策略。当一个退坡策略同时满足准则1、准则2和准则3时，则该方式为最优补贴退坡策略；当有多个退坡策略同时满足准则1、准则2和准则3时，则这些均为最优补贴退坡策略；当没有一个退坡策略能够同时满足准则1、准则2和准则3时，则根据准则4进行判断。

根据上述准则，可以获得政府低碳补贴的最优退坡策略。

4.5.3 仿真分析

下面以新能源汽车比亚迪S2和传统汽车比亚迪宋为例说明上述结论的应用。

比亚迪S2的市场售价为8.98万~10.98万元，取平均值9.98万元。由政府的补贴政策可知，政府给予消费者约6万元的价格补贴，按照比亚迪发布的电池成本等相关数据测算，比亚迪S2的整车成本约为7.34万元。比亚迪宋的市场售价为6.49万~11.98万元，取平均值9.24万元，按照国内主流厂家整车一般利润10%测算，考虑购置税和技术转让费等，该车的整车成本约为3.97万元，另增值税为17%。则 $p_c=9.98$，$c_c=7.34$，$p_n=9.24$，$c_n=3.97$，$a_1=6$，$a_2=0.85$。取 $\varepsilon=1$，计算可得 $w_1=3.37$，$w_2=6.85$。

同样由参数数据 $\eta_c=50$，$\eta_n=40$，$\tau_c=1$，$\tau_n=1$，$\sigma_c=1.2$，$\sigma_n=1$，可得 $U_{cc}=50.02$，$U_{nn}=30.76$，$U_{cc}'=56.87$。

以2016年政府低碳补贴政策为基础，2017—2018年政府低碳补助标准在2016年基础上下降20%，2019—2020年政府低碳补助标准在2016年基础上下降40%。根据该政策给出如下参数值：$m=2$，$a_{11}=a_{21}=0.2$，$a_{21}=a_{22}=0.2$。

将上述数据代入式（4.10）可得 $\begin{cases}\dfrac{dx}{dt}=x(1-x)(19.22y-9.24)\\ \dfrac{dy}{dt}=y(1-y)(87.63x-30.76)\end{cases}$，且 $(x^*,y^*)=(0.35,0.48)$。则四种初始情形如表4.11所示。

表4.11　四种不同的初始状态

初始状态	x_0	y_0
情形1	0.2	0.2
情形2	0.2	0.7
情形3	0.6	0.2
情形4	0.6	0.7

同时，不同情形下的四种补贴退坡策略的仿真结果如图4.16~图4.19所示，且不同补贴退坡策略的补贴总额如表4.12所示。

由图4.16可知，当生产比亚迪S2的企业比例和购买比亚迪S2的消费者比例均较低时，比亚迪宋占据主导地位，此时政府实施补贴退坡策略，企业最终会全部转向生产比亚迪宋，低碳消费会全部转换为非低碳消费，即购买比亚迪宋。

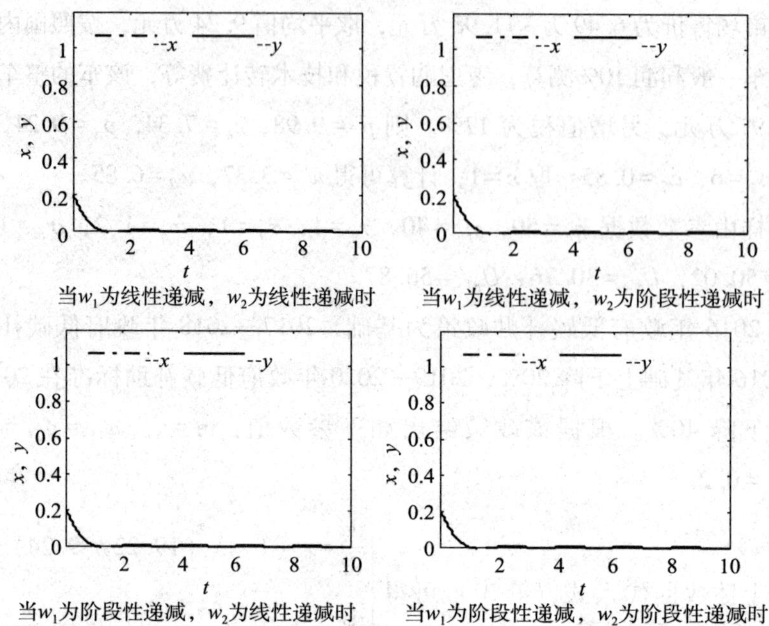

图 4.16　当 $x_0=0.2$，$y_0=0.2$ 时，生产比亚迪 S2 的企业比例和购买比亚迪 S2 的消费者比例的演化趋势

由图 4.17 可知，当购买比亚迪 S2 的消费者所占比例较大，而生产比亚迪 S2 的企业所占比例较小时，会有一部分企业尝试采取低碳策略生产比亚迪 S2，但这种快速发展是不稳定的。由于补贴的退坡，以及与低碳策略相关技术的不成熟，这种快速发展成为一种“假象”。由于没有考虑需求方消费者，往往起初成本太高，最终会导致消费者向非低碳消费转换，即购买比亚迪宋。

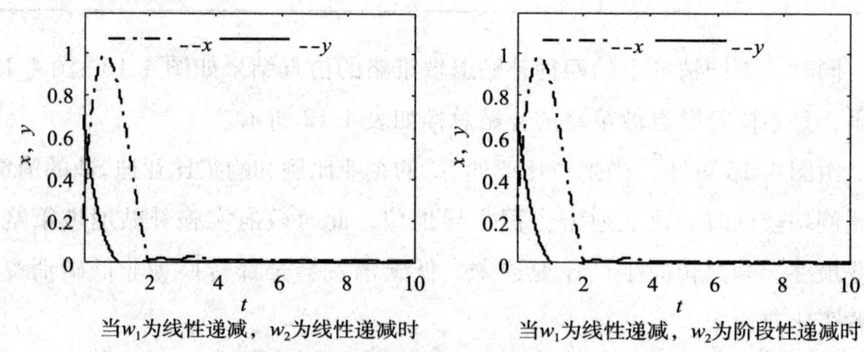

图 4.17　当 $x_0=0.2$，$y_0=0.7$ 时，生产比亚迪 S2 的企业比例和购买比亚迪 S2 的消费者比例的演化趋势

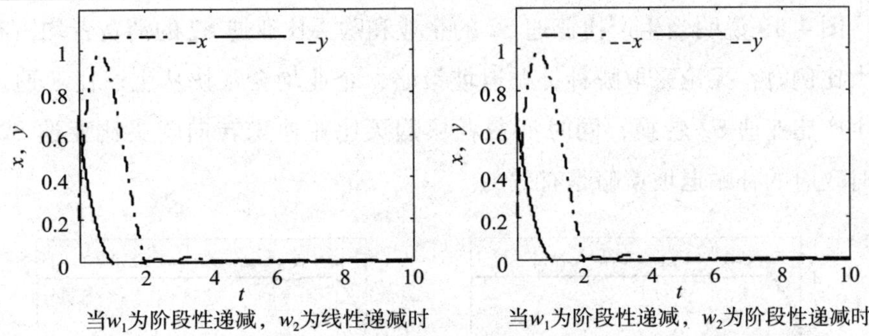

图 4.17　当 $x_0=0.2$，$y_0=0.7$ 时，生产比亚迪 S2 的企业比例和购买比亚迪 S2 的消费者比例的演化趋势（续）

由图 4.18 可知，当采取低碳策略生产比亚迪 S2 的企业所占比例较大，购买比亚迪 S2 的消费者所占比例较小时，在政府各种补贴退坡策略下，消费者会从购买比亚迪宋转向购买比亚迪 S2，但是企业却转向非低碳策略生产比亚迪宋，这是一种市场失灵的体现。在这种状况下，政府补贴退坡策略是无效的，比亚迪 S2 的推广是失败的。

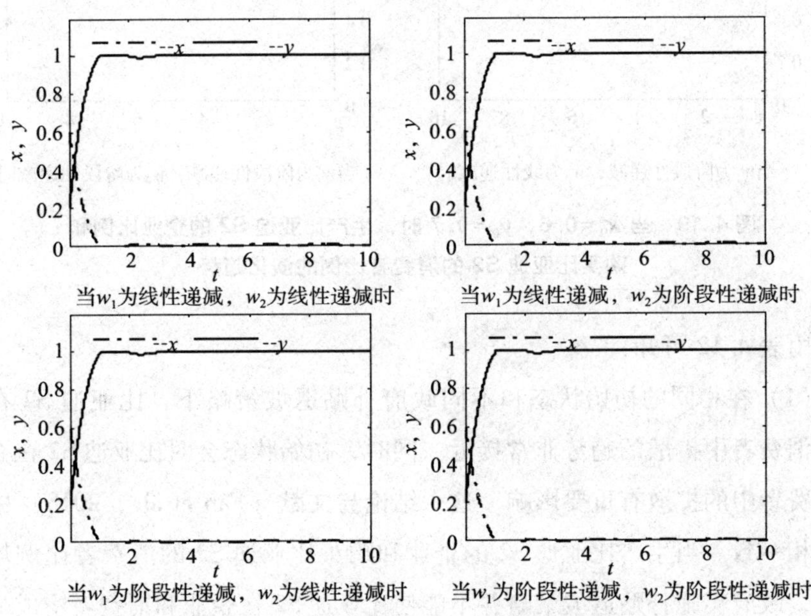

图 4.18　当 $x_0=0.6$，$y_0=0.2$ 时，生产比亚迪 S2 的企业比例和购买比亚迪 S2 的消费者比例的演化趋势

图 4.19 说明当生产比亚迪 S2 的企业和购买比亚迪 S2 的消费者均占有很大比例时，无论采取哪种补贴退坡策略，企业均会很快从生产比亚迪宋向生产比亚迪 S2 转换，同时消费者从购买比亚迪宋转向购买比亚迪 S2。此时政府的补贴退坡策略是有效的。

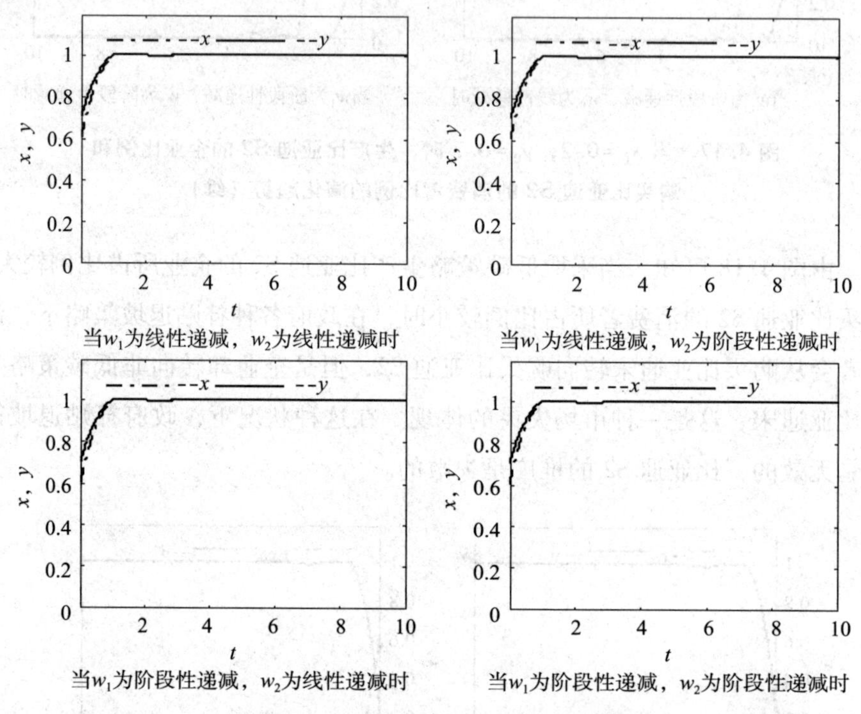

图 4.19　当 $x_0=0.6$，$y_0=0.7$ 时，生产比亚迪 S2 的企业比例和购买比亚迪 S2 的消费者比例的演化趋势

由表 4.12 可知：

（1）在相同的初始状态和不同政府补贴退坡策略下，比亚迪 S2 在企业和消费者中扩散的趋势非常接近。同时，初始状态会对比亚迪 S2 在企业和消费者中的扩散有重要影响，这一结论与文献（Fan et al.，2018）中的结论相一致。当生产比亚迪 S2 的企业和购买比亚迪 S2 的消费者比例均较小时，政府实施补贴退坡策略并不能使比亚迪 S2 在企业和消费者中成功扩散。随着生产比亚迪 S2 的企业比例和购买比亚迪 S2 的消费者比例增大，比亚迪 S2 可以在企业和消费者中成功扩散。

（2）无论生产 S2 的企业比例和购买 S2 的消费者比例处于哪一种初始状态，对企业和消费者均采取线性递减方式的补贴总额最小。

（3）根据补贴的最优退坡策略判定准则可知，政府对比亚迪 S2 补贴的最优退坡策略为：对生产比亚迪 S2 的企业的补贴采取线性递减方式，对购买比亚迪 S2 的消费者的补贴采取线性递减方式。

表 4.12　不同情形和不同退坡策略下的补贴数额

退坡策略	初始状态（x_0，y_0）			
	（0.2，0.2）	（0.2，0.7）	（0.6，0.2）	（0.6，0.7）
w_1 是线性退坡，w_2 是线性退坡	2.044	7.826	17.092	27.257
w_1 是线性退坡，w_2 是阶段性退坡	2.044	7.826	42.596	52.761
w_1 是阶段性退坡，w_2 是线性退坡	2.044	8.415	17.092	39.804
w_1 是阶段性退坡，w_2 是阶段性退坡	2.044	8.415	39.790	61.122

4.6　本章小结

本章建立了以政府、企业和消费者为主体的三方博弈模型，其中，政府的策略集合｛不补贴，只补贴企业，只补贴消费者，同时给企业和消费者补贴｝，企业的策略集合｛低碳策略，非低碳策略｝，消费者的策略集合｛低碳消费，非低碳消费｝。基于三方博弈模型的特点，本书将其转化为政府不同补贴策略下以企业和消费者为主体的四种演化博弈模型，并对四种演化博弈模型进行了静态均衡分析和动态均衡分析。其中，静态均衡分析主要分析政府不同补贴策略下的策略稳定问题，并得到政府不同补贴策略下的混合策略均衡点；动态均衡分析主要根据混合策略均衡点，将系统的初始值划分为七种不同状态，得到七种初始情形，进而分析七种情形下无波动和有波动时低碳在企业和消费者中的扩散结果。同时，本章进一步分析了政府应该如何逐步减少低碳补贴的问题。在给定的两种补贴递减方式（线性递减和阶段性递减）基础之上，根据补贴递减对象的不同，得到了 4 种补贴递减方式。至此，给出了最优补贴递减方式的判定准则，根据判定准则，可以得到最优补贴递减方式。通过仿真分析对上述研究进行了验证，得到如下结论：①政府可以根据不同的初始状态调整补贴的侧重点，尤其是随着采取低碳策略的企业比例和采取低碳消费的消费者比例的升高，政府可以逐步降低补贴力度；当两者的比例增大到一定程度时，可以取消补贴。②存在周期性波动时，只要初始状态满足一定条件，即使没有政府补贴，也能实现低碳有效扩散。③对于低碳扩散，通过需求方拉动低碳市场比通过供给方推动低碳市场更有效。④对于新能源汽车比亚迪 S2 而言，政府最优补贴递减策略为对企业和消费者的补贴递减方式均为线性递减。

第5章

低碳扩散中政府补贴监管策略的演化博弈分析

现实中，少部分企业会伪装骗取补贴。因此，政府需要对低碳补贴进行监管。但是，政府监管会产生相关成本，进而影响政府的策略选择。为此，本章的研究框架设计如图5.1所示。

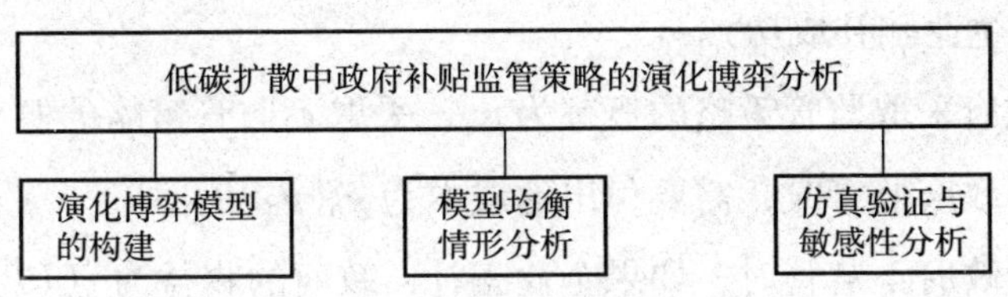

图5.1 本章研究框架

首先，给出模型的相关假设，建立以政府和企业为主体的演化博弈模型；其次，对该模型进行稳定性分析，研究系统演化的不同稳定状态；最后，对上述内容进行仿真分析和验证，并重点分析监管成本、政府不监管造成的损失和企业骗补造成的潜在损失等因素对政府和企业策略选择的影响。通过研究这些问题，本章主要解决“为什么监管”的问题。

5.1 模型构建

假设在低碳扩散过程中，企业和政府所获得的收益均为π（$\pi>0$），对企业做出如下假设。

（1）在低碳扩散中，企业有两种策略：骗补和不骗补。

（2）企业采取骗补策略的概率为 λ_1，采取不骗补策略的概率为 $1-\lambda_1$。

（3）当企业选择不骗补策略时，则认为其在积极实施低碳，包括低碳知识、理念、策略和技术等方面的准备，且收益为 π。

（4）当企业选择骗补策略时，能够获取额外收益 $Q(Q>0)$。当政府不监管时，会产生负效应，该负效应给企业带来的收益为 $-D_1$。因此，企业会获得收益 $\pi+Q-D_1(\pi>0,\ Q>0)$。如果政府严格监管，企业会发生伪装成本 f_0；假定其骗补行为一定会被查处，其额外收益被扣除，且会产生罚金 r_0；但是会减少企业骗补带来的负效应，其收益相对增加 D_2。此时企业的收益为 $\pi-D_1+D_2-f_0-r_0(\pi>0,\ Q>0,\ \pi>Q)$。

对政府做出如下假设。

（1）政府只有两种策略：监管和不监管（此处的不监管包括政府不严格监管导致企业骗补成功）。

（2）政府采取监管策略的概率为 μ_1，采取不监管策略的概率为 $1-\mu_1$。

（3）当政府监管时，需要付出的成本为 $g_0(g_0>0)$。

（4）当政府不监管时，如果企业骗补，政府的收益为 $-P(P>0)$。如果政府选择监管策略，将会获得收益 $\pi-g_0+Q+r_0$。如果企业不骗补，政府的收益为 $\pi-g_0$。若政府不监管且企业没有骗补，政府不发生监管成本，其收益为 π。

基于上述假设与分析，建立以企业和政府为主体的策略组合收益矩阵，如表 5.1 所示。

表 5.1　不同策略组合下企业和政府的收益矩阵

企业	政府	
	监管	不监管
骗补	$\pi-D_1+D_2-f_0-r_0$，$\pi-g_0+Q+r_0$	$\pi+Q-D_1$，$-P$
不骗补	π，$\pi-g_0$	π，π

由表 5.1 可知，企业采取骗补策略的收益为 $\pi_p^e=\mu_1(\pi-D_1+D_2-f_0-r_0)+(1-\mu_1)(\pi+Q-D_1)$；采取不骗补策略的收益为 $\pi_{wp}^e=\mu_1\pi+(1-\mu_1)\ \pi$；企业

所选策略的平均收益为 $\pi e=\lambda_1\pi_p^e+(1-\lambda_1)\ \pi_{wp}^e$，相应的复制动态方程为 $\frac{\mathrm{d}\lambda_1}{\mathrm{d}t}=\lambda_1(\pi_p^e-\pi e)=\lambda_1(1-\lambda_1)[(D_2-f_0-r_0-Q)\mu_1-(D_1-Q)]$。

对于政府而言，政府采取监管策略的收益为 $\pi_j^g=\lambda_1(\pi-g_0+Q+r_0)+(1-\lambda_1)(\pi-g_0)$；政府采取不监管策略的收益为 $\pi_{wj}^g=\lambda_1(-P)+(1-\lambda_1)\ \pi$；政府所选策略的平均收益为 $\pi g=\mu_1\pi_j^g+(1-\mu_1)\pi_{wj}^g$，相应的复制动态方程为 $\frac{\mathrm{d}\mu_1}{\mathrm{d}t}=\mu_1(\pi_j^g-\pi g)=\mu_1(1-\mu_1)[(\pi+P+Q+r_0)\ \lambda_1-g_0]$。

5.2　模型分析

基于表5.1，可以得到企业采取骗补策略和政府采取监管策略的复制动态方程组，如式（5.1）所示。

$$\begin{cases}\frac{\mathrm{d}\lambda_1}{\mathrm{d}t}=\lambda_1(1-\lambda_1)[(D_2-f_0-r_0-Q)\mu_1-(D_1-Q)]\\\frac{\mathrm{d}\mu_1}{\mathrm{d}t}=\mu_1(1-\mu_1)[(\pi+P+Q+r_0)\lambda_1-g_0]\end{cases}\tag{5.1}$$

可通过考察复制动态方程组的雅克比矩阵来确定演化稳定策略，如果矩阵行列式的符号和矩阵迹的符号为正，表明对应的均衡点不稳定；如果矩阵行列式的符号为负，则对应的均衡点为鞍点。根据复制动态方程组，可得其雅克比矩阵为

$$\begin{pmatrix}(1-2\lambda_1)[(D_2-f_0-r_0-Q)\mu_1-(D_1-Q)] & \lambda_1(1-\lambda_1)(D_2-f_0-r_0-Q)\\\mu_1(1-\mu_1)(\pi+P+Q+r_0) & (1-2\mu_1)[(\pi+P+Q+r)\lambda_1-g_0]\end{pmatrix}$$

设矩阵的行列式为 $\det J$，设矩阵的迹为 $\mathrm{tr}J$，为了使公式描述更加简明，设

$$\begin{cases}\sum_1=(1-2\lambda_1)[(D_2-f_0-r_0-Q)\mu_1-(D_1-Q)]\\\sum_2=\lambda_1(1-\lambda_1)(D_2-f_0-r_0-Q)\\\sum_3=\mu_1(1-\mu_1)(\pi+P+Q+r_0)\\\sum_4=(1-2\mu_1)[(\pi+P+Q+r)\lambda_1-g_0]\end{cases}\tag{5.2}$$

则

$$\det J = \sum{}_1 \sum{}_4 - \sum{}_2 \sum{}_3 \tag{5.3}$$

$$\mathrm{tr} J = \sum{}_1 + \sum{}_4 \tag{5.4}$$

在复制动态方程（5.1）中，令$\frac{\mathrm{d}\lambda_1}{\mathrm{d}t}=0$，$\frac{\mathrm{d}\mu_1}{\mathrm{d}t}=0$，可以求得可能存在的均衡点为 E_1（0，0），E_2（0，1），E_3（1，0），E_4（1，1），E_5（M^*，N^*），其中，

$$\begin{cases} M^* = \dfrac{g_0}{\pi+P+Q+r_0} \\ N^* = \dfrac{D_1-Q}{D_2-f_0-r_0-Q} \end{cases} \tag{5.5}$$

根据式（5.3）和式（5.4），代入均衡点的数值，计算得到矩阵行列式和矩阵的迹的表达式，如式（5.6）至式（5.10）所示。

$$(1)\begin{cases} \det J|_{(0,0)} = (D_1-Q)g_0 \\ \mathrm{tr}J|_{(0,0)} = Q-D_1-g_0 \end{cases} \tag{5.6}$$

$$(2)\begin{cases} \det J|_{(0,1)} = (D_2-f_0-r_0-D_1)g_0 \\ \mathrm{tr}J|_{(0,1)} = D_2-f_0-r_0-D_1+g_0 \end{cases} \tag{5.7}$$

$$(3)\begin{cases} \det J|_{(1,0)} = (D_1-Q)(\pi+P+Q+r_0-g_0) \\ \mathrm{tr}J|_{(1,0)} = D_1+\pi+P+r_0-g_0 \end{cases} \tag{5.8}$$

$$(4)\begin{cases} \det J|_{(1,1)} = (D_2-f_0-r_0-D_1)(\pi+P+Q+r_0-g_0) \\ \mathrm{tr}J|_{(1,1)} = -(D_2-f_0-r_0-D_1)-(\pi+P+Q+r_0-g_0) \end{cases} \tag{5.9}$$

$$(5)\begin{cases} \det J|_{(1,1)} = -\dfrac{\pi+P+Q+r_0-g_0}{\pi+P+Q+r_0} \times \dfrac{(D_2-f_0-r_0-D_1)(D_1-Q)}{D_2-f_0-r_0-Q} \\ \mathrm{tr}J|_{(1,1)} = 0 \end{cases} \tag{5.10}$$

根据演化博弈理论可知，如果满足 $\det J>0$ 且 $\mathrm{tr}J<0$，则对应的均衡点是局部渐进稳定不动点，其对应的策略为演化稳定策略。为便于分析，设

$$\begin{cases} \xi_1 = D_1-Q \\ \xi_2 = -(D_1-Q)-g_0 \\ \xi_3 = \pi+P+Q+r_0-g_0 \end{cases} \tag{5.11}$$

命题3　若 $\xi_1>0$，则必有 $\xi_2<0$；若 $\xi_2>0$，则必有 $\xi_1<0$。

证明：因为 $\xi_1>0$，$D_1-Q>0$，$-(D_1-Q)<0$，则 $-(D_1-Q)-g_0<0$，即 $\xi_2<0$。若 $\xi_2>0$，$-(D_1-Q)-g_0>0$，则 $D_1-Q<0$，即 $\xi_1<0$。

由以上分析，可将其分为以下四种情形。

情形1：$\xi_1>0$，$\xi_3>0$。在该条件下，系统均衡点的稳定性状况为2个鞍点、1个不稳定点和1个中心点，且 $E_1(0,\ 0)$ 为该系统的演化均衡稳定点，如表5.2所示。此时，企业和政府的策略分别为不骗补和不监管。

表5.2　情形1的均衡点稳定性分析

均衡点	行列式	迹	稳定性
$E_1(0,\ 0)$	+	-	ESS
$E_2(0,\ 1)$	-	不确定	鞍点
$E_3(1,\ 0)$	+	+	不稳定
$E_4(1,\ 1)$	-	不确定	鞍点
$E_5(M^*,\ N^*)$	不确定	0	中心点

情形2：$\xi_1>0$，$\xi_3<0$。在该条件下，系统均衡点的稳定性状况为2个鞍点、1个不稳定点和1个中心点，且 $E_1(0,\ 0)$ 为该系统的演化均衡稳定点，如表5.3所示。此时，企业和政府的策略分别为不骗补和不监管。

表5.3　情形2的均衡点稳定性分析

均衡点	行列式	迹	稳定性
$E_1(0,\ 0)$	+	-	ESS
$E_2(0,\ 1)$	-	不确定	鞍点
$E_3(1,\ 0)$	-	不确定	鞍点
$E_4(1,\ 1)$	+	+	不稳定
$E_5(M^*,\ N^*)$	不确定	0	中心点

情形3：$\xi_2>0$，$\xi_3>0$。在该条件下，系统均衡点的稳定性状况为4个鞍点和1个中心点，如表5.4所示。在该种情形下，没有均衡稳定点。

表5.4　情形3均衡点稳定性分析

均衡点	行列式	迹	稳定性
$E_1(0,\ 0)$	-	+	鞍点
$E_2(0,\ 1)$	-	不确定	鞍点

续表

均衡点	行列式	迹	稳定性
E_3(1, 0)	−	+	鞍点
E_4(1, 1)	−	不确定	鞍点
E_5(M^*, N^*)	不确定	0	中心点

情形 4：$\xi_2>0$，$\xi_3<0$。此时，系统均衡点的稳定性状况为 2 个鞍点、1 个不稳定点和 1 个中心点，且 E_3(1，0) 为该系统演化均衡稳定点，如表 5.5 所示。此时，企业和政府的策略分别为骗补和不监管。

表 5.5 情形 4 均衡点稳定性分析

均衡点	行列式	迹	稳定性
E_1 (0, 0)	−	+	鞍点
E_2 (0, 1)	−	不确定	鞍点
E_3 (1, 0)	+	−	ESS
E_4 (1, 1)	+	+	不稳定
E_5 (M^*, N^*)	不确定	0	中心点

上述四种情形对应的相位图如图 5.2 至图 5.5 所示。

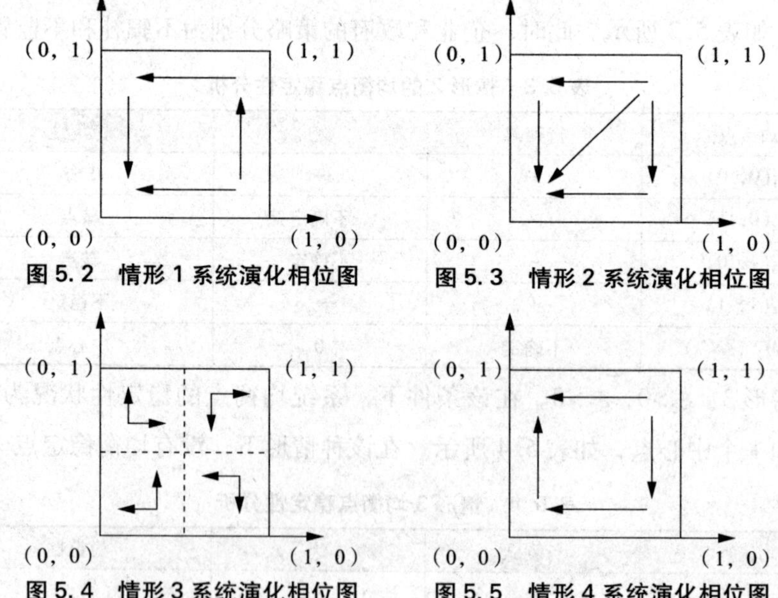

图 5.2 情形 1 系统演化相位图

图 5.3 情形 2 系统演化相位图

图 5.4 情形 3 系统演化相位图

图 5.5 情形 4 系统演化相位图

5.3 仿真分析

5.3.1 不同情形下的系统演化状态分析

为了进一步直观地研究企业和政府策略的演化规律，下面分别设置满足 5.2 节中四种情形的参数，如表 5.6 所示。

表 5.6 复制动态方程的参数设定

参数	π	D_1	D_2	f_0	r_0	Q	P	g_0
情形 1	2	6	4	1	1	5	3	4
情形 2	2	6	4	1	1	5	3	12
情形 3	2	6	4	1	1	9	3	1
情形 4	2	6	4	1	1	9	3	16

此时情形 1、情形 2、情形 3 和情形 4 对应的复制动态方程组分别为式（5.12）、式（5.13）、式（5.14）和式（5.15）。

$$\begin{cases}\dfrac{d\lambda_1}{dt}=\lambda_1(1-\lambda_1)(-3\mu_1-1)\\ \dfrac{d\mu_1}{dt}=\mu_1(1-\mu_1)(11\lambda_1-4)\end{cases} \tag{5.12}$$

$$\begin{cases}\dfrac{d\lambda_1}{dt}=\lambda_1(1-\lambda_1)(-3\mu_1-1)\\ \dfrac{d\mu_1}{dt}=\mu_1(1-\mu_1)(11\lambda_1-12)\end{cases} \tag{5.13}$$

$$\begin{cases}\dfrac{d\lambda_1}{dt}=\lambda_1(1-\lambda_1)(-7\mu_1+3)\\ \dfrac{d\mu_1}{dt}=\mu_1(1-\mu_1)(15\lambda_1-1)\end{cases} \tag{5.14}$$

$$\begin{cases}\dfrac{d\lambda_1}{dt}=\lambda_1\ (1-\lambda_1)(-7\mu_1+3)\\ \dfrac{d\mu_1}{dt}=\mu_1\ (1-\mu_1)(15\lambda_1-16)\end{cases}\tag{5.15}$$

四种情形对应的策略演化趋势如图 5.6 至图 5.9 所示。

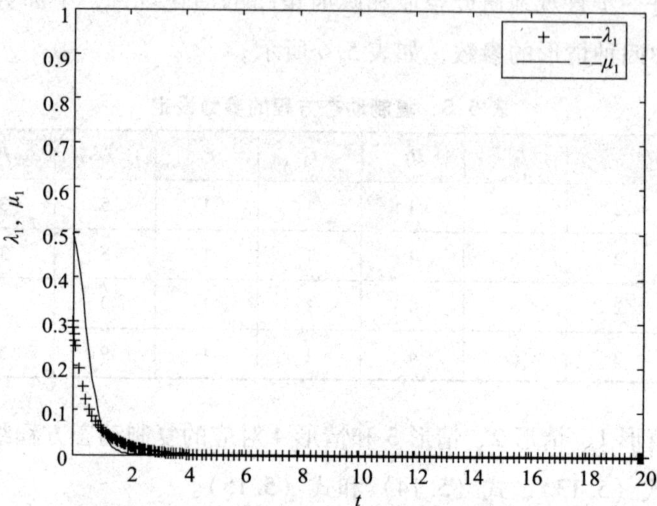

图 5.6 情形 1 对应的企业和政府策略演化趋势

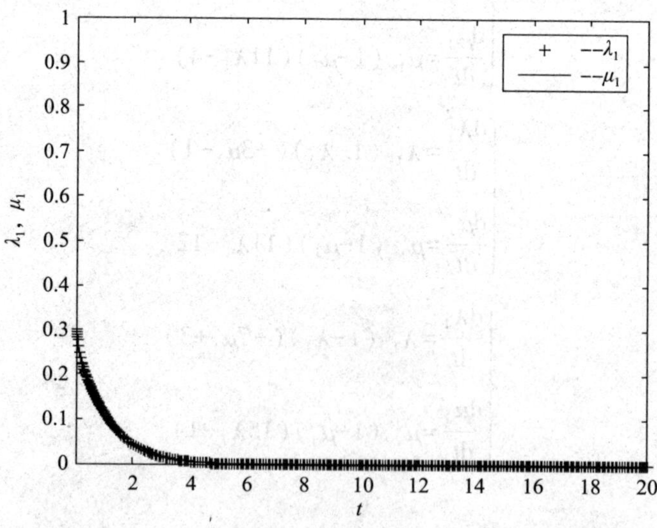

图 5.7 情形 2 对应的企业和政府策略演化趋势

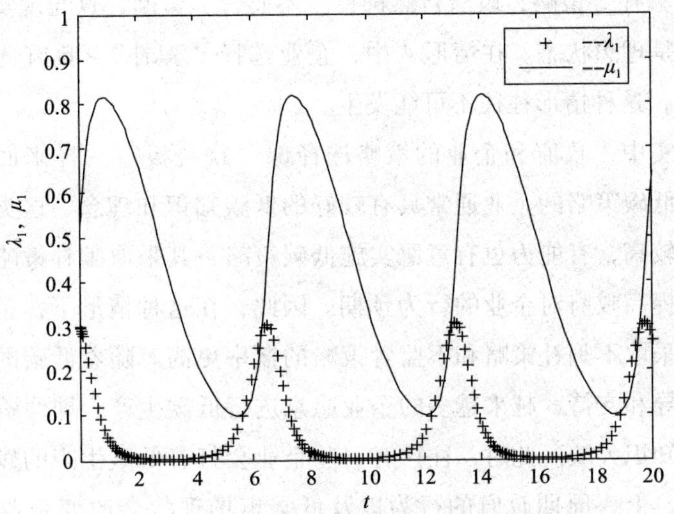

图 5.8　情形 3 对应的企业和政府策略演化趋势

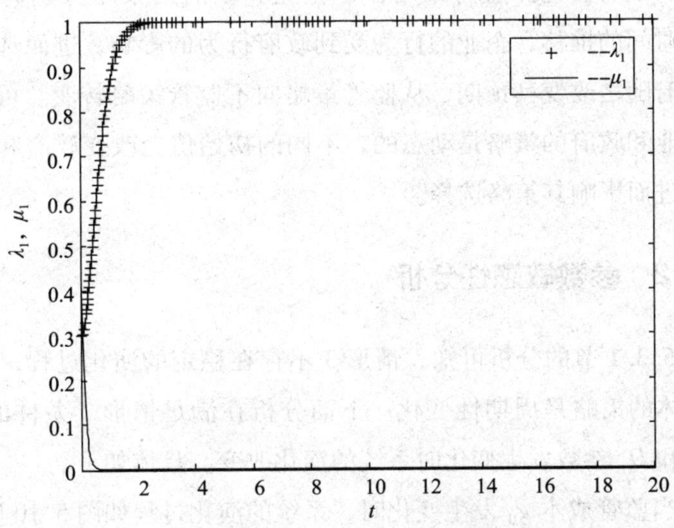

图 5.9　情形 4 对应的企业和政府策略演化趋势

由上述仿真结果可知，情形 3 不存在稳定的系统演化过程，企业和政府之间的策略选择过程呈现周期性振荡，且没有稳定的均衡状态，造成这一现象的主要原因是企业和政府收益的不确定性。同时，情形 1、情形 2 和情形 4 存在稳定的演化均衡点。其中，在情形 1 和情形 2 中，如果企业选择“不骗补”策略，政府自然选择“不监管”策略，这与现实情况比较相符，也是理想状态。在情形 4 中，企业选择“骗补”，政府选择“不监管”策略，这种情形往往不可能发生。

在现实中，政府和企业的策略选择像“跷跷板”一样来回变换。初期，采取低碳策略的企业通常具有较好的低碳知识和理念，这类企业综合能力水平较高，有能力也有意愿实施低碳策略，其采取骗补策略的概率较低，这会提高政府对企业的行为预期。因此，在这种情形下，企业和政府最终分别采取不骗补策略和不监管策略的概率更高。随着低碳的发展以及政府的引导和支持，越来越多的企业愿意进行低碳生产，即便资金能力不够和低碳知识欠缺。此时，往往有一些企业会打着低碳生产的旗号，骗取政府补贴。上一周期政府的行为以及低碳市场现状会改变企业的行为预期，进而调整其策略为骗补策略，这在下一周期又会改变政府的行为预期。此时，政府会选择监管策略，即企业和政府的策略分别为骗补和监管。随着时间的推移，企业的行为受到政府行为的影响，进而选择不骗补策略，政府随之改变其预期，从监管策略向不监管策略转变。可见，长期来看，企业和政府的策略是动态的，不同的初始值会改变政府和企业的行为预期，进而影响其策略选择。

5.3.2　参数敏感性分析

根据 5.3.1 节的分析可知，情形 3 不存在稳定的演化过程，企业和政府两类主体的策略是周期性变化。下面分析在满足情形 3 条件的基础上，当 g_0、P 和 D_1 参数发生变化时系统的演化改变，具体如下。

（1）当监管成本 g_0 发生变化时，系统的演化过程如图 5.10 所示。

调整 1：保持其他数值不变，g_0 由原来的 1 增大到 14，即增大政府的监管成本。

调整 2：保持其他数值不变，g_0 由原来的 1 减小到 0.3，即减小政府的监管成本。

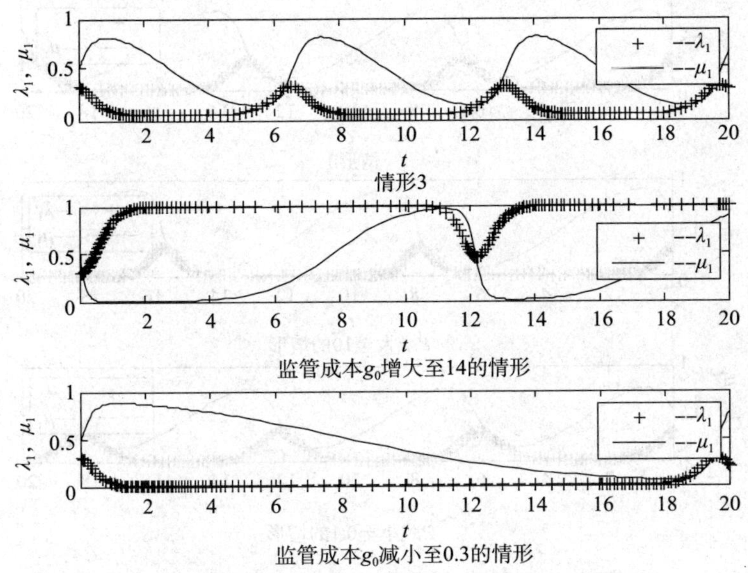

图 5.10　情形 3 中 g_0 调整后的系统演化趋势

由图 5.10 可以看出，当监管成本增大时，企业选择“骗补”的概率和政府选择“不监管”的概率增加，不利于低碳扩散；当监管成本减小时，企业选择“不骗补”的概率和政府选择“监管”的概率增加，有利于低碳扩散。

(2) 当政府的收益 P 发生变化时，系统的演化过程如图 5.11 所示。

调整 1：保持其他数值不变，P 由原来的 1 增大到 10，即增大政府不监管所受的损失。

调整 2：保持其他数值不变，P 由原来的 1 减小到 0.1，即减小政府不监管所受的损失。

由图 5.11 可以看出，当政府因为不监管所造成的损失增大时，企业选择“不骗补”的概率和政府选择“监管”的概率增加，虽然有利于低碳扩散，但是政府无效率监管的概率增加；当政府因为不监管所造成的损失减小时，企业选择“骗补”的概率和政府选择“不监管”的概率增加，不利于低碳扩散，但这种情况在实际中往往不会发生。

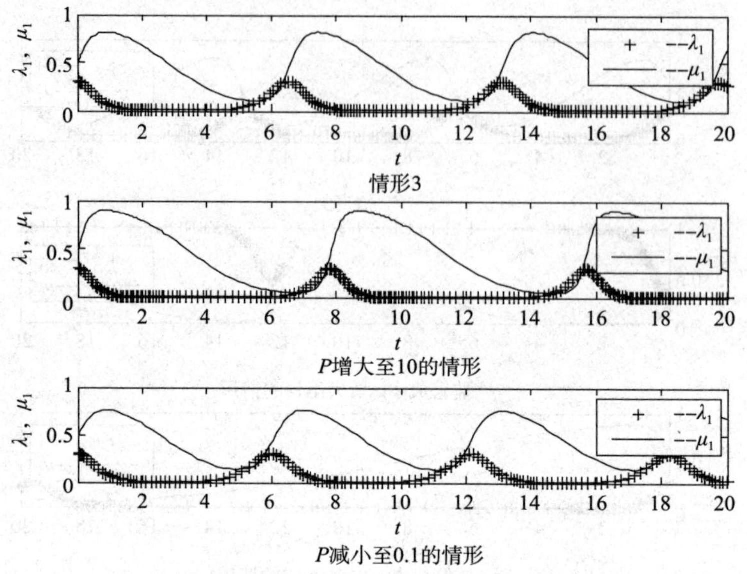

图 5.11　情形 3 中 P 调整后的系统演化趋势

（3）当 D_1 发生变化时，系统的演化过程如图 5.12 所示。

调整 1：保持其他数值不变，D_1 由原来的 6 增大到 8，即增大企业骗补的潜在损失。

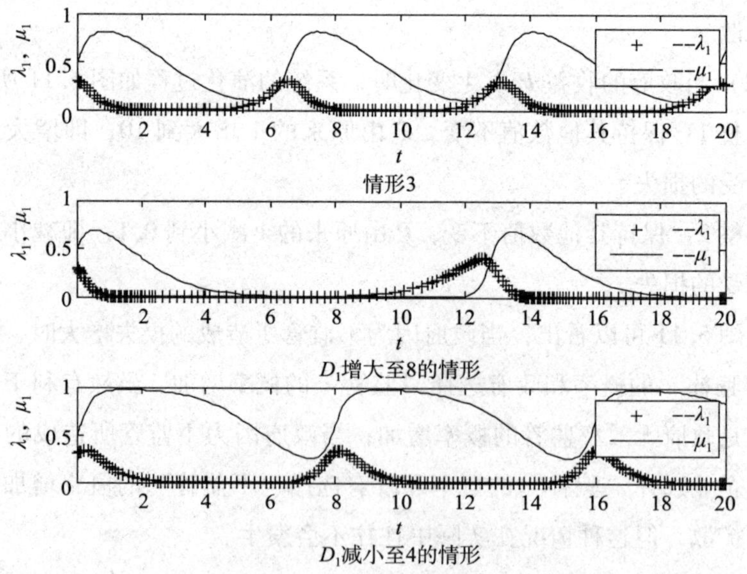

图 5.12　情形 3 中 D_1 调整后的系统演化趋势

调整 2：保持其他数值不变，D_1 由原来的 6 减小到 4，即减小企业骗补的潜在损失。

由图 5.12 可以看出，当企业因为骗补所造成的损失增大时，企业选择“不骗补”的概率和政府选择“不监管”的概率增加，有利于低碳扩散；而当政府因不监管所造成的损失减小时，企业选择“不骗补”的概率和政府选择“监管”的概率增加，有利于低碳扩散，但政府无效率监管的概率会增加。

由上述参数敏感性分析可知，政府和企业均会从自身利益出发进行策略选择，且其策略目标都是使自身利益最大化。对于政府而言，当监管成本增加时，如果采取“监管”策略，其收益将会减少，故此时政府倾向于选择“不监管”策略；同时这一行为会改变企业的行为预期，进而企业选择“骗补”策略的概率增加。同理，当政府选择“不监管”策略时的潜在损失增大时，为了使其利益最大化，政府会倾向于选择“监管”策略；而这一行为会改变企业的预期，导致企业选择“不骗补”策略的概率增加。当企业骗补所引起的损失增大时，为了使其利益最大化，企业会选择“不骗补”策略；这一行为会改变政府的预期，导致政府选择“不监管”策略的概率增加。可见，企业和政府的策略选择过程相互作用、相互影响。当政府和多个企业进行博弈时，政府面临的对象更多、更复杂，其往往选择“监管”策略；而由于监管成本的存在，政府又不能对所有企业进行监管。因此，政府需要采取合适的补贴监管策略，在降低企业骗补概率的同时，使其利益最大化。

5.4　本章小结

本章通过对政府低碳补贴监管进行演化博弈分析，建立了以政府和企业为主体的演化博弈模型，基于不同的参数关系，得到四种演化均衡点情形，分别为：①当 $D_1-Q>0$，$\pi+P+Q+r_0-g_0>0$ 时，企业选择“不骗补”策略，政府选择“不监管”策略；②当 $D_1-Q>0$，$\pi+P+Q+r_0-g_0<0$ 时，企业

选择“不骗补”策略，政府选择“不监管”策略；③当 $D_1-Q<0$，$\pi+P+Q+r_0-g_0>0$ 时，系统均是鞍点，不存在演化稳定策略；④当 $D_1-Q<0$，$\pi+P+Q+r_0-g_0<0$ 时，企业选择“骗补”策略，政府选择“不监管”策略。对于前两种情形，虽然最终演化稳定状态相同，但演化过程并不相同。在现实生活中，第三种情形可能是一种常态，第四种情形则几乎不存在。为此，本章进一步研究了第三种情形下，监管成本、政府不监管的损失以及企业因为骗补所造成的潜在损失三个参数对政府和企业策略选择的影响。通过对上述内容的仿真验证和分析，发现：①政府和企业的策略选择会影响彼此的行为预期，进而影响下一周期双方的策略选择；②在监管成本减小、政府不监管损失增大以及企业骗补潜在的损失增大时，有利于低碳扩散。因此，政府应该对低碳补贴实施监管。

第6章

低碳扩散中政府补贴监管策略的优化分析

由于低碳扩散中政府和企业的策略选择会影响彼此的行为预期，为了防止企业骗补，政府需要对低碳补贴进行监管，以确保其得到合理有效利用。为此，本章进一步研究政府低碳补贴的监管策略优化问题。本章的研究框架设计如图 6.1 所示。

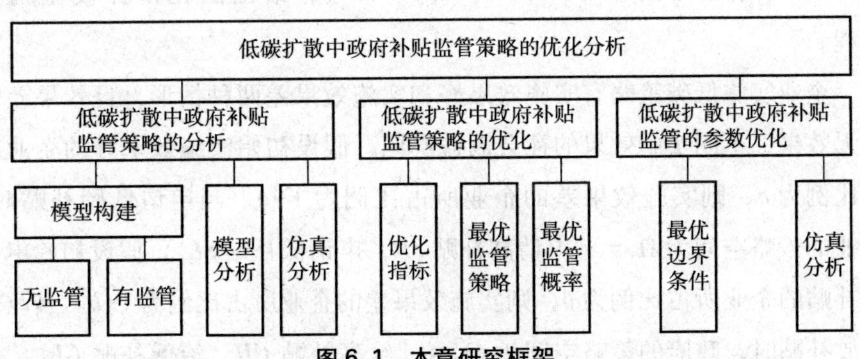

图 6.1　本章研究框架

首先，本章建立以政府和企业为主体的政府无监管和有监管的演化博弈模型，并进行模型分析和仿真分析。其次，本章给出三种监管策略和优化指标，并建立由企业构成的小世界网络模型；基于此，对上述内容进行仿真分析。最后，本章进一步研究参数的最优边界条件问题。通过上述问题的研究，本章主要解决“监管谁，怎么监管”的问题。

6.1 模型构建

本章主要建立无政府监管和有政府监管的两种演化博弈模型，具体如下。

6.1.1 无监管时的模型构建

对企业而言，实施低碳策略后，根据实施效果可以申请高补贴，也可以申请低补贴；对政府而言，根据企业的申报情况，可以给予高补贴，也可以给予低补贴。两者的策略选择在演化过程中相互依存，即一方策略的改变会影响另一方策略的选择。为研究政府的监管策略如何影响企业申报补贴，本书假定企业的实施效果在短期内无法改变。基于文献（张国兴等，2013；张国兴等，2014；Wu 等，2017），给出演化博弈模型构建过程。

企业实施低碳策略有实施效果好和实施效果差两种情形，且效果差优于无效果，不同实施效果的社会效益不同。假设初始实施效果好的企业所占比例为 a，则实施效果差的企业所占比例为 $1-a$。当申请低碳补贴时，企业的策略空间为 $\Omega_1=$ ｛申请高补贴 SH，申请低补贴 SL｝，假设初始申请高补贴的企业所占比例为 b，则实施效果差的企业所占比例为 $1-b$。当政府发放补贴时，政府的策略空间为 $\Omega_2=$ ｛给高补贴 GH，给低补贴 GL｝，假设初始政府给企业高补贴的比例为 c，则政府给企业低补贴的比例为 $1-c$。同时，基于自身利益最大化考虑，企业在申报低碳补贴的过程中遵循以下原则：①若企业实施效果好，一定会申请高补贴，且申请补贴成本为 0。②若企业实施低碳策略的效果差，可能申请高补贴，也可能申请低补贴。但申请高补贴时会发生伪装成本，且如果后期被发现，会产生相应的惩罚成本。政府根据企业申请高、低补贴的情况，选择给高补贴和给低补贴。在分配补贴过程中遵循以下原则：①若企业申请低补贴，则政府一定给低补贴。②若企业申请高补贴，则政府可能给高补贴，也可能给低补贴。如果政府给实施效果好的企业低补贴，会使企业的积极性下降。依据上述分析，参数的设置及其意义如表 6.1 所示。无监管时，政府和企业的收益矩阵如表 6.2 所示。

表 6.1　参数设置

参数	意义描述
v_{gg}	企业实施低碳策略效果好的社会效益
v_{bg}	企业实施低碳策略效果差的社会效益
f	企业实施低碳策略效果差但申请高补贴时发生的伪装成本
h	政府和企业博弈过程中发放的高补贴
l	政府和企业博弈过程中发放的低补贴
d	政府给实施低碳策略效果好的企业低补贴的隐性损失

表 6.2　无监管时，政府和企业的收益矩阵

企业		政府	
		GH	*GL*
实施效果好	*SH*	h，$v_{gg}-h$	l，$v_{gg}-l-d$
实施效果差	*SH*	$h-f$，$v_{bg}-h$	$l-f$，$v_{bg}-l$
	SL	—	l，$v_{bg}-l$

6.1.2　有监管时的模型构建

当政府对低碳补贴进行监管时，并不知道企业实施低碳策略的实际效果。因此，为了提高监管效率，以最小的监管成本达到最好的监管效果，避免“骗补”的发生，政府需要采取适当的监管策略。

为了解决这一问题，本书提出三种监管策略：①政府对企业进行随机监管；②政府对给高补贴的企业进行随机监管；③政府对申请高补贴的企业进行随机监管。每种监管策略都遵循以下原则：①对每一个企业进行监管时，发生的监管成本相等，均为 g；②只要实施效果差但申请高补贴的企业被监管到，其作弊行为一定会被发现，且会有相应的惩罚成本 r。

不同监管策略下，政府和企业的收益不同。为了更好地表达监管时政府和企业的收益矩阵，引入符号函数如下。

$$\operatorname{sgn}(x)=\begin{cases}0 & \text{当企业不属于监管范围时}\\ 1 & \text{当企业属于监管范围时}\end{cases}$$

根据无监管时的政府和企业的收益矩阵，可得有监管时的相应收益矩阵如表 6.3 所示。

表 6.3　有监管时，政府和企业的收益矩阵

企业		政府	
		GH	GL
实施效果好	SH	h，$v_{gg}-h-\operatorname{sgn}(x)\cdot g$	l，$v_{gg}-l-d-\operatorname{sgn}(x)\cdot g$
实施效果差	SH	$h-f-\operatorname{sgn}(x)\cdot r$，$v_{bg}-h-\operatorname{sgn}(x)\cdot g+\operatorname{sgn}(x)\cdot r$	$l-f-\operatorname{sgn}(x)\cdot r$，$v_{bg}-l-\operatorname{sgn}(x)\cdot g+\operatorname{sgn}(x)\cdot r$
	SL	—	l，$v_{bg}-l-\operatorname{sgn}(x)\cdot g$

政府和企业的博弈过程如图 6.2 所示。由图 6.2 可知，政府根据对企业的监管结果决定下一周期是否给其高补贴或低补贴。假设在政府和企业的博弈中，上一周期被监管到的作弊企业在下一周期被给低补贴；而被监管到的作弊企业知道政府会给低补贴，下一周期会申请低补贴。

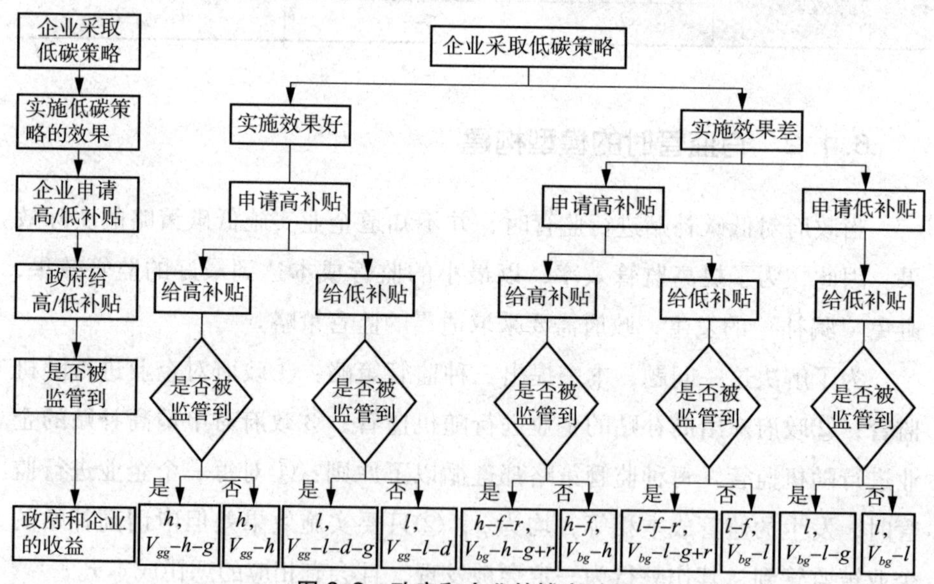

图 6.2　政府和企业的博弈过程

6.2 模型分析

由表6.3可得，不同监管策略下，政府和企业的收益矩阵，据此对不同策略的收益矩阵进行分析。

由之前的假设可知，如果企业实施低碳策略的效果好，则一定会申请高补贴，假设实施效果差的企业申请高补贴的概率为 x_1，则其申请低补贴的概率为 $1-x_1$；政府给高补贴的概率为 y_1，则给低补贴的概率为 $1-y_1$。

（1）当政府采取只对申请高补贴的企业进行随机监管的策略时，相应的收益矩阵如表6.4所示。

表6.4　当政府采取只对申请高补贴的企业进行随机监管的策略时，政府和企业的收益矩阵

企业		政府	
		GH	*GL*
实施效果好	*SH*	h，$v_{gg}-h-g$	l，$v_{gg}-l-d-g$
实施效果差	*SH*	$h-f-r$，$v_{bg}-h-g+r$	$l-f-r$，$v_{bg}-l-g+r$
	SL	—	l，$v_{bg}-l$

企业实施低碳效果差但申请高补贴的收益为 $\pi_1^e=y_1(h-f-r)+(1-y_1)(l-f-r)$；企业实施低碳效果差且申请低补贴的收益为 $\pi_2^e=(1-y_1)l$，企业实施低碳效果差申请补贴的平均收益为 $\overline{\pi^e}=x_1\pi_1^e+(1-x_1)\pi_2^e$。政府给企业高补贴的收益为 $\pi_1^g=x_1(v_{bg}-h-g+r)$；政府给企业低补贴的收益为 $\pi_2^g=x_1(v_{bg}-l-g+r)+(1-x_1)(v_{bg}-l)$，政府发放补贴的平均收益为 $\overline{\pi^g}=y_1\pi_1^g+(1-y_1)\pi_2^g$，相应的复制动态方程组为

$$\begin{cases}\dfrac{dx_1}{dt}=x_1(1-x_1)(y_1h-f-r)\\ \dfrac{dy_1}{dt}=y_1(1-y_1)[x_1(v_{bg}-h)-(v_{bg}-l)]\end{cases}\tag{6.1}$$

（2）当政府采取只对给高补贴的企业进行随机监管的策略时，相应的收益矩阵如表6.5所示。

表 6.5　当政府采取只对给高补贴的企业进行随机监管的策略时，政府和企业的收益矩阵

企业		政府	
		GH	*GL*
实施效果好	*SH*	h，$v_{gg}-h-g$	l，$v_{gg}-l-d$
实施效果差	*SH*	$h-f-r$，$v_{bg}-h-g+r$	$l-f$，$v_{bg}-l$
	SL	—	l，$v_{bg}-l$

企业实施低碳效果差但申请高补贴的收益为 $\pi_3^e=y_1(h-f-r)+(1-y_1)(l-f)$；企业实施低碳效果差且申请低补贴的收益为 $\pi_4^e=(1-y_1)l$，企业实施低碳效果差申请补贴的平均收益为$\overline{\pi^{e}}'=x_1\pi_3^e+(1-x_1)\pi_4^e$。政府给企业高补贴的收益为 $\pi_3^g=x_1(v_{bg}-h-g+r)$；政府给企业低补贴的收益为 $\pi_4^g=v_{bg}-l$，政府发放补贴的平均收益为$\overline{\pi^{g}}=y_1\pi_3^g+(1-y_1)\ \pi_4^g$，相应的复制动态方程组为

$$\begin{cases}\dfrac{\mathrm{d}x_1}{\mathrm{d}t}=x_1(1-x_1)[y_1(h-r)-f]\\[2ex]\dfrac{\mathrm{d}y_1}{\mathrm{d}t}=y_1(1-y_1)[x_1(v_{bg}-h-g+r)-(v_{bg}-l)]\end{cases}\tag{6.2}$$

（3）当政府采取对所有企业进行随机监管的策略时，政府和企业的收益矩阵与表 6.3 相同，相应的复制动态方程组为

$$\begin{cases}\dfrac{\mathrm{d}x_1}{\mathrm{d}t}=x_1(1-x_1)\{y_1[h-f-\mathrm{sgn}(w)]\cdot r-y_2[l-f-\mathrm{sgn}(x)\cdot r]-y_2l\}\\[2ex]\dfrac{\mathrm{d}y_1}{\mathrm{d}t}=y_1(1-y_1)\{x_1[V_{bg}-h-\mathrm{sgn}(w)\cdot g+\mathrm{sgn}(w)\cdot r]-x_1[V_{bg}-l\\ \qquad -\mathrm{sgn}(w)\cdot g+\mathrm{sgn}(w)\cdot r]-x_2[v_{bg}-l-\mathrm{sgn}(w)\cdot g]\}\end{cases}\tag{6.3}$$

6.3　仿真分析

式（6.3）可以看作是式（6.1）和式（6.2）两种策略的混合，因此本书只对式（6.1）和式（6.2）进行仿真。根据文献（Wu et al.，2017）获取参数值：$v_{gg}=15$，$v_{bg}=10$，$h=10$，$l=5$，$f=1$，$d=6$，$r=6$，$g=2$，将参数代

入式（6.1）和式（6.2）可得

$$\begin{cases}\dfrac{dx_1}{dt}=x_1\ (1-x_1)(10y_1-7)\\ \dfrac{dy_1}{dt}=y_1\ (1-y_1)(-5)\end{cases}\tag{6.4}$$

$$\begin{cases}\dfrac{dx_1}{dt}=x_1\ (1-x_1)(4y_1-1)\\ \dfrac{dy_1}{dt}=y_1\ (1-y_1)(4x_1-5)\end{cases}\tag{6.5}$$

设迭代次数为100，仿真结果如图6.3所示。

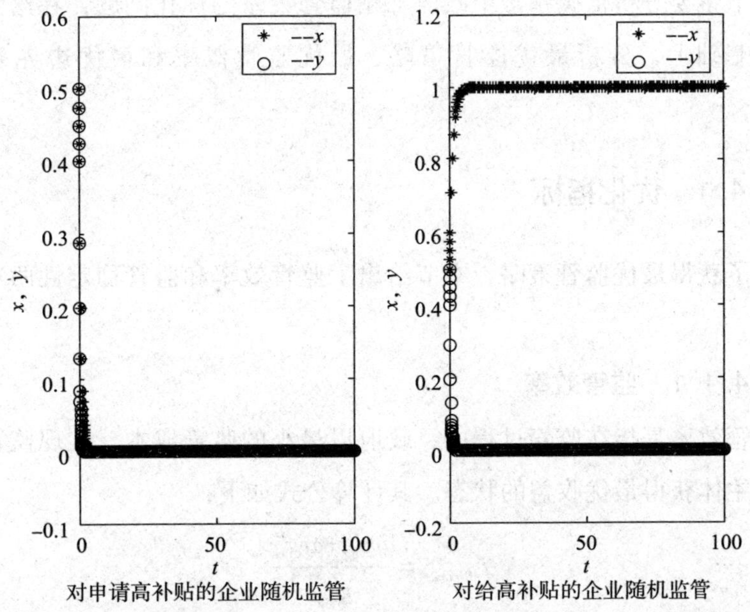

图6.3 不同监管策略下实施效果差的企业申请高、低补贴的变化趋势

根据图6.3可以得出如下结论。

（1）当政府采用对申请高补贴企业进行随机监管的策略时，实施效果差的企业均申请低补贴，且政府选择给低补贴。在这种监管策略下，企业和政府均处于有效率的状态；即使没有政府监管，实施效果差的企业也不愿意冒险选择申请高补贴。

（2）当政府采用对给高补贴的企业进行随机监管的策略时，实施效果差的企业均申请高补贴，但是政府会选择给低补贴。在这种监管策略下，企业会发生伪装等成本，最终获得的是低补贴，这是一种无效率状态；对于政府而言，并没有发生损失，但是社会的整体效率降低。

（3）政府对申请高补贴的企业进行随机监管的策略优于政府对给高补贴的企业进行随机监管策略。

6.4 最优监管策略分析

本节主要分析低碳扩散中政府补贴监管策略的优化问题，在给定优化指标的基础上，分析最优监管策略、最优监管概率和最优边界条件等问题。

6.4.1 优化指标

为了获得最优监管策略，本节给出了监管效率和监管稳定性两项优化指标。

6.4.1.1 监管效率

监管效率是指在监管过程中，政府以最小的监管成本，实现监管目标并使各主体获得最优收益的状态。其计算公式如下：

$$I^t_{efficiency}=\frac{ave^t_{gg}+avg^t_{ee}}{g^t_{avg}} \tag{6.6}$$

$$\overline{I_{efficiency}}=\frac{\sum_{t=1}^{T}I_{efficiency}}{T} \tag{6.7}$$

其中，$I^t_{efficiency}$表示第 t 次迭代时的监管效率。ave^t_{gg} 和 avg^t_{ee} 分别表示第 t 次迭代时政府和企业的平均收益。g^t_{avg} 表示第 t 次迭代时政府的平均监管成本。T 表示最大迭代次数。$\overline{I_{efficiency}}$ 表示迭代周期内的平均监管效率，$\overline{I_{efficiency}}$ 越大，监管的效率越高；反之，监管的效率越低。

6.4.1.2 监管稳定性

监管稳定性是指在监管过程中，实施效果差但申请高补贴的企业数以及各主体平均收益变化的程度。由于变异系数能反映数据集的离散程度，且可以消除单位不一致的影响，因此采取变异系数来度量监管稳定性。计算公式如下：

$$\overline{n_t^i} = \frac{\sum_{t=1}^{T} n_t^i}{T}, \quad \overline{av^t} = \frac{\sum_{t=1}^{T} ave_{gg}^t + avg_{ee}^t}{T}$$

$$I_{stability} = \frac{\sqrt{\frac{1}{T-1}\sum_{t=1}^{T}(n_t^i - \overline{n_t^i})}}{\overline{n_t^i}} + \frac{\sqrt{\frac{1}{T-1}\sum_{t=1}^{T}(av^t - \overline{av^t})}}{\overline{av^t}} \tag{6.8}$$

其中，$\overline{n_t^i}$表示 t 迭代周期内第 i 种策略下实施效果差但申请高补贴的企业数平均值；n_t^i 表示第 t 次迭代时第 i 种策略实施效果差但申请高补贴的企业数；$\overline{av^t}$表示 t 迭代周期内政府平均收益和企业平均收益和的平均值。$I_{stability}$越小，监管策略的稳定性越好；反之，监管策略的稳定性越差。

基于以上分析，给出监管策略的效率稳定值 I 为

$$I = \overline{I_{efficiency}} + I_{stability} \tag{6.9}$$

I 越大，监管策略越优；反之，监管策略越差。值得注意的是，本节假定监管效率和监管稳定性同等重要。因此，根据监管策略的效率稳定值可以获得三种监管策略中的最优监管策略，并进一步研究最优监管策略下的最优监管概率问题。其中，最优监管概率是指在最优监管策略下，当政府和企业均获得最大平均收益时所对应的政府监管企业的比例，在各主体获得同样收益的前提下，最优监管概率越小越好。

此外，为了能够更好地分析参数的敏感性，本节对不同参数设置下的企业和政府平均收益变化的稳定性也进行了分析。因为标准差可以反映数据的离散程度，因此本节用标准差来度量不同参数设置下的收益稳定性指标。量化方法如下：

$$II_{stability} = \sqrt{\frac{1}{m-1}\sum_{q=1}^{m}(ave_{gg}{}_{q}^{\lambda} - \overline{ave_{gg}{}_{q}^{\lambda}})^2} + \sqrt{\frac{1}{m-1}\sum_{q=1}^{m}(ave_{ee}{}_{q}^{\lambda} - \overline{ave_{ee}{}_{q}^{\lambda}})^2} \tag{6.10}$$

其中，$II_{stability}$表示收益稳定性；λ 表示针对某一参数的第 λ 种仿真情形；q 表示监管个数；$ave_{gg\,q}^{\ \lambda}$ 和 $ave_{ee\,q}^{\ \lambda}$ 分别表示第 λ 种情形下，监管个数为 q 时的政府和企业的平均收益；$\overline{ave_{gg\,q}^{\ \lambda}}$和$\overline{ave_{ee\,q}^{\ \lambda}}$分别表示第 λ 种情形下，不同监管个数（或监管概率）下政府和企业的平均收益的平均值。$II_{stability}$越小，收益稳定性越好；反之，收益稳定性越差。

6.4.2　小世界网络

企业都拥有自己的关系网络或邻域，尤其在互联网快速发展的今天，企业之间的联系更紧密。对于实施低碳策略的企业而言，在确保自身利润最大化的前提下，企业并不是固定地选择某一策略申报低碳补贴，而是根据其距离较近企业（或邻居）的收益调整自身的行为和决策。由企业组成的网络结构既有一定的规律可循，又存在随机性，故不能用传统的规则网络或随机网络来解释企业之间的关系。因为复杂网络中的小世界网络兼具随机性和规则性，故能恰当地反映企业之间的关系特征。因此，本节采用小世界网络模型研究企业实施低碳策略后的补贴申报及政府低碳补贴监管问题。

在构建模型中，由企业构成的具体网络结构用 $G=(V,\ E)$ 表示，其中，$V=\{v_1,\ v_2,\ \cdots,\ v_N\}$，代表实施低碳策略的 N 个企业；$E=\{e_1,\ e_2,\ \cdots,\ e_n\}$，代表企业之间存在直接或间接联系（或边）。如果企业 i 和企业 j 之间有边，且任意点（i，j）和（j，i）对应的是同一条边，即无向网络，则 $ij=1$；否则 $ij=0$。在小世界网络中，每个企业同其他企业以一定的概率建立联系，如在规则模型的基础上通过“断边重连”将原来距离较远（地理位置、技术水平等）的企业相联系，从而构成小世界网络。基于文献（汪小帆等，2006），给出 WS 小世界网络的构造算法。

（1）从规则图开始：考虑一个含有 N 个点的最近邻耦合网络，该网络形成一个环，其中每个节点都与它左右相邻的各 $K/2$ 节点相连，K 是偶数。取 $N=100$，$K=6$。

（2）随机化重连：以概率 p 随机地重新连接网络中的每个边，即将边的一个断点保持不变，另一个断点取为网络中随机选择的一个节点。规定任意两个不同的节点之间至多有一条边，且每一个节点都不能有边与自身相连，取 $p=0.2$。

基于上述参数设置，构造的 WS 小世界网络如图 6.4 所示。

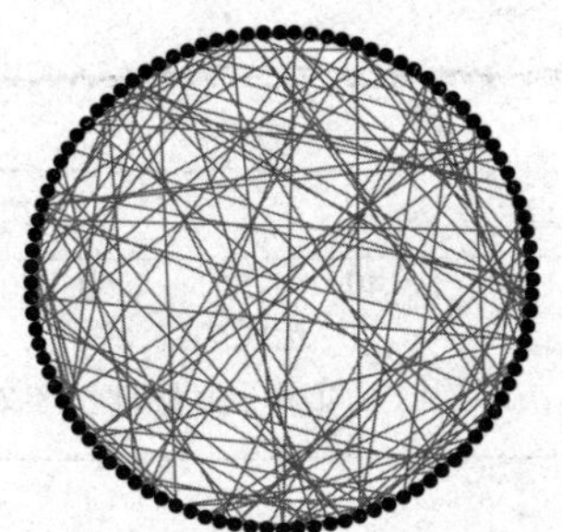

图 6.4　当 $N=100$，$K=6$，$p=0.2$ 时的小世界网络模型

同时，在三种监管情形下，假设企业 j 在下次迭代中采取其邻居企业 i 的策略的概率遵循费米规则，则

$$\tau(A_j \to A_i)=\frac{1}{1+\exp[(\prod_i-\prod_j)/\kappa]} \tag{6.11}$$

其中，κ 表示噪声，指环境的不确定性程度。不确定性是指决策人在没有获得足够的、有关环境因素的信息情况下必须做出决策，且决策人（政府或企业）很难估计环境的变化。环境的变化通常可以用决策者面临的环境动态性和环境复杂性两个维度度量，通常取 $\kappa=0.1$。$\prod_i$ 表示第 i 个企业采取相应策略的收益，$\prod_j$ 表示第 j 个企业采取相应策略的收益。

6.4.3　仿真分析

以构建的 WS 小世界网络模型为背景对上述内容进行仿真分析，相关参数设置如下：$N=100$，$K=6$，$p=0.2$，$a=0.2$，$b=0.5$，$c=0.35$。根据文献（Wu et al.，2017）获取如下参数值：$v_{gg}=15$，$v_{bg}=10$，$h=10$，$l=5$，$f=1$，$d=6$，$r=6$，$g=2$。迭代次数为 100。

6.4.3.1　最优监管策略

由无监管和有监管时的收益矩阵表 6.2 和表 6.3，可获得政府和企业的平均收益。据此，仿真结果如下：图 6.5 表示不同监管策略下企业和政府的平均收益随时间变化的趋势，图 6.6 表示不同监管策略下实际效果差但申请高补贴的企业数。

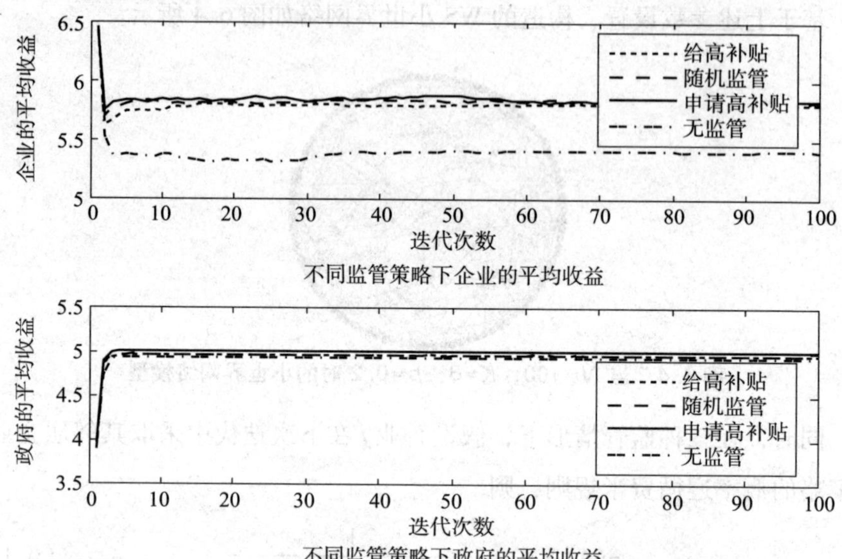

图 6.5　不同监管策略下企业和政府的平均收益

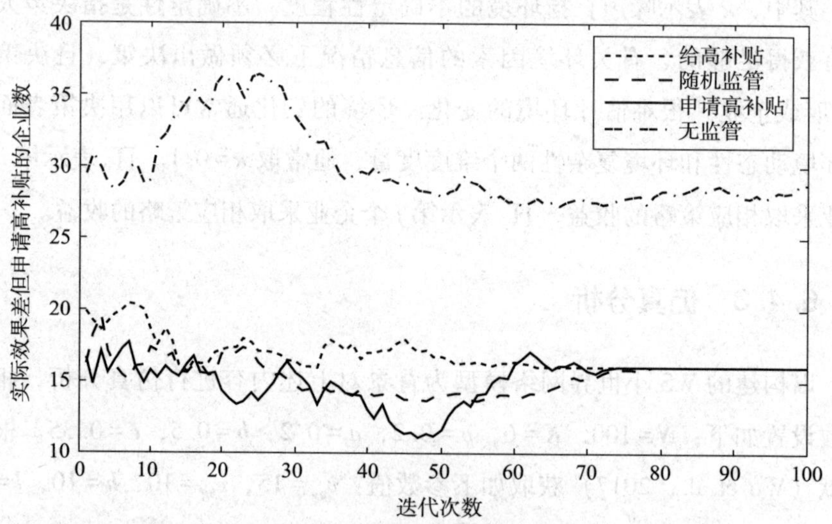

图 6.6　不同监管策略下实际效果差但申请高补贴的企业数

由图 6.5 和图 6.6 可知，无监管时政府和企业的平均收益均最低，相应的实际效果差但申请高补贴的企业数却最多。可见，政府必须对低碳补贴进行监管。

下面进一步分析最优监管策略问题，本书主要根据政府和企业的平均收益以及不同监管策略的监管效率和监管稳定性进行判断。仿真结果如下：图6.7表示三种监管策略的监管效率，三种监管策略的监管稳定性和效率稳定值如表6.6所示。

表6.6　三种监管策略的监管稳定性和效率稳定值

监管策略	指标值		
	$\overline{I_{efficiency}}$	$I_{stability}$	I
政府对所有企业进行随机监管	5.3905	0.0794	5.4699
政府对给高补贴的企业进行随机监管	5.3755	0.0725	5.4480
政府对申请高补贴的企业进行随机监管	5.4210	0.1044	5.5254

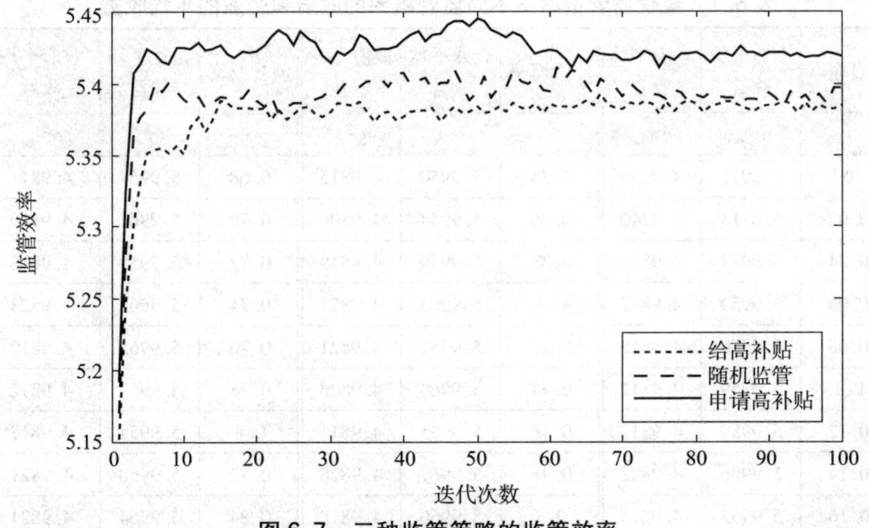

图6.7　三种监管策略的监管效率

基于上述仿真结果，分析如下。

（1）由图6.5和图6.6可知，对申请高补贴的企业进行随机监管时，企业和政府的平均收益最高，且实际效果差但申请高补贴的企业数是最少的；对所有企业进行随机监管次之；对给高补贴的企业进行随机监管的效果最差。同时，图6.6说明，无论采取哪种监管策略，都会有一部分实施效果差的企业选择申请高补贴。

（2）由图6.7可知，对申请高补贴的企业进行随机监管的监管效率最高，对所有企业进行随机监管次之，对给高补贴的企业进行随机监管的监管效率最差。

（3）由表 6.6 可知，基于$\overline{I_{efficiency}}$和$I_{stability}$的值，监管策略由优到劣的次序为对申请高补贴的企业进行随机监管、对所有企业进行随机监管、对给高补贴的企业进行随机监管。可见，监管稳定性和监管效率可以兼得。

综上所述，政府对申请高补贴的企业进行随机监管为最优监管策略。该仿真结果也说明了事前预防比事后控制的监管效果更好。

6.4.3.2 最优监管概率

基于上述仿真结果，下面分析最优监管策略下的最优监管概率问题。设迭代次数为 100，且每组数据仿真 5 次求平均值，结果如表 6.7 和图 6.8 所示。

表 6.7 最优监管策略下不同监管概率的政府和企业的平均收益

监管概率	企业平均收益	政府平均收益	监管概率	企业平均收益	政府平均收益	监管概率	企业平均收益	政府平均收益
r	ave_{ee}	ave_{gg}	r	ave_{ee}	ave_{gg}	r	ave_{ee}	ave_{gg}
0	5.3971	4.9239	0.34	5.9950	4.9815	0.68	5.9954	4.9811
0.02	6.0114	4.9240	0.36	5.9954	4.9809	0.70	5.9961	4.9819
0.04	5.9947	4.9811	0.38	5.9959	4.9819	0.72	5.9959	4.9816
0.06	5.9959	4.9817	0.4	5.9963	4.9821	0.74	5.9965	4.9823
0.08	5.9960	4.9818	0.42	5.9957	4.9821	0.76	5.9962	4.9819
0.1	5.9959	4.9816	0.44	5.9966	4.9826	0.78	5.9957	4.9812
0.12	5.9959	4.9812	0.46	5.9955	4.9811	0.8	5.9954	4.9817
0.14	5.9966	4.9822	0.48	5.9967	4.9828	0.82	5.9960	4.9821
0.16	5.9952	4.9815	0.5	5.9960	4.9818	0.84	5.9964	4.9821
0.18	5.9959	4.9817	0.52	5.9966	4.9817	0.86	5.9958	4.9821
0.2	5.9958	4.9812	0.54	5.9962	4.9815	0.88	5.9953	4.9814
0.22	5.9954	4.9818	0.56	5.9951	4.9810	0.9	5.9952	4.9807
0.24	5.9962	4.9828	0.58	5.9953	4.9809	0.92	5.9962	4.9817
0.26	5.9958	4.9814	0.6	5.9953	4.9815	0.94	5.9957	4.9809
0.28	5.9960	4.9814	0.62	5.9950	4.9819	0.96	5.9959	4.9816
0.3	5.9963	4.9817	0.64	5.9955	4.9810	0.98	5.9962	4.9822
0.32	5.9953	4.9811	0.66	5.9957	4.9818	1	5.9956	4.9818

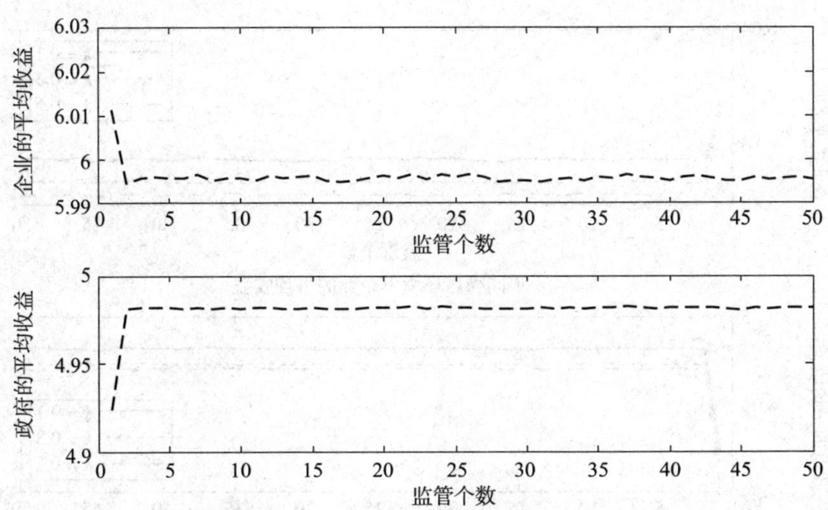

图 6.8　对申请高补贴的企业进行随机监管时，不同监管个数下企业和政府的平均收益

由图 6.8 可知，最优监管策略下，当监管个数约为 2，即监管概率为 0.04 时，政府的平均收益增速最大，企业的平均收益降速最大。这是由于实际效果差但申请高补贴的企业大量存在，而政府监管力度不够，从而导致企业的平均收益最大。但是，随着政府监管力度的加大，增加监管个数时，政府的收益比较稳定，企业的平均收益有波动，但波动不大。同时，由表 6.7 可知，当监管个数达到 24，即对申请高补贴的企业监管概率为 0.48（24/50），或整体监管概率为 0.24（24/100）时，政府的平均收益达到最大值 4.9828。企业的平均收益同时达到最大值 5.9967。这是一种更有效的监管状态，此时实际效果差但申请高补贴的企业数目为零。因此，最优监管策略下的整体最优监管概率为 0.24。

6.4.3.3　敏感性分析

本部分主要分析噪声环境、监管成本和惩罚成本三个参数对政府和企业平均收益的影响，每种参数均考虑三种情形，即 $\lambda=3$。

6.4.3.3.1　噪声环境的影响

噪声环境下，其他条件不变，$k=0.1$，$k=0.3$，$k=0.5$ 时，政府和企业的平均收益如图 6.9 所示，相应的统计结果如表 6.8 所示。

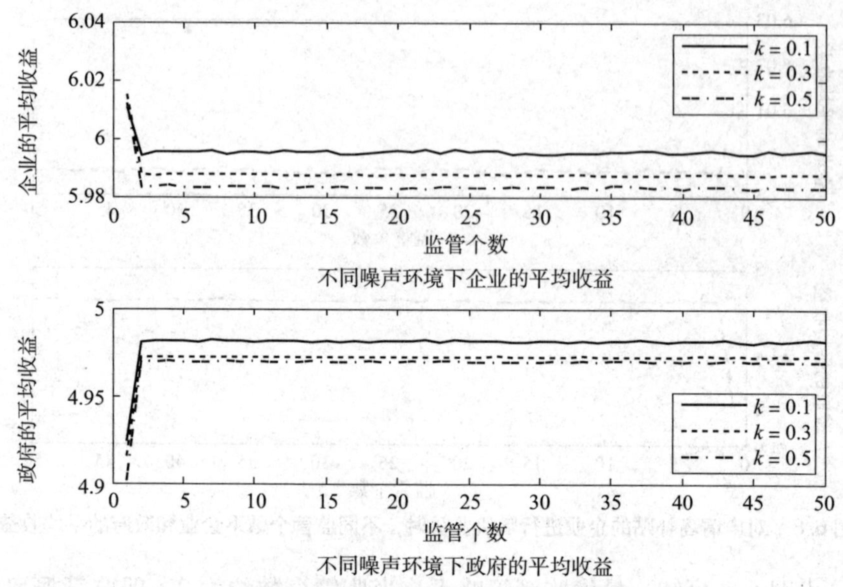

图 6.9　不同噪声环境下企业和政府的收益

表 6.8　不同噪声环境下的最优监管概率、相应的收益稳定性及企业和政府的平均收益

噪声环境	政府			企业			$II_{stability}$
	监管个数	最优监管概率	平均收益	监管个数	最优监管概率	平均收益	
k=0. 1	24	0. 24	4. 9828	24	0. 24	5. 9967	0. 0020
k=0. 3	44	0. 44	4. 9731	44	0. 44	5. 9885	0. 0020
k=0. 5	35	0. 35	4. 9705	36	0. 36	5. 9845	0. 0139

根据上述仿真结果，可得以下结论。

（1）由图 6. 9 可知，噪声环境越大，政府和企业的平均收益越低。

（2）由表 6. 8 可知，当噪声增大时，各情形主体最大平均收益所对应的监管概率均大于最优监管概率。当噪声增大到一定程度时（0. 1→0. 3），噪声与相应的最优监管概率呈正向关系，当噪声继续增大时（0. 3→0. 5），相应的监管概率减小。这是因为，当噪声持续增加时，政府和企业面临的环境不确定性变大，两者都不敢贸然行动。

（3）由 $II_{stability}$ 值可知，k=0. 1 和 k=0. 3 的收益稳定性相同，说明环境的不确定程度存在一个阈值，在达到该临界值之前，收益稳定性不受影响；而当环境噪声大于该临界值时，收益稳定性变差。

可见，当噪声增加时，即使加大监管力度，政府和企业的收益水平也会下降，这是一种低效率的监管状态。因此，从收益的角度而言，必须减少噪声。

6.4.3.3.2　监管成本的影响

对于监管成本，当其他条件不变，$g=2$，$g=5$，$g=8$ 时，仿真结果如图 6.10 所示，相应的统计结果如表 6.9 所示。

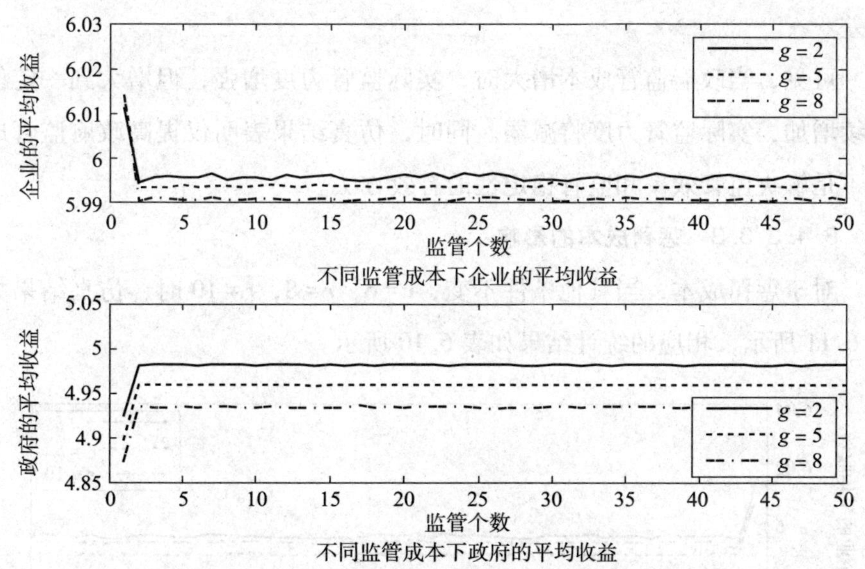

图 6.10　不同监管成本下企业和政府的平均收益

表 6.9　不同监管成本下的最优监管概率、相应的收益稳定性及企业和政府的平均收益

监管成本	政府			企业			$II_{stability}$
	监管个数	最优监管概率	平均收益	监管个数	最优监管概率	平均收益	
$g=2$	24	0.24	4.9828	24	0.24	5.9967	0.0020
$g=5$	3	0.03	4.9599	30	0.30	5.9945	0.0119
$g=8$	17	0.17	4.9360	49	0.49	5.9914	0.0121

根据上述仿真结果可得以下结论。

（1）由图 6.10 可知，监管成本越大，政府和企业的平均收益越小。

（2）由表 6.9 可知，对于政府而言，随着监管成本的增大，从利益角度考虑，政府会倾向于选择对较少数量的企业进行监管，当实施效果差的企业觉察到这一情况时，便会冒险选择申请高补贴，进而导致政府整体收益的下降。对于企业而言，随着政府监管成本的增大，企业达到相应最大平均收益所对应的监管概率均大于该策略对应的最优监管概率（0.24），并没有带来企业和政府的平均收益的增加，反而会使其平均收益下降。因此，这是一种低效率的监管状态。

（3）由 $II_{stability}$ 值可知，随着政府监管成本的增大，主体收益的稳定性变差。

可见，当政府监管成本增大时，实际监管力度增强，但增大到一定值继续增加，实际监管力度将减弱。同时，仿真结果表明仅提高政府监管成本不是解决监管效率和监管稳定性的有效方法。

6.4.3.3.3 惩罚成本的影响

对于惩罚成本，当其他条件不变，$r=6$，$r=8$，$r=10$ 时，仿真结果如图 6.11 所示，相应的统计结果如表 6.10 所示。

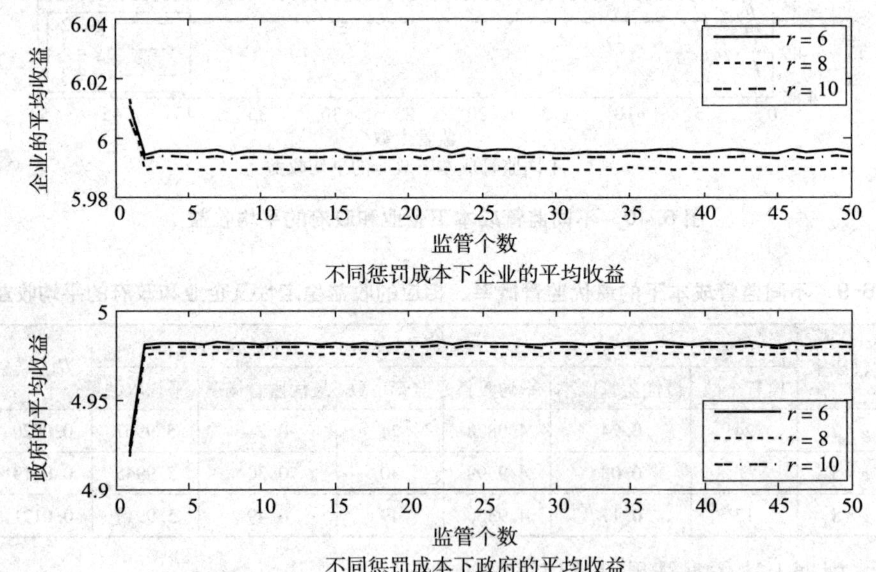

图 6.11　不同惩罚成本下企业和政府的平均收益

表 6.10　不同惩罚成本下的最优监管概率、收益稳定性及各主体的平均收益

惩罚成本	政府			企业			$II_{stability}$
	监管个数	最优监管概率	平均收益	监管个数	最优监管概率	平均收益	
$r=6$	24	0.24	4.9828	24	0.24	5.9967	0.0020
$r=8$	35	0.35	4.9761	35	0.35	5.9902	0.0114
$r=10$	24	0.24	4.9805	35	0.35	5.9943	0.0102

根据上述仿真结果可得出以下结论。

（1）由图 6.11 可知，政府和企业的平均收益均随惩罚成本的增加先减小后增大。

（2）由表 6.10 可知，对于政府而言，当惩罚成本增大到一定值时，即使增大监管力度（0.24→0.35），其收益也会下降。说明，此时的惩罚力度不足以对企业造成重大影响；当继续增大惩罚力度（8→10）时，政府的平均收益反而会升高，同时所需要的监管概率下降（0.35→0.24）。对于企业而言，随着惩罚成本的增大，其收益会经历先变小再变大的过程。这是因为惩罚力度的持续加大，使企业觉察政府监管力度加大，对实际效果差但申请高补贴的企业有较大的震慑作用。因此，这类企业不敢轻易作弊，倾向于选择申请低补贴，从而提升政府的收益水平。

（3）由 $II_{stability}$ 值可知，随着惩罚成本的增大，主体收益的稳定性先变差后变好。

因此，政府应该合理设置惩罚成本。同时仅通过惩罚成本提高监管效率不是一种有效的方法。通过对比表 6.9 和表 6.10 可知，相比提高监管成本，提高惩罚成本各主体获得的收益更高。

6.5　参数优化分析

基于 6.1 节有监管时的博弈矩阵，本节主要分析政府对低碳补贴监管的参数优化问题，即参数的最优边界条件问题。

6.5.1 最优边界条件

政府采取监管策略的目的是避免实施效果差的企业申请高补贴，这样政府补贴才能得到有效利用，实现其效益最大化。通过监管，政府希望市场能达到这样一种状态：实施效果好的企业申请高补贴，实施效果差的企业申请低补贴。由于不同监管策略的监管效率和监管稳定性不同，最优监管策略一定优于其他监管策略，且在满足自身监管策略边界条件的同时，满足其他监管策略的边界条件。由于实施效果好的企业一定会申请高补贴，且对于申请低补贴的企业，政府会发放低补贴。故只要实施效果差的企业申请低补贴的概率为 1，则达到有效的监管状态。根据前述假设和分析，结合信号传递博弈理论中精炼贝叶斯均衡，分析如下。

（1）后验概率条件：三种监管策略下，申请高补贴的企业恰好为实施效果好的企业的条件概率为 $p(good \mid GH)=1$，申请高补贴的企业恰好为实施效果差的企业的条件概率为 $p(bad \mid GH)=0$。根据贝叶斯法则 $p(good \mid GH)=\frac{p(good,\ GH)}{p(GH)}=\frac{p(good,\ GH)}{p(good,\ GH)+[1-p(good,\ GH)]\ x_1}=1$，得 $p(good \mid GH)\equiv 1$ 或 $x_1=0$。由于 $p(good \mid GH)\equiv 1$ 不符合实际，故只取 $x_1=0$。

（2）后验概率条件下，政府选择能使其实现自身收益最大化的策略，企业申请高补贴，政府给予高补贴；企业申请低补贴，政府给予低补贴。根据表 6.3 政府采取监管时政府和企业的收益矩阵可得：

当政府采取只对申请高补贴的企业进行随机监管的策略时，相应的收益矩阵如表 6.11 所示。

表 6.11 政府采取只对申请高补贴的企业进行随机监管的策略时，政府和企业的收益矩阵

企业		政府	
		GH	GL
实施效果好	SH	$h,\ v_{gg}-h-g$	$l,\ v_{gg}-l-d-g$
实施效果差	SH	$h-f-r,\ v_{bg}-h-g+r$	$l-f-r,\ v_{bg}-l-g+r$
	SL	—	$l,\ v_{bg}-l$

此时需要满足的条件：$\begin{cases} v_{bg}-h-g+r<v_{bg}-l-g+r \\ v_{gg}-h-g>v_{gg}-l-d-g \end{cases}$，得$\begin{cases} h>l \\ h-l<d \end{cases}$。

当政府采取只对给高补贴的企业进行随机监管的策略时，相应的收益矩阵如表 6.12 所示。

表 6.12　政府采取只对给高补贴的企业进行随机监管的策略时，政府和企业的收益矩阵

企业		政府	
		GH	GL
实施效果好	SH	$h,\ v_{gg}-h-g$	$l,\ v_{gg}-l-d$
实施效果差	SH	$h-f-r,\ v_{bg}-h-g+r$	$l-f,\ v_{bg}-l$
	SL	—	$l,\ v_{bg}-l$

此时需要满足条件：$\begin{cases} v_{gg}-h-g>v_{gg}-l-d \\ v_{bg}-h-g+r<v_{bg}-l \end{cases}$，得$\begin{cases} h-l<d-g \\ h-l>r-g \end{cases}$。

当采取对所有企业随机监管时，相应的收益矩阵与表 6.3 相同。此时满足的条件是两种策略的混合，故满足的条件是同时满足政府采取对申请高补贴企业及给高补贴企业进行随机监管两种策略时的条件。

（3）给定政府策略，企业会选择使其自身收益最大化的策略。此时实施效果差的企业会选择申请低补贴。由表 6.11 和表 6.12 可知，$\begin{cases} h-f-r<l \\ h-f-r<l-f \end{cases}$，即$\begin{cases} h-l<f+r \\ h-l<r \end{cases}$。该式可以进一步简化为 $h-l<r$。

基于上述三种监管策略的边界条件分析，得出最优监管策略下的最优边界条件如式（6.12）所示。

$$\begin{cases} h>l \\ r-g<h-l<d \\ h-l<d-g \\ h-l<r \end{cases} \tag{6.12}$$

只有各参数满足上述条件，才能保证实施效果好的企业申请高补贴，实施效果差的企业申请低补贴；否则，均会导致作弊行为的发生。

6.5.2 仿真分析

以构建的小世界网络模型为背景对上述内容进行仿真分析，由图 6.6 可知，基于 6.4 节算例的参数值设定，无论采取哪种监管策略，都会有一部分实施效果差的企业冒风险选择申请高补贴；结合最优边界条件分析可知，6.1 节算例部分的参数设置满足不了条件 $h-l<d-g$。因此，根据式 (6.12)，重新设定参数值如下：$v_{gg}=15$，$v_{bg}=10$，$h=8$，$l=4$，$f=1$，$r=4.5$，$g=1$，$d=6$。在该参数设置下，不同监管策略下实际效果差但申请高补贴的企业个数变化趋势如图 6.12 所示。

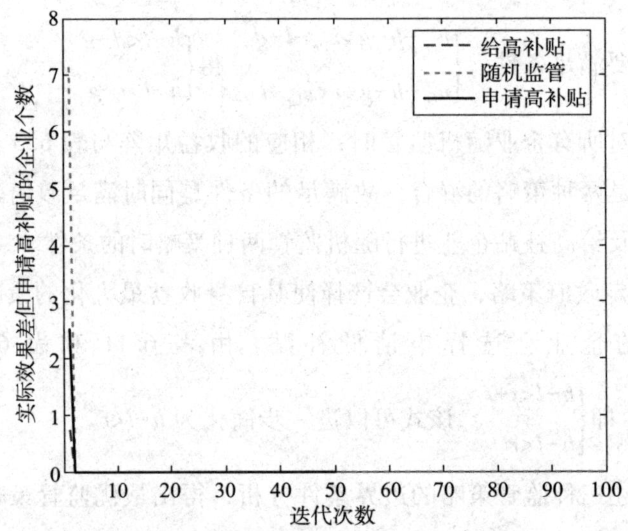

图 6.12 不同监管策略下实际效果差但申请高补贴的企业个数变化趋势

由图 6.12 可知，当参数满足最优边界条件后，随着时间的推移，不同监管策略下实际效果差但申请高补贴的企业个数均为零。因此，上述政府低碳补贴监管的最优边界条件的有效性得到验证；当参数的设置满足最优边界条件时，骗补可以避免。

6.6　本章小结

本章对低碳扩散中政府补贴监管的策略优化问题进行了研究，构建了以政府和企业为主体的无监管时和有监管时的演化博弈模型，并对两种模型进行均衡点分析。同时，本章进一步研究了政府低碳补贴的最优监管策略问题，给出了三种监管策略：对所有企业进行随机监管、对给高补贴的企业进行随机监管和对申请高补贴的企业进行随机监管，并在给出的两项优化指标（监管效率和监管稳定性）基础上，得到最优监管策略的判定指标。基于构建的小世界网络模型，对上述内容进行仿真分析，并对噪声环境、监管成本、惩罚成本三个参数进行了敏感性分析，结果发现：①政府对低碳补贴监管的最优策略是对申请高补贴的企业进行随机监管，且相应的最优监管概率为 0.48，整体最优监管概率为 0.24。②监管策略的监管效率和收益稳定性可以兼得，为了使各主体的收益最大化，可以考虑效率优先，兼顾稳定性原则。③环境噪声越大，政府和企业的平均收益越低，收益稳定性越差。监管成本越高，政府和企业的平均收益越低，收益稳定性越差；而惩罚成本的增加并不一定带来收益的增加，当惩罚成本增大至一定值继续增加时，各主体的收益先降低再升高，收益稳定性则先变差后变好。

根据上述研究发现，即使在最优监管策略下，仍然会有一部分企业实施骗补行为。也就是说，相对于政府采取无监管策略，当政府对申请高补贴的企业进行随机监管时，可以降低实施骗补的企业比例，但是并不能杜绝企业的骗补行为。为此，本章进一步研究了政府补贴的最优边界问题，根据信号传递博弈理论中的精炼贝叶斯均衡理论，得到政府低碳补贴监管的最优边界条件为 $h>l$，$r-g<h-l<d$，$h-l<d-g$，$h-l<r$，并通过仿真分析验证了该条件的有效性。也就是说，当政府发放的高、低补贴的差额高于罚金和监管成本的差额、小于给实施效果好的企业发放低补贴后的积极性损失、小于给实施效果好的企业发放低补贴的积极性损失与监管成本的差额以及低于罚金时，政府可以杜绝企业骗取低碳补贴。

第 7 章 政策分析

低碳发展是保护大气环境的重要途径之一。为了实现低碳发展，需要将低碳理念、思维、知识、策略和技术在各行各业中扩散。低碳作为新事物、新观点，其扩散需要政策的鼓励和引导，且以新技术为支撑。但应用新技术会给实施低碳策略的企业带来高成本，从而导致企业对实施低碳策略望而却步。为了促进低碳扩散，政府补贴是一种常用的激励方法，那么在低碳扩散中，为了有效发挥政府补贴的作用，政府需要考虑哪些因素？采取何种补贴策略？怎么补贴？补贴谁？以及为了有效遏制企业骗取补贴，政府应该采取何种监管策略？监管谁，怎么监管？基于上述问题，针对政府补贴和政府补贴监管，本书分别给出了建议。

7.1 对政府补贴的建议

结合本书第 3 章和第 4 章的研究，针对政府补贴，本书给出如下政策建议。

（1）重视多方因素，动态调整补贴侧重点。由第 3 章的分析可知，企业、消费者、政府以及噪声都会对低碳扩散产生影响，但是不同阶段各因素的影响程度并不相同。因此，政府应该根据低碳扩散的不同阶段，调整政府补贴的侧重点。在低碳扩散初期，政府应当加强低碳理念的宣传力度，重视对企业和消费者的补贴模式，通过对企业提供研发补贴和产品补贴，激励企业采取低碳策略；通过为消费者提供价格补贴和其他优惠来鼓励消费者低碳消费。因为，政府通过需求方拉动低碳市场比通过供给方推动低碳市场更有效，故随着低碳技术的发展，市场逐渐成熟，政府可以采取补贴退坡机制，且首先重视研究对消费者的补贴模式，再考虑对企业的补贴模式。

（2）正确看待补贴与低碳扩散的关系，完成量变到质变的过渡。由第3章的研究结论可知，在低碳扩散初期，政府补贴对低碳扩散没有显著作用，随着采取低碳策略的企业比例和采取低碳消费的消费者比例的增大，政府补贴与低碳扩散关系经历混沌和发挥显著作用两个阶段，量变导致质变。同时，政府补贴的作用不能一蹴而就。因此，政府需定期评估补贴政策的实施效果，建立长效机制。在低碳扩散初期，将政府补贴与其他措施相结合，共同发力，如可以通过宣传提高消费者和企业的低碳意识，通过银行贷款等优惠措施刺激企业采取低碳策略，通过免收与低碳产品相关税收来提高消费者低碳消费的效用。

（3）充分利用不确定性，化风险为机遇。由第3章的研究可知，当低碳扩散至一定阶段，政府补贴与低碳扩散之间处于一种混沌状态，这是整体市场呈现新面貌的一个过渡阶段。此时，政府不应该把不确定性看作为风险；相反，政府应该把这种不确定性看作为一种机遇，要充分利用这种不确定性，因势利导，使整个市场的低碳扩散实现质的飞跃。政府需要把握此时的市场状态，实现有效"分岔"，积极引导社会主体对低碳的认知，引导舆论导向，缓解社会对低碳发展的紧张不确定性心理，从而安全经过过渡期。同时，由于不确定性会造成不同主体的策略演化出现大幅度波动，政府需要加大低碳宣传力度，保持政策连续性和一致性，降低低碳扩散处于无效状态的概率。

（4）优化补贴力度，适时取消补贴。由第4章的分析可知，政府可以采取动态补贴策略，包括调整补贴对象和补贴数额。因此，在低碳策略扩散初期，政府的宏观调控必不可少，作用甚至要大于市场对企业采取低碳策略和消费者采取低碳消费的推动。值得注意的是，政府的宏观调控一定要有度。与供给市场的推动相比较，政府要更加注重需求市场的改善，否则容易出现“市场较好”的假象。随着实施低碳策略的企业和进行低碳消费的消费者比例升高，市场和低碳技术逐步成熟，企业成本逐渐下降，消费者的低碳消费效用会逐步增加，此时政府的宏观调控应该逐步弱化，让市场机制发挥其作用。当实施低碳策略的企业和进行低碳消费的消费者比例达到一定值时，低碳策略及相应的低碳产品充分渗透市场，此时政府可以取消补贴。同时，补贴退坡应该循序渐进，在退坡过程中，政府要优化补贴力度，保持政策的稳定性。

（5）变消费者的补贴递减方式为阶段性递减，调整企业的补贴递减方式。由第 4 章的分析可知，基于最优补贴递减方式判定准则，可以获得最优补贴递减方式。为了更好地提高政府补贴效率，当低碳扩散到一定程度时，政府可以实施补贴退坡机制。同时，政府可以对消费者和企业均采取线性递减方式。由于在政府补贴递减过程中，政府的干预力度逐渐减弱，市场机制的作用逐渐增强，在市场交易中，拥有“投票权”的消费者在低碳扩散中的地位越来越高。为此，政府应该权衡企业和消费者之间的关系，制定合理的补贴递减方案。此外，政府应该确保补贴退坡政策的连续性、一致性和透明性。补贴递减直至取消，可以倒逼没有竞争力的企业退出低碳市场，能在竞争中留下的，才是真正有实力的企业。因而，对于政府而言，与其投鼠忌器犹豫不决，不如壮士断腕加速淘汰落后产能，在促进低碳扩散的同时，避免企业和消费者对政府补贴的过度依赖。

7.2 对政府补贴监管的建议

基于第 5 章和第 6 章的研究，针对政府补贴监管，本书提出如下政策建议。

（1）优化监管策略，加大监管力度。由第 5 章的分析可知，政府和企业的策略选择像“跷跷板”一样来回变换。不同的初始值状态会改变政府和企业的行为预期，进而影响其下一周期的策略选择。因此，为了有效防止企业骗取补贴，政府需要对低碳补贴加强监管。与此同时，政府应尽可能地降低监管成本，并通过提高企业骗补的代价，防止企业骗补。在现实生活中，政府通常需要与多个企业进行博弈，此时政府面临的决策对象更多、更复杂，政府更需要对补贴进行监管。由于监管成本的存在，政府不可能对所有企业进行监管。因此，政府需要采取合适的监管策略，在防止企业骗取补贴的同时，使政府利益最大化。值得强调的是，政府一旦发现企业骗补，必须严厉打击。例如，在新能源汽车领域，建议对确实有骗补行为的企业给以重罚，并将处理结果向社会公布，同时取消其享受补贴的资格。

（2）构建奖励与惩罚的联动机制，有效遏制企业骗取补贴行为。由第6章的分析可知，单一地提高监管成本和惩罚成本均不会有效提高监管稳定性和监管效率。为了有效遏制企业骗补行为，政府需要引入适当的奖惩机制。一方面，通过合理的奖励机制，激励企业进行低碳技术创新来获得奖励，奖励可以是补贴、税收优惠和低息贷款等；另一方面，完善监管机制，一旦发现查实骗补行为，严厉惩罚并取消补贴，进而降低企业因骗补所获得的收益。

（3）重视事前预防，强化事前预防优于事后监管的理念。由第6章的研究可知，政府补贴的最优监管策略为对申请高补贴的企业进行随机监管，而不是对所有企业进行随机监管和对给高补贴的企业进行随机监管。如果政府对所有企业进行随机监管会使其监管成本增加；同时，对于申请低补贴的企业而言，对其进行监管会造成时间和费用上的浪费。如果政府对给高补贴的企业进行随机监管，这种策略属于事后监管，无法弥补已经造成的资源浪费。政府对申请高补贴的企业进行随机监管的策略属于事前监管，这种监管策略可使政府更好地甄别企业，抑制逆向选择，防止企业作弊行为，提高补贴效率。为此，政府可以建立相应的风险评估体系，对申请高补贴的企业进行评估，进而依据风险程度给高补贴的企业进行差异化监管。例如，在新能源汽车领域，政府可以提高低碳补贴的申请门槛，在发放补贴之前对企业的申报资料进行实地调查，并对申请补贴企业的产品进行一致性检查，包括检查型号、电池容量、技术参数以及续航里程等是否与其公告的产品一致。

(4) 提高监管效率，兼顾监管稳定性和收益稳定性。由第 6 章的分析可知，政府对低碳补贴的监管效率和监管稳定性可以兼得。为了使各主体（政府和企业）的收益最大化，政府可以考虑效率优先，兼顾稳定的原则。此处的“效率”是指监管效率。“稳定”包括监管稳定和各主体的收益稳定。政府首先要解决“骗补”问题，再考虑自身的收益。在没有企业“骗补”行为时，其自身利益自然会提高。同时，政府的这一原则会使企业意识到政府对“骗补”行为的态度，进而带来正向效应。政府对企业的监管结果会给市场整体环境带来影响，监管的正向激励作用会使市场整体环境向健康良性方向发展，而反向激励作用则会使市场整体环境进一步恶化。故政府应该确保大多数企业得到正向激励，保证正向激励的总效应大于反向激励的总效应。此外，政府应当明确各监管部门的权限，避免交叉监管、真空监管。政府可以整合其他监管资源，例如通过与第三方监管机构合作等方式来提高监管效率。

(5) 合理设置惩罚力度，权衡惩罚成本和监管成本。由第 6 章的敏感性分析可知，当监管成本增加到一定值时，若继续增加，实际监管力度则减弱。这说明仅提高监管成本和扩大监管范围，并不是解决监管效率和监管稳定性的有效方法。同时，仿真结果表明仅提高惩罚成本也不是有效的方法。因此，政府应该权衡惩罚力度和监管力度之间的关系，合理设置惩罚成本和监管成本，在提高实际监管能力的同时，缩小政府收入和支出的差距。政府应将两类成本控制在合理范围内，防止出现监管力度和惩罚力度看似很强，实际效力较弱的情况。

(6) 优化参数关系，杜绝骗补、作弊行为。由第 6 章的最优边界条件分析可知，政府可以通过调整各参数来有效遏制企业骗取补贴的行为。为了有效遏制、杜绝企业骗取补贴行为，政府发放的高、低补贴的差额需高于罚金和监管成本的差额，小于给实施效果好的企业发放低补贴导致的积极性损失，以及低于给实施效果好的企业发放低补贴的积极性损失与监管成本的差额。同时，政府发放的高、低补贴的差额要低于罚金。

第8章 结论与展望

本章回顾总结了前述各章的主要结论，指出研究的不足，并给出进一步研究的方向。

8.1 研究结论

本书围绕“为什么补贴，补贴谁，怎么补贴”以及“为什么监管，监管谁，怎么监管”等问题，以低碳扩散中政府补贴及监管作为切入点，详细分析了影响政府、企业和消费者的策略选择以及低碳扩散过程的因素；通过构建以企业和消费者为主体的政府补贴演化博弈模型，着重分析了噪声环境下政府补贴与低碳扩散之间的三种关系；通过构建以政府、企业和消费者为主体的三方博弈模型，详细分析了低碳扩散中政府的补贴策略问题；通过构建以政府和企业为主体的演化博弈模型，着重分析了政府是否监管和企业是否骗补的内在关系；运用复杂网络演化博弈理论，详细分析了政府应该如何选择监管策略的问题；在此基础上，将信号传递博弈理论与演化博弈理论相结合，详细分析了政府补贴监管的最优边界条件；通过情景仿真揭示了低碳扩散中政府补贴及监管策略的演化规律，得到以下结论。

第一，由影响低碳扩散的因素分析可知，作为低碳产品的制造者，企业是影响低碳扩散的重要因素，影响其低碳生产意愿的因素主要有低碳产品的成本、预期收益、研发创新能力、社会责任意识、社会压力、企业高层管理者的素质、低碳产品的市场需求和企业性质。作为低碳产品的使用者，消费者也是影响低碳扩散的重要因素，影响其低碳消费意愿的因素主要有价值观、环境态度、环境知识、感知预期、产品的内外部属性和情景因素（经济刺激、配套设施等）。政府主要通过制定政策来影响低碳扩散，包括补贴措施和补贴监管措施。噪声环境会引起低碳扩散过程的波动，进而导致扩散最终结果的不确定性。为此，在制定与低碳扩散相关的政策措施时，需要综合考虑这些因素。

第二，通过噪声环境下政府补贴与低碳扩散的关系研究，得出如下结论：①当采取低碳策略的企业比例和采取低碳消费的消费者比例较低时，在不同的噪声强度下，仅依靠政府补贴，无法实现企业低碳策略和消费者低碳消费的成功扩散。②随着采取低碳策略的企业比例和采取低碳消费的消费者比例的增加，在特定的噪声强度下，政府补贴与低碳扩散之间是一种混沌关系。但是当两者比例增加到一定值时，量变导致质变，低碳扩散最终能够以不同的概率实现有效稳定。此时，政府补贴对低碳扩散发挥显著作用。③低碳策略在企业中的扩散具有滞后性，且消费者对企业实施低碳策略的影响要远大于企业对消费者实施低碳消费的影响。④低碳扩散中的不确定性不一定是风险，有时是一种机遇。

第三，通过对低碳扩散中政府补贴策略的优化研究，得出如下结论：①政府可以在低碳扩散不同阶段采取动态补贴策略，调整侧重点，逐步降低补贴力度。②当初始值满足一定条件时，政府可以取消补贴。③对于比亚迪 S2 而言，最优补贴递减方式是：对企业采取线性递减方式，对消费者采取线性递减方式。

第四，通过对政府低碳补贴监管的演化博弈分析，得出如下结论：①系统的最终扩散状态有四种情形：企业选择“不骗补”策略，政府选择“不监管”策略；企业选择“不骗补”策略，政府选择“不监管”策略；系统均是鞍点，不存在演化稳定策略；企业选择“骗补”策略，政府选择“不监管”策略。对于前两种情形，最终演化稳定状态虽然相同，但演化过程不同。在现实生活中，第三种情形可能是一种常态，第四种情形则几乎不存在。②政府和企业的选择像“跷跷板”一样来回变换，政府和企业的策略选择会影响彼此的行为预期，进而影响下一周期双方的策略选择。③在监管成本减小、政府因不监管造成的损失和企业因为骗补所付出的潜在代价增大时，有利于低碳扩散。④政府应该对低碳补贴采取监管策略。

第五，通过对低碳扩散中政府补贴监管策略的分析、低碳扩散中政府补贴监管策略的优化以及相应的最优边界条件问题的研究，得出如下结论：①政府对低碳补贴的最优监管策略是对申请高补贴的企业进行随机监管，相应的最优监管概率为0.48，整体最优监管概率为0.24。②监管策略的监管效率和收益稳定性可以兼得，为了使各主体的收益最大化，可以考虑效率优先，兼顾稳定性原则。③环境噪声越大，政府和企业的平均收益越低，收益稳定性越差；监管成本越高，政府和企业的平均收益越低，收益稳定性越差；而惩罚成本的增加并不一定带来收益的增加。当惩罚成本增加到一定值继续增加时，各主体的收益先降低再升高，收益稳定性则先变差后变好。④当政府设置相关参数满足最优边界条件时，可以有效遏制企业骗取补贴行为。该最优边界条件为：政府发放的高、低补贴的差额高于罚金和监管成本的差额，且小于给实施效果好的企业发放低补贴导致的积极性损失；政府发放的高、低补贴的差额低于给实施效果好的企业发放低补贴导致的积极性损失与监管成本的差额；政府发放的高、低补贴的差额应低于罚金。

8.2 未来展望

本书研究了低碳扩散中政府补贴及监管策略的优化问题，所得的结论对政府低碳补贴及监管策略的制定有一定的指导作用。但在模型构建和分析过程中还存有不足，未来可以在以下几个方面进一步研究与思考。

第一，在分析政府补贴策略时，没有直接对所建立的三方博弈模型展开深入分析，而是鉴于模型的特点，将其转化为不同补贴策略下以企业和消费者为主体的四种演化博弈模型，根据低碳策略和低碳消费分别在企业和消费者中的扩散结果，来推导政府补贴策略的选择。但是三方博弈模型的结构和演化博弈模型的结构并不相同，有必要从三方博弈模型本身出发，深入分析政府、企业和消费者的策略选择机制，以期得到更有价值的结论。

第二，在分析政府补贴对低碳扩散的影响以及政府补贴策略的选择时，没有考虑其他主体（企业和消费者）的内部结构。从研究现状来看，企业和消费者的结构会呈现小世界或无标度特征，这些特征会对各主体的行为产生影响。因此，有必要将演化博弈模型与复杂网络相结合，来进一步研究各主体结构的特征是否会对其策略选择产生影响，以期更深入地了解各主体的策略选择机制和演化规律。

第三，只考虑了政府对低碳扩散的直接补贴行为，没有考虑政府的间接补贴行为。从现实情境来看，直接补贴的弊端日益凸显，效果也备受质疑。作为政府补贴方式的一种，间接补贴是否适用于低碳扩散？间接补贴是否比直接补贴更有效？政府是否可以在一定阶段采取直接补贴，一定阶段采取间接补贴？这些都是值得深入研究的问题。

第四，在研究低碳扩散中政府补贴监管策略的优化问题时，没有考虑低碳扩散中政府的命令型激励措施（例如碳税）所发挥的作用。从现有研究和现实情境来看，政府采取的措施有命令型激励措施和激励性激励措施两种。作为政府命令型激励措施的一种，在碳税政策下，如果企业不实施低碳策略，若其碳排放量较高，就需要向政府缴纳高额碳税。碳税会对低碳扩散造成一定的影响，在低碳扩散中发挥的作用与补贴政策是否一致？是否可以相互替代？值得进一步研究。

参考文献

[1] 曹兴，马慧，孙兵．政府补贴对创新平衡模式的影响：基于中国上市公司的实证研究 [J]．系统工程，2018，36（5）：57-64.

[2] 曹裕，李青松，胡韩莉．不同政府补贴策略对供应链绿色决策的影响研究 [J]．管理学报，2019，16（2）：297-305，316.

[3] 曹裕，俞传艳，万光羽．政府参与下食品企业监管博弈研究 [J]．系统工程理论与实践，2017，37（1）：140-150.

[4] 曾繁伟，石夫磊．基于演化博弈模型的矿区环境治理及监管策略分析 [J]．煤矿开采，2018，23（4）：66-71.

[5] 陈凯，李华晶．低碳消费行为影响因素及干预策略分析 [J]．中国科技论坛，2012（9）：42-47.

[6] 陈莫凡，黄建华．政府补贴下生态农业技术创新扩散机制：基于"公司+合作社+农户"模式的演化博弈分析 [J]．科技管理研究，2018，38（4）：34-45.

[7] 程发新，邵世玲，徐立峰，等．基于政府补贴的企业主动碳减排最优策略研究 [J]．中国人口·资源与环境，2015，25（7）：32-39.

[8] 段丁强，毛霞，叶茂升．供给成本、政府补贴对居民医疗费用影响的实证分析 [J]．统计与决策，2018，34（19）：117-120.

[9] 邓建英，兰秋军．博弈视角下政府对建筑节能服务机构的监管效能分析 [J]．系统工程，2015，33（12）：96-100.

[10] 范丹丹，徐琪．不同权力结构下企业碳减排与政府补贴决策分析 [J]．软科学，2018，32（12）：64-70.

[11] 范如国，韩民春．博弈论 [M]．武汉：武汉大学出版社，2006.

[12] 官建成，张西武．政府中介机构及补贴政策对技术创新扩散速度的影响：技术政策研究 [J]．系统工程理论与实践，1995（8）：6-12.

[13] 郭志斌．论政府的激励性管制 [M]．北京：北京大学出版

社，2002.

［14］何雪锋，王秀霞．演化博弈视角下 PPP 项目运营与政府监管的稳定性分析［J］．财会月刊，2017（2）：17-22.

［15］何一慧，熊华平．博弈论视角下的 PPP 模式政府监管研究［J］．工程管理学报，2018，32（6）：64-68.

［16］侯刚．考虑农户风险偏好的订单农业供应链政府补贴机制及应用研究［D］．广州：华南理工大学，2018.

［17］胡佳莹．基于博弈论的政府节能减排补贴策略研究［J］．山西农经，2018（19）：25-26.

［18］胡适耕，黄乘明，吴付科．随机微分方程［M］．北京：科学出版社，2008.

［19］胡志军．政府补贴对企业创新能力的影响研究［D］．西安：西安石油大学，2018.

［20］华锦阳．制造业低碳技术创新的动力源探究及其政策涵义［J］．科研管理，2011，32（6）：42-48.

［21］纪静．政府补贴和碳税下的闭环供应链定价及协调问题研究［D］．上海：东华大学，2016.

［22］江可申，田颖杰．动态企业联盟的小世界网络模型［J］．世界经济研究，2002（5）：84-89.

［23］卡·马克思．哥达纲领批判［M］．北京：人民出版社，1992.

［24］柯居韩，李士培，彭致斌．里根政府为何要改变农业补贴政策［J］．世界经济研究，1985（6）：12-15.

［25］孔繁成．党代会周期、地方政府监管力度变化与环境质量：来自中国省级面板数据的经验证据［J］．软科学，2018，32（2）：34-37.

［26］孔珍珠．碳补贴政策下供应链企业一体化策略选择［D］．广州：暨南大学，2017.

［27］李慧．基于上市公司信息披露质量视角的政府监管有效性研究［J］．区域金融研究，2017（4）：18-24.

［28］李家丽．政府监管企业采用低碳发电技术的演化博弈分析［D］.

合肥：中国科学技术大学，2016.

[29] 李磊．政府补贴对中国新能源汽车产业技术创新的影响研究[D]．沈阳：辽宁大学，2017.

[30] 李明玉，李凯，张广胜．政府补贴条件下秸秆回收企业收入的系统动力学模型[J]．农业经济，2018（7）：81-83.

[31] 李倩，赵睿．消费者低碳消费行为影响因素研究综述[J]．内蒙古科技与经济，2016（18）：41-43.

[32] 李庆．新能源消费补贴的微观分析[J]．财贸经济，2012（12）：134-139.

[33] 李松林，李克．关于财政对城镇居民农产品消费补贴的经济影响分析[J]．当代经济科学，1992（3）：18-26.

[34] 李扬．农业补贴与农业经济发展[J]．中国农村经济，1989（11）：39-46.

[35] 李友东，赵道致，夏良杰．低碳供应链纵向减排合作下的政府补贴策略[J]．运筹与管理，2014，23（4）：1-10.

[36] 联合国经济和社会事务部统计处．国民经济核算体系[M]．北京：中国财政经济出版社，1982：333.

[37] 梁靓．开放式创新中合作伙伴异质性对创新绩效的影响机制研究[D]．杭州：浙江大学，2014.

[38] 刘楠，杜跃平．政府补贴方式选择对企业研发创新的激励效应研究[J]．科技进步与对策，2005（11）：18-19.

[39] 刘青．低碳经济背景下政府补贴政策设计和制造商决策优化[D]．南京：东南大学，2015.

[40] 刘伟，童洪志，丁卡尼．BOP 战略背景下影响农机扩散的政府补贴因素分析：基于多 Agent 建模的仿真研究[J]．管理评论，2017，29（7）：200-212.

[41] 刘小兰，杨军，王清蓉．碳排放交易机制下政府补贴的供应链减排博弈分析[J]．昆明理工大学学报（社会科学版），2017，17（2）：73-82.

[42] 鲁文龙，陈宏民．技术合作博弈中的政府补贴政策研究［J］．系统工程学报，2003（5）：426-430.

[43] 罗珺，陈庭强．保健食品安全风险监管行为激励相容机制研究［J］．食品工业，2019，40（1）：255-259.

[44] 吕开剑．政府补助对新能源上市公司绩效的影响［J］．农家参谋，2018（21）：253.

[45] 吕永卫，霍丽娜．基于演化博弈的煤炭企业低碳减排路径分析［J］．系统科学学报，2018，27（2）：132-136.

[46] 毛其淋，许家云．政府补贴对企业新产品创新的影响：基于补贴强度“适度区间”的视角［J］．中国工业经济，2015（6）：94-107.

[47] 聂佳佳，李伟琛．需求波动下政府补贴对低碳产品选择的影响［J］．工业工程，2018，21（1）：22-29.

[48] 牛霄鹏，谢富纪，贾友．政府补贴与企业创新绩效之间的动态关系研究：基于面板向量自回归模型的估计［J］．上海管理科学，2018，40（6）：98-104.

[49] 牛尧飞．城市公用事业中的供水行业政府监管体系研究［D］．长春：吉林大学，2014.

[50] 乔金杰，穆月英，赵旭强．政府补贴对低碳农业技术采用的干预效应：基于山西和河北省农户调研数据［J］．干旱区资源与环境，2016，30（4）：46-50.

[51] 乔根·W. 威布尔．演化博弈论［M］．上海：上海三联书店，上海人民出版社，2006.

[52] 秦字兴．基于政企博弈的电动汽车研发补贴政策研究［J］．工业工程与管理，2016，21（4）：127-136.

[53] 任杰，何平，龚本刚．低碳经济下政企博弈与政府补贴策略研究［J］．运筹与管理，2016，25（6）：258-265.

[54] 尚洪涛，黄晓硕．哪种政府补贴方式更能促进企业创新：基于医药制造业不同所有制企业 PVAR 动态效应的比较视角［J］．中国科技论坛，2018（1）：58-67.

［55］邵慰，杨珂，梁杰．政府补贴、研发激励与新能源汽车创新［J］．科技进步与对策，2018，35（15）：69-75.

［56］孙迪，余玉苗．绿色产品市场中政府最优补贴政策的确定［J］．管理学报，2018，15（1）：118-126.

［57］孙佳琳．不同政府补贴模式下的品牌制造商与上游供应商环保博弈分析［D］．大连：东北财经大学，2017.

［58］唐柳，俞乔，李志铭．政府监管金融服务外包供应商的策略选择研究：基于进化博弈论的视角［J］．软科学，2014，28（6）：29-34.

［59］王波．政府补贴条件下绿色建筑发展关键主体博弈研究［J］．技术经济与管理研究，2018（4）：17-21.

［60］王靖宇，史安娜．低碳技术扩散中政府管理的国际经验比较研究［J］．华东经济管理，2011，25（5）：19-22.

［61］王丽芳．论信息不对称下产品外部线索对消费者购买意愿的影响［J］．消费经济，2005，21（1）：41-42.

［62］汪巍．日本的农产品补贴政策和农业生产结构调整［J］．亚太经济，1991（1）：23-26.

［63］汪小帆，李翔，陈关荣．复杂网络理论及其应用［M］．北京：清华大学出版社，2006.

［64］王晓莉，陈默，吴林海．低碳生产意愿与主要影响因素研究：江苏苏南地区 212 家工业出口企业的案例［J］．工业技术经济，2011（1）：50-55.

［65］王新凤．政府补贴下考虑公平偏好的秸秆发电供应链利润优化研究［D］．郑州：郑州大学，2018.

［66］肖兴志，宋晶．政府监管理论与政策［M］．大连：东北财经大学出版社，2006.

［67］谢和平．发展低碳技术推进绿色经济［J］．中国能源，2010（9）：5-10.

［68］谢识予．经济博弈论（第三版）［M］．上海：复旦大学出版社，2010：208-249.

［69］谢守红，张漫，薛红芳．工业企业低碳生产意愿影响因素研究［J］．贵州社会科学，2013，28（2）：131-135.

［70］谢彦明，汪戎，党国英．政府补贴与企业产能过剩：是“雪中送炭”还是“雪上加霜”：政府补贴程度与资产专用性的调节视角［J］．科技与经济，2018，31（4）：101-105.

［71］许春，刘奕．技术溢出与企业研发政府补贴政策的相机选择［J］．科学学与科学技术管理，2005（1）：25-30.

［72］徐建中，徐莹莹．政府环境规制下低碳技术创新扩散机制：基于前景理论的演化博弈分析［J］．系统工程，2015，33（2）：118-125.

［73］徐朗，汪传旭，杨清荃．低碳背景下政府财税行为对制造商决策行为［J］．工业工程，2016，19（3）：30-36.

［74］徐绪松．复杂科学管理［M］．北京：科学出版社，2010：250-251.

［75］徐莹，张雪梅，曹柬．雾霾背景下政府监管与交通企业低碳行为演化博弈［J］．系统管理学报，2018，27（3）：462-469，477.

［76］颜卉，于梦晓，孙逸崎．农产品供应链网络信息平台的市场监管政策研究：基于三方博弈模型理论的分析［J］．价格理论与实践，2017（11）：58-61.

［77］颜晓畅．政府研发补贴对创新绩效的影响：创新能力视角［J］．现代财经（天津财经大学学报），2019，39（1）：59-71.

［78］杨国忠，姜玙．多代竞争环境下政府补贴对绿色技术扩散的影响［J］．科技管理研究，2018，38（19）：247-255.

［79］姚海琳，贾若康．政府补贴与资源循环利用企业生产率：基于中国上市公司面板门槛效应实证研究［J］．资源科学，2018，40（11）：2280-2295.

［80］姚佳．可再生能源政府补贴政策之法治化思路［J］．理论月刊，2009（12）：24-26.

［81］张国兴，郭菊娥，席酉民，等．政府对秸秆替代煤发电的补贴策略研究［J］．管理评论，2008（5）：33-36，57，64.

[82] 张国兴，张绪涛，程素杰，等．节能减排补贴政策下的企业与政府信号博弈模型［J］．中国管理科学，2013，21（4）：129-136.

[83] 张国兴，张绪涛，汪应洛，等．节能减排政府补贴的最优边界问题研究［J］．管理科学学报，2014，17（11）：129-138.

[84] 张海斌，盛昭瀚，孟庆峰．新能源汽车市场开拓的政府补贴机制研究［J］．管理科学，2015，28（6）：122-132.

[85] 张维迎．博弈论与信息经济学［M］．上海：上海人民出版社，1996.

[86] 张文玲．消费者低碳消费意愿的外部影响因素研究［J］．商业现代化，2012（8）：18.

[87] 章元，程郁，佘国满．政府补贴能否促进高新技术企业的自主创新?：来自中关村的证据［J］．金融研究，2018（10）：123-140.

[88] 张玉秀．政府监管企业低碳生产的演化博弈分析［J］．山东商业职业技术学院学报，2017，17（4）：18-22，61.

[89] 张正，孟庆春，张文姬．技术创新情形下考虑政府补贴的供应链价值创造研究［J］．软科学，2019，33（1）：39-44.

[90] 赵书新．节能减排政府补贴激励政策设计的机理研究［D］．北京：北京交通大学，2010.

[91] 郑月龙．企业共性技术合作研发形成机制研究：基于演化博弈论的视角［M］．北京：经济管理出版社，2017：30.

[92] 周蕊，王晓耘，余福茂．基于第三方回收的政府补贴与奖惩机制比较研究［J］．科技管理研究，2018，38（15）：253-257.

[93] 朱淀，王晓莉，童霞．工业企业低碳生产意愿与行为研究［J］．中国人口·资源与环境，2013，23（2）：72-81.

[94] 朱庆华，窦一杰．基于政府补贴分析的绿色供应链管理博弈模型［J］．管理科学学报，2011（6）：86-95.

[95] AALBERS R，HHIJDEN E，POTTERS J，et al. Technology adoption subsidies：An experiment with managers［J］. Energy Economics，2009，31（3）：431-442.

［96］ ALI S M，ADAMS R H. The Egyptian food subsidy system：Operation and effects on income distribution［J］. World Development，1996，24（11）：1777-1791.

［97］ ANDERSON K. The political economy of coal subsidies in Europe［J］. Energy Policy，1995，23（6）：485-496.

［98］ BAMBERG S，SCHMIDT P. Lncentives，morality，or habit? Predicting students' car use for university routes with the models of Ajzen，Schwartz，and Triandis［J］. Environment and Behavior，2003，35（2）：264-285.

［99］ BARABÁSI A L，ALBERT R. Emergence of scaling in random networks［J］. Science，1999，286（5439）：509-512.

［100］ BERTOCCHI G，SPAGAT M. Structural uncertainty and subsidy removal for economies in transition［J］. European Economic Review，1997，41（9）：1709-1733.

［101］ BOEING P. The allocation and effectiveness of China's R & D subsidies-Evidence from listed firms［J］. Research Policy，2016，45（9）：1774-1789.

［102］ BURKE P J，KURNIAWATI S. Electricity subsidy reform in Indonesia：Demand-side effects on electricity use［J］. Energy Policy，2018（116）：410-421.

［103］ CAMPIGLIO E. Beyond carbon pricing：The role of banking and monetary policy in financing the transition to a low-carbon economy［J］. Ecological Economics，2016（121）：220-230.

［104］ CAVICCHI J. Rethinking government subsidies for renewable electricity generation resources［J］. The Electricity Journal，2017（30）：1-7.

［105］ CHAN R Y K. Determinants of Chinese consumers' green purchase behavior［J］. Psychology and Marketing，2001，18（4）：389-413.

［106］ CHANG K C，LIN W M，LEE T S，et al. Subsidy programs on diffusion of solar water heaters：Taiwan's experience［J］. Energy Policy，2011，39（2）：563-567.

[107] CHANG P L, HO S P, Hsu C W. Dynamic simulation of government subsidy policy effects on solar water heaters installation in Taiwan [J]. Renewable and Sustainable Energy Reviews, 2013 (20): 385-396.

[108] CHEN J Y, DIMITROV S, Pun H. The impact of government subsidy on supply chains' sustainability innovation [J]. Omega, 2018 (86): 1-17.

[109] CHEN Y, WANG S J, TSAI C C. Assessment of subsidies to minimize environmental pollution by Intensive Hog Feeding Operation (IHFO) [J]. Journal of Cleaner Production, 2016 (112): 2529-2535.

[110] DAGOUMAS A S, BARKER T S. Pathways to a low-carbon economy for the UK with the macro-econometric E3MG model [J]. Energy Policy, 2010 (38): 3067-3077.

[111] DE YOUNG R. Recycling as appropriate behavior: A review of survey data from selected recycling programs in Michigan [J]. Conservation and Recycling, 1990, 3 (4): 253-266.

[112] DELMAS M A, MONTES-SANCHO M J. U. S. state policies for renewable energy: Context and effectiveness [J]. Energy Policy, 2011 (39): 2273-2288.

[113] DIXIT A K, DIXIT R K, PINDYCK R S. , et al. Investment under uncertainty [M]. Princeton University Press, 1994.

[114] EDENHOFER O, KNOPF B, BARKER T, et al. The economics of low stabilization: Model comparison of mitigation strategies and costs [J]. Energy Journal, 2010 (31): 11-48.

[115] FAN J, XU M, WEI S, et al. Evaluating the effect of a subsidy policy on carbon capture and storage (CCS) investment decision-making in China-A perspective based on the 45Q tax credit [J]. Energy Procedia, 2018 (154): 22-28.

[116] FOXON T J. A coevolutionary framework for analysing a transition to a sustainable low carbon economy [J]. Ecological Economics, 2011 (70): 2258-2267.

[117] FREDRIKSSON P G. Environmental policy choice: Pollution abatement subsidies [J]. Resource and Energy Economics, 1998, 20 (1): 51-63.

[118] FREY E F, MOJTAHEDI S. The impact of solar subsidies on California's non-residential sector [J]. Energy Policy, 2018 (122): 27-35.

[119] FUSS S, SZOLGAYOVÁ J, KHABAROV N, et al. Renewables and climate change mitigation: Irreversible energy investment under uncertainty and portfolio effects [J]. Energy Policy, 2012 (40): 59-68.

[120] HAO H, OU X, DU J, et al. China's electric vehicle subsidy scheme: Rationale and impacts [J]. Energy Policy, 2014 (73): 722-732.

[121] HE S, WANG F. Cost report model based on the mechanism of low-carbon subsidies [J]. Energy Procedia, 2011 (5): 1869-1873.

[122] HE Y, PANG Y, LI X, et al. Dynamic subsidy model of photovoltaic distributed generation in China [J]. Renewable Energy, 2018 (118): 555-564.

[123] HINES J M. Hungerford H, Tomera A. Analysis and synthesis of research on responsible environmental behavior [J]. Journal of Environmental Education, 1987, 18 (2): 1-8.

[124] HIRTE G, TSCHARAKTSCHIEW S. The optimal subsidy on electric vehicles in German metropolitan areas: A spatial general equilibrium analysis [J]. Energy Economics, 2013 (40): 515-528.

[125] HOPPER J, Nielsen J. Recycling as altruistic behavior: Normative and behavioral strategies to expand participation in a community recycling program [J]. Environment and Behavior, 1991, 23 (2): 195-220.

[126] HOWARD J R, SHETH J M C. The theory of buyer behavior [M]. New York: Princeton University Press, 1969.

[127] IRWIN D A, KLENOW P J. High-tech R&D subsidies estimating the effects of Sematech [J]. Journal of International Economics, 1996, 40 (3-4): 323-344.

[128] ISOARD S, SORIA A. Technical change dynamics: Evidence from

the emerging renewable energy technologies [J]. Energy Economics, 2001 (23): 619-636.

[129] JAFFE A B, NEWELL R G, STAVINS R N. Environmental policy and technological change [J]. FEEM Working Paper, 2002 (26): 41-69.

[130] JAFFE A B, NEWELL R G, STAVINS R N. A tale of two market failures: Technology and environmental policy [J]. Ecological Economics, 2005 (54): 164-174.

[131] JAFFE A B, STAVINS R N. Dynamic incentives of environmental regulations: The effects of alternative policy instruments on technology diffusion [J]. Journal of Environmental Economics and Management, 1995, 29 (3): S-43, S-63.

[132] JEON C, LEE J, SHIN J. Optimal subsidy estimation method using system dynamics and the real option model: Photovoltaic technology case [J]. Applied Energy, 2015 (142): 33-43.

[133] JIANG Z, OUYANG X, HUANG G. The distributional impacts of removing energy subsidies in China [J]. China Economic Review, 2015 (33): 111-122.

[134] JIANG Z, TAN J. How the removal of energy subsidy affects general price in China: A study based on input-output model [J]. Energy Policy, 2013 (63): 599-606.

[135] JIN Z, WU Y, LI B, et al. Energy efficiency supervision strategy selection of Chinese large-scale public buildings [J]. Energy Policy, 2008, 37 (6): 2066-2072.

[136] KAUKO K. Effectiveness of R&D subsidies —A sceptical note on the empirical literature [J]. Research Policy, 1996, 25 (3): 321-323.

[137] KEMP R, VOLPI M. The diffusion of clean technologies: A review with suggestions for future diffusion analysis [J]. Journal of Cleaner Production, 2008 (16): S14-S21.

[138] KRAWCZYK J B, ZACCOUR G. Pollution management through

Levies and Subsidies [J]. IFAC Proceedings Volumes, 1995, 28 (7): 241-246.

[139] KUNG C C, ZHANG L, KONG F. How government subsidy leads to sustainable bioenergy development [J]. Technological Forecasting & Social Change, 2016 (112): 275-284.

[140] KUO T C, LIN S H, TSENG M L, et al. Biofuels for vehicles in Taiwan: Using system dynamics modeling to evaluate government subsidy policies [J]. Resources, Conservation and Recycling, 2019 (145): 31-39.

[141] LANGBROEK J H M, FRANKLIN J P, Susilo Y O. The effect of policy incentives on electric vehicle adoption [J]. Energy Policy, 2016 (94): 94-103.

[142] LAROUCHE M, BERGERON J, BARBARO-FORLEA G. Targeting consumers who are willing to pay more for environmentally friendly products [J]. Journal of Consumer Marketing, 2001, 18 (6): 503-520.

[143] LI B, CHEN W, XU C, et al. Impacts of government subsidies for environmental-friendly products in a dual-channel supply chain [J]. Journal of Cleaner Production, 2018 (171): 1558-1576.

[144] LI J, JIAO J, TANG Y. An evolutionary analysis on the effect of government policies on electric vehicle diffusion in complex network [J]. Energy Policy, 2019 (129): 1-12.

[145] LI Y, WEI Y, SHAN S, et al. Pathways to a low-carbon economy: Estimations on macroeconomic costs and potential of carbon emission abatement in Beijing [J]. Journal of Cleaner Production, 2018 (199): 603-615.

[146] LI Z, LIAO G, WANG Z, et al. Green loan and subsidy for promoting clean production innovation [J]. Journal of Cleaner Production, 2018 (187): 421-431.

[147] LI K, JIANG Z. The impacts of removing energy subsidies on economy-wide rebound effects in China: An input-output analysis [J]. Energy Policy, 2016 (98): 62-72.

[148] LIEVEN T. Policy measures to promote electric mobility—A global perspective [J]. Transportation Research Part A, 2015 (82): 78-93.

[149] LIU D, XIAO X, LI H, et al. Historical evolution and benefit-cest explanation of periodical fluctuation in ceal mine safety supervision: An evol-tutionary game analysis framework [J]. European Journal of Operational Research, 2015 (243): 974-984.

[150] LIU Y, QUAN B, XU Q, FORREST Y. Corporate social responsibility and decision analysis in a supply chain through government subsidy [J]. Journal of Cleaner Production, 2019 (208): 436-447.

[151] LÖFGREN H, El-SAID M. Food subsidies in Egypt: Reform options, distribution and welfare [J]. Food Policy, 2001, 26 (1): 65-83.

[152] LU Z, SHAO S. Impacts of government subsidies on pricing and performance level choice in Energy Performance Contracting: A two-step optimal decision model [J]. Applied Energy, 2016 (184): 1176-1183.

[153] MA S, FAN Y, FENG L. An evaluation of government incentives for new energy vehicles in China focusing on vehicle purchasing restrictions [J]. Energy Policy, 2017 (110): 609-618.

[154] MCJEON H C, CLARKE L, KYLE P, et al. Technology interactions among low-carbon energy technologies: What can we learn from a large number of scenarios? [J]. Energy Economics, 2011 (33): 619-631.

[155] MICHALENA E, HILLS J M. Stepping up but back: How EU policy reform fails to meet the needs of renewable energy actors [J]. Renewable and Sustainable Energy Reviews, 2016 (64): 716-726.

[156] MITRA S, WEBSTER S. Competition in remanufacturing and the effects of government subsidies [J]. International Journal of Production Economics, 2008, 111 (2): 287-298.

[157] MITTAL S, DAI H, SHUKLA P R. Low carbon urban transport scenarios for China and India: A comparative assessment [J]. Transportation Research Part D, 2016 (44): 266-276.

[158] MOHAN G, SIVAKUMARAN B, SHARMA P. Store environment's impact on variety seeking behavior [J]. Journal of Retailing and Consumer Services, 2012, 19 (4): 419-428.

[159] MOHAREB E A, KENNEDY C A. Scenarios of technology adoption towards low-carbon cities [J]. Energy Policy, 2014 (66): 685-693.

[160] MONTALVO C. General Wisdom Concerning the Factors Affecting the Adoption of Cleaner Technologies: A Survey 1990-2007 [J]. Journal of Cleaner Production, 2008 (16): S7-S13.

[161] NEWMAN M E J, WATTS D J. Renormalization group analysis of the small-world network model [J]. Physics Letters A, 1999 (263): 341-346.

[162] NEWBERY D M. Removing coal subsidies: Implications for European electricity markets [J]. Energy Policy, 1995, 23 (6): 523-533.

[163] NGUYEN T A T, CHOU S Y. Impact of government subsidies on economic feasibility of offshore wind system: Implications for Taiwan energy policies [J]. Applied Energy, 2018 (217): 336-345.

[164] NIAMIR L, FILATOVA T, VOINOV A, et al. Transition to low-carbon economy: Assessing cumulative impacts of individual behavioral changes [J]. Energy Policy, 2018 (118): 325-345.

[165] NICOLINI M, TAVONI M. Are renewable energy subsidies effective? Evidence from Europe [J]. Renewable and Sustainable Energy Reviews, 2017 (74): 412-423.

[166] NOWAK M A, MAY R M. Evolutionary games and spatial chaos [J]. Nature, 1992 (359): 826-829.

[167] PARKHE A. Strategic alliance structuring: A game theoretic and transaction cost examination of interfirm cooperation [J]. Academy of Management Journal, 1993, 36 (4): 794-829.

[168] PENG H, LIU Y. How government subsidies promote the growth of entrepreneurial companies in clean energy industry: An empirical study in China [J]. Journal of Cleaner Production, 2018, 188 (1): 508-520.

[169] RADETZKI M. Elimination of West European coal subsidies: Implications for coal production and coal imports [J]. Energy Policy, 1995, 23 (6): 509-518.

[170] RICHARDS G, NOBLE B, BELCHER K. Barriers to renewable energy development: A case study of large-scale wind energy in Saskatchewan, Canada [J]. Energy Policy, 2012 (42): 691-698.

[171] RICHELS R G, RUTHERFORD T F, Blanford G J, et al. Managing the transition to climate stabilization [J]. Climate Policy, 2007 (7): 409-428.

[172] ROSE N L, JOSKOW P L. The diffusion of new technologies: Evidence from the electric utility industry [J]. Rand Journal of Economics, 1990 (21): 354-373.

[173] SAKAI H, SHOJI K. The effect of governmental subsidies and the contractual model on the publicly-owned bus sector in Japan [J]. Research in Transportation Economics, 2010 (29): 60-71.

[174] SCHAHN J, HOLZER E. Studies of individual environmental concern: The role of knowledge, gender and background variables [J]. Environment and Behavior, 1990 (22): 767-786.

[175] SHAO L, YANG J, ZHANG M. Subsidy scheme or price discount scheme? Massadoption of electric vehicles under different market structures [J]. European Journal of Operational Research, 2017 (262): 1181-1195.

[176] SHEN L, WANG Y. Supervision mechanism for pollution behavior of Chinese enterprises based on haze governance [J]. Journal of Cleaner Production, 2018 (197): 571-582.

[177] SHI Q, YU T, ZUO J. What leads to low-carbon buildings? A China study [J]. Renewable and Sustainable Energy Reviews, 2015 (50): 726-734.

[178] SILVIA C, Krause R M. Assessing the impact of policy interventions on the adoption of plug-in electric vehicles: An agent-based model [J]. Energy Policy, 2016 (96): 105-118.

[179] SMITH J M, PRICE G R. Thelogic of animal conflict [J]. Nature, 1973 (246): 15-18.

[180] SUN D, BAI J, QIU H, et al. Impact of government subsidies on household biogas use in rural China [J]. Energy Policy, 2014 (73): 748-756.

[181] SPENCE A M. Competitive and optimal responses to signals: An analysis of efficiency and distribution [J]. Journal of Economic Theory, 1974, 7 (3): 296-332.

[182] SZABÓ G, FATH G. Evolutionary games on graphs [J]. Physics Reports, 2007, 446 (4-6): 97-216.

[183] SZABÓ G, TÖKE C. Evolutionary prisoner's dilemma game on a square lattice [J]. Physical Review E, 1998 (58): 69-73.

[184] TAYLOR P D, JONKER L B. Evolutionary stable strategies and game dynamics [J]. Mathematical Biosciences, 1978, 40 (1-2): 145-156.

[185] UPRETI B R. Conflict over biomass energy development in the United Kingdom: Some observations and lessons from England and Wales [J]. Energy Policy, 2004 (32): 785-800.

[186] VINING J, EBREO A. Predicting recycling behavior from global and specific environmental attitudes and changes in recycling opportunities [J]. Journal of Applied Social Psychology, 1992, 22 (20): 1580-1607.

[187] WANG C, ENGELS A, WANG Z. Overview of research on China's transition to low-carbon development: The role of cities, technologies, industries and the energy system [J]. Renewable and Sustainable Energy Reviews, 2018 (81): 1350-1364.

[188] WANG C, NIE P, PENG D, et al. Green insurance subsidy for promoting clean production innovation [J]. Journal of Cleaner Production, 2017 (148): 111-117.

[189] WANG Y, CHANG X, CHEN Z, et al. Impact of subsidy policies on recycling and remanufacturing using system dynamics methodology: A case of

auto parts in China [J]. Journal of Cleaner Production, 2014 (74): 161-171.

[190] WANG Y. Educational and nutritional consequences of education subsidy in rural China [J]. China Economic Review, 2018 (51): 167-180.

[191] WANG Z, WANG X, GUO D. Policy implications of the purchasing intentions towards energy-efficient appliances among China's urban residents: Do subsidies work? [J]. Energy Policy, 2017 (102): 430-439.

[192] WATTS D J, STROGATZ S H. Collective dynamics of "small-world" network [J]. Nature, 1998, 392 (6684): 440-442.

[193] WEN W, ZHOU P. Impacts of regional governmental incentives on the straw power industry in China: A game-theoretic analysis [J]. Journal of Cleaner Production, 2018 (203): 1095-1105.

[194] WEST J, BAILEY I, WINTER M. Renewable energy policy and public perceptions of renewable energy: A cultural theory approach [J]. Energy Policy, 2010 (38): 5739-5748.

[195] WU B, LIU P, XU X. An evolutionary analysis of low-carbon strategies based on the government enterprise game in the complex network context [J]. Journal of Cleaner Production, 2017 (141): 168-179.

[196] WÜSTENHAGEN R, WOLSINK M, BÜRER M J. Social acceptance of renewable energy innovation: An introduction to the concept [J]. Energy Policy, 2007 (35): 2683-2691.

[197] XIONG Y, YANG X. Government subsidies for the Chinese photovoltaic industry [J]. Energy Policy, 2016 (99): 111-119.

[198] XUE C, WANG X. Study on government subsidy decision-making of straw power generation supply chain [J]. Procedia Engineering, 2017 (174): 211-218.

[199] YAN Z, LI Y. Signaling through government subsidy: Certification or endorsement [J]. Finance Research Letters, 2018 (25): 90-95.

[200] YANG D, CHEN Z, NIE P. Output subsidy of renewable energy power industry under asymmetric information [J]. Energy, 2016 (117):

291-299.

[201] YAO J, ZHU N. Enhanced supervision strategies for effective reduction of building energy consumption-A case study of Ningbo [J]. Energy and Buildings, 2011, 43 (9): 2197-2202.

[202] YU F. The impact of government subsidies and enterprises' R&D investment: A panel data study from renewable energy in China [J]. Energy Policy, 2016 (89): 106-113.

[203] YU Y, HAN X, HU G. Optimal production for manufacturers considering consumer environmental awareness and green subsidies [J]. International Journal of Production Economics, 2016 (182): 397-408.

[204] ZHANG H, LI L, ZHOU D, et al. Political connections, government subsidies and firm financial performance: Evidence from renewable energy manufacturing in China [J]. Renewable Energy, 2014 (63): 330-336.

[205] ZHANG J, CASAGRANDE R. Fertility, growth, and flat-rate taxation for education subsidies [J]. Economics Letters, 1998, 60 (2): 209-216.

[206] ZHANG M, ZHOU D, ZHOU P, et al. Optimal design of subsidy to stimulate renewable energy investments: The case of China [J]. Renewable and Sustainable Energy Reviews, 2017 (71): 873-883.

[207] ZHAO L, MAO G, WANG Y, et al. How to achieve low/no-fossil carbon transformations: With a special focus upon mechanisms, technologies and policies [J]. Journal of Cleaner Production, 2017 (163): 15-23.

[208] ZHAO S, XU B, ZHANG W. Government R&D subsidy policy in China: An empirical examination of effect, priority, and specifics [J]. Technological Forecasting and Social Change, 2018 (135): 75-82.

[209] ZHAO S, ZHU Q, CUI L. A decision-making model for remanufacturers: Considering both consumers'environmental preference and the government subsidy policy [J]. Resources, Conservation and Recycling, 2018 (128): 176-186.

附录1　高效照明产品推广财政补贴资金管理暂行办法

财建〔2007〕1027号

第一章　总则

第一条　根据《国务院关于加强节能工作的决定》（国发〔2006〕28号）和《国务院关于印发节能减排综合性工作方案的通知》（国发〔2007〕15号），国家安排专项资金，支持高效照明产品的推广使用。为加强高效照明产品推广财政补贴资金（以下简称财政补贴资金）管理，提高资金使用效益，特制定本办法。

第二条　财政补贴资金用于支持采用高效照明产品替代在用的白炽灯和其他低效照明产品，主要包括高效照明产品补贴资金和推广工作经费。

第三条　补贴资金采取间接补贴方式，由财政补贴给中标企业，再由中标企业按中标协议供货价格减去财政补贴资金后的价格销售给终端用户，最终受益人是大宗用户和城乡居民。

第四条　财政补贴资金由中央财政预算安排，实行公开、透明管理办法，接受社会监督。

第二章　补贴产品和受益对象

第五条　财政补贴的高效照明产品主要是普通照明用自镇流荧光灯、三基色双端直管荧光灯（T8、T5型）和金属卤化物灯、高压钠灯等电光源产品，半导体（LED）照明产品，以及必要的配套镇流器。

第六条　财政补贴的受益对象包括大宗用户和城乡居民用户。大宗用户是指工矿企业、写字楼、医院、学校、宾馆、商厦、车站、机场、码头、道路等采用照明产品集中的场所，采用合同能源管理推广高效照明产品的节能服务公司可视为大宗用户；居民用户是指以社区或行政村为购买单位的用户。

第三章 中标企业及产品要求

第七条 高效照明产品推广企业及协议供货价格通过招标产生。国家实行统一招标，并根据招标结果，公示中标企业、高效照明产品及其中标协议供货价格。

第八条 中标企业提供的高效照明产品必须达到照明产品国家能效标准的节能评价值，其规格、型号必须通过国家节能产品认证。

第九条 中标企业应当具有完善的售后服务体系，履行约定的质量承诺（大宗用户不少于 1 年、城乡居民用户不少于 2 年）。

第十条 中标企业应在产品外包装和本体上印制“政府补贴、绿照工程”字样。

第十一条 中标企业必须按照中标协议供货价格减去财政补贴资金后的价格销售中标产品。

第四章 补贴标准

第十二条 大宗用户每只高效照明产品，中央财政按中标协议供货价格的 30%给予补贴；城乡居民用户每只高效照明产品，中央财政按中标协议供货价格的 50%给予补贴。

第五章 资金申报与拨付

第十三条 国家发展改革委、财政部根据国家高效照明产品年度推广任务、人口分布、城乡发展水平及白炽灯使用情况等因素，联合下达年度高效照明产品推广任务，并提供中标企业名单、产品目录及其协议供货价格。

第十四条 省级节能主管部门会同财政部门根据国家发展改革委、财政部下达的高效照明产品年度推广任务，结合本地实际情况，制定具体实施方案，明确所需产品的名称、型号、数量、厂家及推广地区等，联合报国家发展改革委、财政部备案，并组织协调中标企业落实推广任务。

第十五条 中标企业根据高效照明产品推广计划、高效照明产品实际安装数量、中标供货协议价格、补贴标准，提出财政补贴资金申请报告，经高效照明产品推广所在地财政部门和节能主管部门审核后，报省级财政部门和节能主管部门。

第十六条　省级财政部门会同节能主管部门对企业资金申请报告进行审核，分别于每年4月30日和8月31日前报财政部、国家发展改革委。

第十七条　财政部会同国家发展改革委对高效照明产品推广情况和实际安装数量进行抽查。

第十八条　财政部根据抽查情况下达财政补贴资金预算，抄送国家发展改革委。

第十九条　财政部视情况安排一定的推广工作经费，支持基层节能部门、居委会或村委会开展与推广相关的需求统计、宣传资料、组织联络等工作。

第二十条　各级财政部门要按照财政国库管理制度等有关规定，将财政补贴资金及时拨付给有关单位和中标企业。

第六章　资金监督管理

第二十一条　企业对财政补贴资金申请报告的真实性负责。对弄虚作假，骗取财政补贴资金的企业，财政将追缴扣回补贴资金，并由国家发展改革委取消企业的供货资格，同时向社会公布。

第二十二条　财政补贴资金必须专款专用，任何单位不得以任何理由、任何形式截留、挪用。对违反规定的，按照《财政违法行为处罚处分条例》（国务院令第427号）等有关规定，依法追究有关单位和人员的责任。

第七章　附则

第二十三条　本办法由财政部会同国家发展改革委负责解释。

第二十四条　本办法自印发之日起实施。

附录2　污染治理和节能减碳中央预算内投资专项管理办法

发改环资规〔2021〕655号

第一章　总则

第一条　为加强和规范中央预算内投资污染治理和节能减碳项目管理，保障项目顺利实施，切实发挥中央预算内投资效益，根据《政府投资条例》（国务院令第712号）、《中央预算内投资补助和贴息项目管理办法》（国家发展和改革委员会令2016年第45号）、《中央预算内直接投资项目管理办法》（国家发展和改革委员会2014年第7号）、《国家发展改革委关于进一步规范打捆切块项目中央预算内投资计划管理的通知》（发改投资〔2017〕1897号）、《国家发展改革委关于规范中央预算内投资资金安排方式及项目管理的通知》（发改投资规〔2020〕518号）等规定，制定本办法。

第二条　国家发展改革委根据党中央、国务院确定的工作重点，按照科学、民主、公正、高效的原则，平等对待各类投资主体，紧紧围绕实现碳达峰、碳中和，在"十一五"以来安排专项资金支持各地资源节约和环境保护基础设施能力建设的基础上，继续统筹安排污染治理和节能减碳中央预算内投资支持资金，坚持"一钱多用"，积极支持国家重大战略实施过程中符合条件的项目。

第三条　本专项安排的中央预算内投资资金，根据实际情况采取直接投资、投资补助、资本金注入等方式。

第四条　本专项中央预算内投资应当用于前期手续齐全、具备开工条件的计划新开工或在建项目，原则上不得用于已完工（含试运行）项目。

第二章　支持范围与标准

第五条　国家发展改革委根据各类项目性质和特点、中央和地方事权划分原则、所在区域经济社会发展水平等，统筹支持各地污染治理和节能减碳项目建设，适度向国家生态文明试验区、能耗双控工作突出的地区和易地扶贫搬迁安置点倾斜。已有其他中央预算内投资专项明确支持的项目不在本专项支持范围。

第六条　本专项重点支持污水垃圾处理等环境基础设施建设、节能减碳、资源节约与高效利用、突出环境污染治理等四个方向（具体支持内容和安排标准详见附件），国家生态文明试验区建设重大事项需安排资金支持、且不属于既有资金支持范围的项目建设，以及围绕落实党中央、国务院交办重大事项需安排支持的项目建设。

第七条　国家发展改革委组织编报年度中央预算内投资计划时，根据党中央、国务院决策部署，结合工作任务需要，确定当年具体支持项目范围和要求。

第三章　投资计划申报与审查

第八条　各省、自治区、直辖市和计划单列市、新疆生产建设兵团发展改革部门（以下简称省级发展改革部门）及相关中央部门、计划单列企业集团、中央管理企业（以下简称中央单位）是本专项的项目汇总申报单位。

第九条　各地区、各部门按照国家发展改革委确定的安排原则、支持范围和申报要求等，组织开展年度中央预算内投资计划申报。项目单位按有关规定向项目汇总申报单位报送资金申请报告。资金申请报告应当包括以下内容：

（一）项目单位的基本情况；

（二）项目的基本情况，包括全国投资项目在线审批监管平台（以下简称“在线平台”）生成的项目代码、建设必要性及可行性、建设内容、总投资及资金来源、建设条件落实情况、项目建成后的经济社会环境效益等；

（三）项目列入政府投资项目库和三年滚动投资计划，并通过在线平台完成审批（核准、备案）情况；

（四）申请投资支持的主要理由和政策依据；

（五）项目建设方案，包括项目建设必要性、选址、建设规模、建设内容、工艺方案、产品方案、设备方案、工程方案等；

（六）项目投资估算，包括主要工程量表、主要设备表、投资估算表等；

（七）项目融资方案，包括项目的融资主体、资金来源渠道和方式等；

（八）相关附件，包括项目城乡规划、用地审批、节能审查、环评等前期手续（如需办理）复印件，以及资金到位情况；

（九）项目单位应当对其提交材料的真实性、合规性负责，并向项目汇总申报单位作出书面承诺。

第十条　省级发展改革部门应当采取行业部门联审、第三方评估等方式对资金申请报告进行审核，并对审核结果和申报材料的真实性、合规性负责。审核重点包括项目是否符合本专项规定的资金投向，主要建设条件是否落实，建设内容是否经济可行，申报投资是否符合安排标准，是否存在重复安排投资，是否已纳入其他中央预算内投资或中央财政资金支持范围，是否已经纳入政府投资项目库、列入三年滚动投资计划、并通过在线平台完成审批（核准、备案），项目单位是否被列入严重失信主体名单等。

第十一条　省级发展改革部门审核通过的备选项目，汇总报送国家发展改革委，同步报送资金申请报告。

第四章　投资计划下达

第十二条　本专项对支持地方项目的中央预算内投资资金采取打捆下达方式，对支持中央单位项目的中央预算内投资资金采取直接下达方式。

第十三条　国家发展改革委按照《国家发展改革委关于印发投资咨询评估管理办法的通知》等文件规定，对经济技术复杂、需要对项目建设规模、建设标准、工艺及方案等进行论证的项目，委托第三方评估机构对资金申请报告进行经济技术性评估，主要评估项目是否经济可行、投资是否合理、配套资金和建设条件是否落实、项目单位是否被纳入严重失信主体名单、是否可能增加地方政府债务负担等。

第十四条　国家发展改革委根据评估结果，综合考虑各领域工作建设任务、各地资金需求评估情况、上年度专项执行情况、监督检查和评估督导情况等，确定各省（区、市）年度中央预算内投资规模和拟支持项目清单，连同备选项目清单一并反馈省级发展改革部门。备选项目清单当年度有效，当年纳入备选项目清单但未予支持的项目，次年度如拟安排资金需重新申报。

第十五条　省级发展改革部门根据国家发展改革委反馈资金额度，核实拟支持项目清单范围的项目建设条件后，以正式文件向国家发展改革委报送年度投资计划请示文件，并附预期分解投资计划到具体项目的绩效目标表，申请下达投资计划。确因项目情况变化，拟支持项目清单中的个别项目无法实施的，在备选项目清单中选择具备条件的项目增补，从严控制增补项目数量。

项目上报时，应明确“捆”中每个项目的项目单位及项目责任人、日常监管直接责任单位及监管责任人，并经日常监管直接责任单位及监管责任人认可后，随投资计划申报文件一并报送。

第十六条　国家发展改革委根据各地上报的投资计划请示，汇总形成污染治理和节能减碳专项年度投资计划，履行相关程序后印发省级发展改革部门。

第十七条　省级发展改革部门应在收到投资计划后20个工作日内分解落实到具体项目，通过在线平台（国家重大建设项目库）生成投资计划下达表并下达投资计划，报国家发展改革委备案，并在在线平台（国家重大建设项目库）中相应分解至具体项目。

第十八条　中央单位项目由中央单位直接向国家发展改革委上报资金申请报告或可行性研究报告，国家发展改革委在委托第三方评估机构进行评审或评估的基础上，批复资金申请报告或可行性研究报告后，下达投资计划。

第五章　项目管理

第十九条　获得本专项支持的项目，应当严格执行国家有关法律法规和政策要求，不得擅自改变主要建设内容和建设标准，严禁转移、侵占或者挪用本专项投资。

第二十条　实行信用承诺制度。项目单位在上报资金申请报告时，要向所在地发展改革部门出具承诺意见，承诺所报材料真实有效。各级发展改革部门逐级上报至省级发展改革部门汇总，并共享至全国信用信息共享平台。

第二十一条　省级发展改革部门要会同有关行业管理部门按职责全面加强项目实施监管，并组织项目单位于每月 10 日前将项目的审批、开工情况、投资完成情况、工程进度、竣工等信息通过在线平台（国家重大建设项目库）及时、准确、完整填报。

第二十二条　实行项目调整制度。项目有以下情形的，应及时调整：

（一）项目在中央预算内投资计划下达后超过一年未开工建设的；

（二）建设严重滞后导致资金长期闲置的；

（三）建设规模、标准和内容发生较大变化，项目既定建设目标不能按期完成的；

（四）其他原因导致项目无法继续实施的。确需调整的项目，原则上仅限在本专项内调整，应由省级发展改革部门作出调整决定，并报国家发展改革委备案。调出项目不再安排中央预算内投资支持，调入项目原则上要在国家发展改革委反馈的备选项目清单范围内，增加安排后不应超过核定的支持金额和比例上限。直接下达投资的项目，由相关部门以正式文件向国家发展改革委报送项目调整申请，国家发展改革委按照有关规定和程序进行审查后作出调整。调整结果应当及时在在线平台（国家重大建设项目库）中更新报备。

第二十三条　各级发展改革部门要强化项目日常监管。项目直接管理单位或行业主管部门作为项目日常监管直接责任单位，要落实好监管责任，采取组织自查、复核检查和实地查看等方式，对中央预算内投资项目的资金使用、项目建设进展等情况加大监督检查力度。

第二十四条　项目单位应当执行项目法人责任制、招投标制、工程监理制、合同管理制以及中央预算内投资项目管理的有关规定。对于本专项中央预算内投资，要做到独立核算、专款专用，严禁滞留、挪用。

第二十五条　实行项目完工报告制度。项目建设完成后，项目单位要向所在地发展改革部门报送完工报告，及时更新在线平台（国家重大建设项目库）信息并完成销项。补助资金由国家打捆下达到地方的，由省级发展改革部门负责项目完工报告汇总工作；直接下达投资计划的项目，完工报告由相关部门直接向国家发展改革委报送。报告内容包括：项目建设进度情况、资金使用情况、建设方案落实情况、预期效果达成情况等。

第六章 监督检查

第二十六条 国家发展改革委应当按照有关规定对投资支持项目进行监督检查或评估督导，对发现的问题按照有关规定及时作出处理，并将整改落实情况作为安排投资的重要依据。对监督检查或评估督导中存在问题较多、整改不到位的地方和单位，国家发展改革委视情况压缩下年度中央预算内投资安排规模。

第二十七条 各级发展改革部门和项目单位应当自觉接受并配合做好审计、监察和财政等部门依据职能分工进行的监督检查，如实提供项目相关文件资料和情况，不得销毁、隐匿、转移、伪造或者无故拖延、拒绝提供有关资料。

第二十八条 项目单位有下列行为之一的，省级发展改革部门应当责令其限期整改，采取核减、收回或者停止拨付中央预算内投资等措施，将相关信息纳入全国信用信息共享平台和在“信用中国”网站公开，并可以根据情节轻重提请或者移交有关机关依法追究有关责任人的行政或者法律责任：

（一）提供虚假情况、骗取投资资金的；

（二）滞留、挤占、截留或者挪用投资资金的；

（三）擅自改变主要建设内容和降低建设标准的；

（四）拒不接受依法进行的监督检查或评估督导的；

（五）未按要求通过在线平台（国家重大建设项目库）报告相关项目信息的；

（六）其他违反国家相关法律法规和本办法规定的行为。

第七章 附则

第二十九条 省级发展改革部门可根据本办法制定管理细则。

第三十条 本办法由国家发展改革委负责解释。

第三十一条 本办法从印发之日起施行，有效期5年，根据情况适时修订调整。《中央预算内投资生态文明建设专项管理暂行办法》同时废止。

附录 2.1　污水垃圾处理等环境基础设施建设方向支持内容与标准

（发改环资规〔2021〕655 号文件附件 1）

一、重点支持内容

重点支持各地污水处理、污水资源化利用、城镇生活垃圾分类和处理、城镇医疗废物危险废物集中处置等环境基础设施项目建设。

二、安排标准

污水处理、污水资源化利用项目、城镇生活垃圾分类和处理项目，按东、中、西和东北地区分别不超过项目总投资的 30%、45%、60%、60%控制，单个项目支持金额原则上不超过 5000 万元，重大创新示范项目除外。城镇医疗废物、危险废物集中处置设施项目，按东、中、西和东北地区分别不超过项目总投资的 15%、20%、25%、25%控制。其中，县级地区医疗废物集中处置项目按东、中、西和东北地区分别不超过项目总投资的 30%、40%、50%、50%控制，单个项目支持金额原则上不超过 5000 万元，重大创新示范项目除外。按照国家有关规定享受特殊政策地区的建设项目，安排标准根据相关规定执行。申请享受特殊政策的地区，项目汇总申报单位在申报时应明确提出，并附政策依据及证明材料。其中，西藏及四川省涉藏州县、南疆四地州、甘肃临夏州、四川凉山州、云南怒江州等地区污水处理、污水资源化利用、城镇生活垃圾分类和处理设施、城镇医疗废物危险废物集中处置设施项目原则上全额补助。安排新疆生产建设兵团项目投资支持比例按西部地区标准执行。

附录 2.2 节能减碳方向支持内容与标准

（发改环资规〔2021〕655 号文件附件 2）

一、重点支持内容

重点支持电力、钢铁、有色、建材、石化、化工、煤炭、焦化、纺织、造纸、印染、机械等重点行业节能减碳改造，重点用能单位和园区能源梯级利用、能量系统优化等综合能效提升，城镇建筑、交通、照明、供热等基础设施节能升级改造与综合能效提升，公共机构节能减碳，重大绿色低碳零碳负碳技术示范推广应用，煤炭消费减量替代和清洁高效利用，绿色产业示范基地等项目建设。

二、安排标准

节能减碳项目按不超过项目总投资的 15%控制。

中央和国家机关有关项目原则上全额补助。

附录3　私人购买新能源汽车试点财政补助资金管理暂行办法

2010年5月31日，由财政部、工业和信息化部、国家发展改革委修订的关于《私人购买新能源汽车试点财政补助资金管理暂行办法》内容如下：

第一章　总则

第一条　为贯彻落实国务院关于培育战略性新兴产业和加强节能减排工作的部署和要求，中央财政安排专项资金，支持开展私人购买新能源汽车补贴试点。为加强私人购买新能源汽车试点财政补助资金（以下简称补助资金）管理，提高资金使用效益，特制定本办法。

第二条　本办法所称新能源汽车主要指插电式（plug-in）混合动力乘用车和纯电动乘用车。

第三条　补助资金按照科学合理、公正透明的原则安排使用，并接受社会各方面监督。

第二章　补助范围、对象和方式

第四条　中央财政对试点城市私人购买、登记注册和使用的新能源汽车给予一次性补助，对动力电池、充电站等基础设施的标准化建设给予适当补助，并安排一定工作经费，用于目录审查、检查检测等工作。

第五条　私人购买和使用新能源汽车包括私人直接购买、整车租赁和电池租赁三种形式。

（一）直接购买：中央财政对汽车生产企业给予补助，汽车生产企业按扣除补助后的价格将新能源汽车销售给私人用户。

（二）整车租赁：中央财政对汽车生产企业给予补助，汽车生产企业按扣除补助后的价格将新能源汽车销售给租赁企业。

（三）电池租赁：中央财政对电池租赁企业给予补助，电池租赁企业按扣除补助后的价格向私人用户出租新能源汽车电池，并提供电池维护、保养、更换等服务。

第六条　地方财政安排一定资金，重点对充电站等配套基础设施建设、新能源汽车购置和电池回购等给予支持。

第三章　支持条件

第七条　试点城市政府是私人购买新能源汽车试点的实施主体和责任主体，须满足以下条件：

（一）新能源汽车推广数量达到一定规模，并建设与应用规模相适应的基础设施。

（二）确定新能源汽车商业运营模式，至少建立一种新能源汽车或电池租赁模式。

（三）制定地方财政补助、电价优惠、设置专用停车位等配套政策措施。

（四）注重动力电池和充电站等基础设施相关技术标准的统一，充电站等基础设施建设要与正在制订的国家相关标准相衔接。

（五）建立和完善新能源汽车及电池的报废及回收体系。

（六）建立有利于公平竞争的开放市场环境，不得对补助车辆实施品牌、车型、产地、经销商等限制。

（七）做好与公共服务领域节能与新能源汽车示范推广工作的衔接。

第八条　申请补助的汽车生产企业及其新能源汽车产品须符合下述条件：

（一）新能源汽车产品纳入《节能与新能源汽车示范推广应用工程推荐车型目录》，企业保证销售汽车与目录产品的一致性。

（二）纯电动乘用车动力电池组能量不低于15千瓦时，插电式混合动力乘用车动力电池组能量不低于10千瓦时（纯电动模式下续驶里程不低于50km）。动力电池不包括铅酸电池。

（三）汽车整车和动力电池等关键零部件生产企业具备一定的产能规模和完善的售后服务体系，对动力电池等关键零部件提供不低于5年或10万公里（以先到者为准）的质保，并承诺对整车和动力电池按一定的折旧率进行回收。

（四）汽车企业销售新能源汽车应向消费者提供按照有关国家标准规定的试验方法测定的产品性能参数保证：在纯电动模式下行使的汽车 30 分钟最高车速、插电式混合动力汽车的最高时速、0-50 公里/小时加速时间、最大爬坡度、百公里耗电量（工况法）、续驶里程（工况法），电机类型和功率、动力电池类型及总储电量、充电（快充、慢充）方式和时间、车载充电机的功率和输入电压等。

第四章　补助标准与规模

第九条　补助标准根据动力电池组能量确定。对满足支持条件的新能源汽车，按 3000 元/千瓦时给予补助。插电式混合动力乘用车最高补助 5 万元/辆；纯电动乘用车最高补助 6 万元/辆。

第十条　财政补助采取退坡机制。试点期内（2010—2012 年），每家企业销售的插电式混合动力和纯电动乘用车分别达到 5 万辆的规模后，中央财政将适当降低补助标准。

第十一条　中央财政根据试点城市私人购买数量和规定的标准给予补助。采用电池租赁方式的企业，补助数量按其服务的新能源汽车数量确定。

第五章　资金申报与下达

第十二条　根据试点城市论证通过的实施方案和资金申请，财政部通过省级财政部门将补助资金预拨给试点城市。

第十三条　试点城市财政部门根据私人购买、使用新能源汽车情况，据实拨付补助资金，并在月度终了后 10 日内将月度拨付情况上报财政部。补助资金具体管理办法，由试点城市结合本地实际情况自行制定，并报财政部备案。

第十四条　年度终了后 30 日内，试点城市要认真总结全年推广情况，编制补助资金清算报告，由省级财政部门审核后上报财政部，财政部根据地方上报情况和专项核查结果对补助资金进行清算。

第六章　监督管理

第十五条　有关部门定期组织开展专项检查，对新能源汽车技术水平和运行效果进行评估。

第十六条　企业对申报材料的真实性和产品一致性负责。对产品与申报材料不符，性能指标没达到要求，以及提供虚假信息、骗取补助资金的，将视情节轻重对申请企业给予追缴补助资金、通报批评、取消资格等处罚。

第十七条　补助资金必须专款专用，任何单位不得以任何理由、形式截留、挪用。对违反规定的，将依照《财政违法行为处罚处分条例》（国务院令第 427 号）等有关规定，依法追究有关单位和人员的责任。

第七章　附则

第十八条　本办法由财政部、科技部、工业和信息化部、国家发展改革委负责解释。

第十九条　本办法自印发之日起施行。

附录4　完善生物质发电项目建设运行的实施方案

发改环资规〔2020〕1421号

生物质能是可再生能源重要组成部分。近年来，在国家政策支持下，生物质发电（含农林生物质发电、垃圾焚烧发电和沼气发电，下同）行业稳步发展，为构建清洁低碳、安全高效的能源体系，促进生态文明建设发挥了重要作用。为深入贯彻习近平生态文明思想，落实“四个革命、一个合作”能源安全新战略，进一步推动生物质发电高质量发展，特制定本方案。

一、总体要求

以习近平新时代中国特色社会主义思想为指导，全面贯彻党的十九大和十九届二中、三中、四中全会精神，坚持创新、协调、绿色、开放、共享的新发展理念，认真落实习近平总书记关于推进城乡有机废弃物处理利用的重要指示，依据《关于促进非水可再生能源发电健康发展的若干意见》（财建〔2020〕4号）、《可再生能源电价附加补助资金管理办法》（财建〔2020〕5号）有关要求，坚持“以收定补、新老划段、有序建设、平稳发展”，进一步完善生物质发电建设运行管理，合理安排2020年中央新增生物质发电补贴资金，全面落实各项支持政策，推动产业技术进步，提升项目运行管理水平，逐步形成有效的生物质发电市场化运行机制，促进生物质发电行业持续健康发展。

二、补贴项目条件

2020年申请中央补贴的项目须符合以下条件：

（一）纳入生物质发电国家、省级专项规划。

（二）2020年1月20日（含）以后全部机组并网的当年新增生物质发电项目。

（三）符合国家相关法律法规、产业政策、技术标准等要求，配套建设高效治污设施，垃圾焚烧发电项目所在城市已实行垃圾处理收费制度。

（四）申报情况属实，并提交信用承诺书（见附录4.1），没有且承诺不出现弄虚作假、违规掺烧等情况。

三、工作程序

（一）组织申报

各省（区、市）按月组织符合申报条件、申请中央补贴的生物质发电项目，登录国家能源局可再生能源发电项目信息管理系统（http://www.nea.gov.cn）填报相关信息和上传有关资料，主要是省级专项规划、核准（审批、备案）文件、并网时间证明等。

各省（区、市）对项目申报条件、项目申报信息进行审核，并对项目申报有关情况（项目名称、建设地点、装机规模、纳入规划情况、并网时间等）进行公示。公示后，将通过审核的项目信息正式上报。

有关电网企业定期向各省（区、市）提供并网项目清单，按要求出具项目并网时间证明，及时配合各省（区、市）做好申报工作。8月底之前符合条件的项目一揽子申报，以后的按月申报。纳入补贴范围的项目所需补贴总额达到2020年中央新增补贴资金额度15亿元后，不再纳入当年申报。

（二）统一复核

组织国家可再生能源信息管理中心对地方申报项目的合规性及提供材料真实性和有效性进行复核。一旦发现信息不实，立即取消补贴申报资格。

（三）项目汇总

国家可再生能源信息管理中心对通过复核的项目，按照规则进行汇总排序，并测算补贴需求。

（四）公布补贴名单

排序工作结束后，公布纳入2020年生物质发电中央补贴规模的项目名单。

四、纳入当年补贴项目规则

（一）纳入规则

按项目全部机组并网时间先后次序排序，并网时间早者优先，直至入选项目所需补贴总额达到2020年中央新增补贴资金额度15亿元为止。

（二）补贴额度测算规则

按补贴额度测算规则测算生物质发电项目度电补贴强度、项目所需补贴额度。补贴额度测算仅用于测算补贴总额，不作为实际补贴资金发放依据。

五、推动生物质发电有序建设

（一）加强规划引导。需中央补贴的生物质发电项目必须纳入国家、省级专项规划，各地要以规划为依据，严格按规划核准（审批、备案）建设项目，未纳入规划的不得核准（审批、备案）。鼓励地方结合本地经济社会发展实际，建设不需要中央补贴的生物质发电项目。

（二）加强投资监测预警。依据各省农林生物质资源总量等条件，科学测算各地农林生物质发电合理发展规模，根据各省农林生物质发电发展情况发布项目建设年度预警，已建装机和核准在建、待建装机规模接近合理规模的，给予黄色预警；已建装机和核准在建、待建装机达到或超过合理规模的，给予红色预警。对需中央补贴的生物质发电项目投资建设情况进行监测，按月发布项目投产并网信息，新增项目补贴额度累计达到当年中央补贴资金总额后，地方不再新核准需中央补贴的项目，企业据此合理安排项目建设时序。各省（区、市）按要求组织在国家能源局可再生能源发电项目信息管理系统填报核准、在建、新开工项目信息。

（三）完善生物质发电项目补贴机制。未纳入2020年中央补贴规模的已并网项目，结转至次年依序纳入。自2021年1月1日起，规划内已核准未开工、新核准的生物质发电项目全部通过竞争方式配置并确定上网电价；新纳入补贴范围的项目（包括2020年已并网但未纳入当年补贴规模的项目及2021年起新并网纳入补贴规模的项目）补贴资金由中央地方共同承担，分地区合理确定分担比例，中央分担部分逐年调整并有序退出。需中央补贴的在建项目应在合理工期内建成并网。

（四）拓展生物质能利用渠道。立足于多样化用能需求，大力推进农林生物质热电联产，从严控制只发电不供热项目，坚持宜气则气、宜热则热、宜电则电，鼓励加快生物质能非电领域应用，提升项目经济性和产品附加值，降低发电成本，减少补贴依赖。

（五）落实生物质发电支持政策。鼓励金融机构在风险可控、商业可持续的前提下给予生物质发电项目中长期信贷支持。建立生活垃圾处理收费制度，合理制定垃圾处理收费标准，确保垃圾处理收费政策落实到位。鼓励地方政府统筹各类资金，对生物质发电相关的农林废弃物和生活垃圾“收、储、运、处理”各环节予以适当支持和补偿。

（六）逐步推动形成生物质发电市场化运营模式。发挥生物质发电综合效益，推动建立合理的成本分担机制。鼓励具备条件的省（区、市），探索生物质发电项目市场化运营试点，完善配套保障措施，逐步形成市场化运营模式。

（七）强化项目建设运行监管。健全完善生物质发电产业技术标准，不断推进行业技术进步。落实地方管理主体责任，国家能源局各派出机构会同有关部门依法履行监管职责，按照投诉举报有关规定依法受理有关投诉举报，利用视频监控、在线监测等手段，加强生物质发电项目建设、运行等方面的监管，定期进行“双随机一公开”抽查检查，对存在违规掺烧化石燃料、骗取补贴等违法违规行为的，严格按照国家有关法律法规和政策要求，暂停、核减或取消补贴。强化项目建设运行管理，生物质发电企业要高度重视项目建设和工程质量，严格执行工程基本建设程序和管理制度，确保项目安全有序建设运行。

附录 4.1　2020 年生物质发电项目中央补贴资金申报信用承诺书

<table>
<tr><td>申报单位</td><td></td><td>统一社会信用代码</td><td></td></tr>
<tr><td>项目名称</td><td colspan="3"></td></tr>
<tr><td>项目所在地</td><td colspan="3"></td></tr>
<tr><td>项目联系人</td><td></td><td>联系电话</td><td></td></tr>
<tr><td colspan="4">我单位承诺：
申报的所有信息和材料均依据申报要求据实提供，不存在弄虚作假情况。
项目建设运行合法合规，不存在违规掺烧、骗取补贴等违法违规行为。
如违背以上承诺，自愿承担由此引发的一切经济责任和法律责任。
同意将本承诺书向社会公开。
同意将承诺信息、践诺信息作为信用记录，进行归集应用。

法定代表人（签名）　　（公章）

日期：年　　月　　日</td></tr>
</table>

附录5 可再生能源发展专项资金管理暂行办法

财建〔2015〕87号

第一条 为规范和加强可再生能源发展专项资金管理，提高资金使用效益，根据《中华人民共和国预算法》、《中华人民共和国可再生能源法》等有关法律法规规定，制定本办法。

第二条 可再生能源发展专项资金，是指通过中央财政预算安排，用于支持可再生能源和新能源开发利用的专项资金。

第三条 可再生能源发展专项资金实行专款专用，专项管理。

第四条 可再生能源发展专项资金由财政部会同有关部门管理。

第五条 财政部主要职责如下：

（一）会同相关部门制订可再生能源发展专项资金管理制度以及相关配套文件；

（二）负责可再生能源发展专项资金预算编制和下达；

（三）监督检查资金使用情况，组织开展绩效评价。

第六条 国务院有关部门主要职责如下：

（一）按照有关法律规定，制订可再生能源和新能源相关行业工作方案；

（二）会同财政部门组织实施可再生能源和新能源开发利用工作；

（三）负责监督检查可再生能源和新能源开发利用工作执行及完成情况。

第七条 地方财政和相关主管部门主要职责如下：

（一）落实地方扶持政策措施及应承担的专项资金，制定具体操作规程；

（二）组织可再生能源发展专项资金申报，核实并提供相关材料；

（三）按规定管理可再生能源发展专项资金，对相关工作实施、任务完成以及资金使用情况进行监督检查。

第八条　可再生能源发展专项资金重点支持范围：

（一）可再生能源和新能源重点关键技术示范推广和产业化示范；

（二）可再生能源和新能源规模化开发利用及能力建设；

（三）可再生能源和新能源公共平台建设；

（四）可再生能源、新能源等综合应用示范；

（五）其他经国务院批准的有关事项。

第九条　由财政部会同有关部门组织地方和中央部门申请可再生能源发展专项资金，具体办法另行制定。

第十条　可再生能源发展专项资金根据项目任务、特点等情况采用奖励、补助、贴息等方式支持并下达地方或纳入中央部门预算。

第十一条　资金分配结合可再生能源和新能源相关工作性质、目标、投资成本以及能源资源综合利用水平等因素，主要采用竞争性分配、因素法分配和据实结算等方式。对据实结算项目，主要采用先预拨、后清算的资金拨付方式。

第十二条　项目实施过程中，因实施环境和条件发生重大变化需要调整时，应按规定程序上报财政部和有关部门，经批准后执行。

第十三条　资金支付应按照国库集中支付制度有关规定执行。涉及政府采购的，应按照政府采购有关法律制度规定执行。

第十四条　省级财政部门会同有关部门按照职责分工，将本年度可再生能源发展专项资金安排使用及其项目实施情况及时报财政部和有关部门备案。

第十五条　财政部会同有关部门对可再生能源发展专项资金使用情况进行监督检查和绩效考评。

第十六条　任何单位或个人不得截留、挪用可再生能源发展专项资金。对违反规定，骗取、截留、挪用可再生能源发展专项资金的，依照《财政违法行为处罚处分条例》等国家有关规定进行处理。涉嫌犯罪的，依法移送司法机关处理。

第十七条　本办法由财政部商有关部门按职责分工负责解释。

第十八条　本办法自发布之日起施行。《财政部关于印发〈可再生能源发展专项资金管理暂行办法〉的通知》（财建〔2006〕237号）、《财政部关于印发〈生物能源和生物化工非粮引导奖励资金管理暂行办法〉的通知》（财建〔2007〕282号）、《财政部关于印发〈生物能源和生物化工原料基地补助资金管理暂行办法〉的通知》（财建〔2007〕435号）、《财政部关于印发〈生物燃料乙醇弹性补贴财政财务管理办法〉的通知》（财建〔2007〕724号）、《财政部关于印发〈秸秆能源化利用补助资金暂行办法〉的通知》（财建〔2008〕735号）、《财政部关于印发〈太阳能光电建筑应用财政补助资金管理暂行办法〉的通知》（财建〔2009〕129号）、《财政部科技部国家能源局关于实施金太阳示范工程的通知》（财建〔2009〕397号）、《财政部　国家能源局　农业部关于印发〈绿色能源示范县建设补助资金管理暂行办法〉的通知》（财建〔2011〕113号）同时废止。

附录6　财政部关于《可再生能源发展专项资金管理暂行办法》的补充通知

财建〔2019〕298号

各有关省（区、市）财政厅（局），新疆生产建设兵团财政局：

按照《中央对地方专项转移支付管理办法》（财预〔2015〕230号）等文件要求，现对《可再生能源发展专项资金管理暂行办法》（财建〔2015〕87号）有关事项补充通知如下：

一、可再生能源发展专项资金实施期限为2019至2023年。其中，“十三五”农村水电增效扩容改造中央财政补贴于2020年政策期满后结束。财政部根据国务院有关规定及可再生能源发展形势需要等进行评估，根据评估结果再作调整。

二、可再生能源发展专项资金支持农村水电增效扩容改造。农村水电增效扩容改造采取据实结算方式，“十三五”期间按照改造后电站装机容量（含生态改造新增）进行奖励。具体奖励额度按以下方式明确：

某地奖励额度=奖励标准×某地改造后电站装机容量（含生态改造新增）

奖励标准为东部地区700元/千瓦、中部地区1000元/千瓦、西部地区1300元/千瓦。以河流为单元，中央财政奖励资金不得超过该单元农村水电增效扩容改造总投资的50%（生态改造费用纳入改造总投资）。

三、可再生能源发展专项资金支持煤层气（煤矿瓦斯）、页岩气、致密气等非常规天然气开采利用。2018年，补贴标准为0.3元/立方米。自2019年起，不再按定额标准进行补贴。按照“多增多补”的原则，对超过上年开采利用量的，按照超额程度给予梯级奖补；相应，对未达到上年开采利用量的，按照未达标程度扣减奖补资金。同时，对取暖季生产的非常规天然气增量部分，给予超额系数折算，体现“冬增冬补”。

（一）计入奖补范围的非常规天然气开采利用量按以下方式确定：

非常规天然气开采利用量=页岩气开采利用量+煤层气开采利用量×1.2+致密气开采利用量与2017年相比的增量部分。

（二）奖补资金分配系数按以下方式确定：

1. 对超过上年产量以上部分，按照超额比例给予不同的分配系数：

对超过上年产量0—5%（含）的，分配系数为1.25；

对超过上年产量5—10%（含）的，分配系数为1.5；

对超过上年产量10—20%（含）的，分配系数为1.75；

对超过上年产量20%以上的，分配系数为2。

2. 对未达到上年产量的，按照未达标比例扣减不同的分配系数：

对未达标部分为上年产量0—5%（含）的，分配系数为1.25；

对未达标部分为上年产量5—10%（含）的，分配系数为1.5；

对未达标部分为上年产量10—20%（含）的，分配系数为1.75；

对未达标部分为上年产量20%以上的，分配系数为2。

3. 每年取暖季（每年1—2月，11—12月）生产的非常规天然气增量部分，分配系数为1.5。

（三）奖补资金计算公式如下：

某地（中央企业）当年奖补气量=上年开采利用量+（当年取暖季开采利用量-上年取暖季开采利用量）×1.5+（当年开采利用量-上年开采利用量）×对应的分配系数

某地（中央企业）当年补助资金=当年非常规天然气奖补资金总额/全国当年奖补气量×某地（中央企业）当年奖补气量

（四）奖补资金采取先预拨、后清算的方式，由财政部按照国家能源局、财政部各地监管局、中央企业和地方提供的数据测算并将预算下达、资金拨付至地方和中央企业。地方和中央企业按照有利于非常规天然气开采的原则统筹分配奖补资金，并用于非常规天然气开采利用的相关工作。

四、各级财政、水利、能源等部门及其工作人员在专项资金审核、分配工作中，存在违反规定分配资金、向不符合条件的单位（个人）分配资金、擅自超出规定的范围或者标准分配或使用专项资金等，以及其他滥用职权、玩忽职守、徇私舞弊等违法违纪行为的，按照《预算法》、《公务员法》、《行政监察法》、《财政违法行为处罚处分条例》等有关规定进行处理。

五、本通知自印发之日起实行。

财政部

2019 年 6 月 11 日

附录7　循环经济发展专项资金管理暂行办法

财建〔2012〕616号

第一章　总则

第一条　为规范循环经济发展专项资金管理，提高财政资金使用效益，根据《中华人民共和国循环经济促进法》、《中华人民共和国预算法》等法律法规，制定本办法。

第二条　本办法所称循环经济发展专项资金（以下简称专项资金），是指为促进循环经济发展，提高资源利用效率，保护和改善环境，实现可持续发展，由中央财政预算安排的，专项用于支持循环经济重点工程和项目的实施、循环经济技术和产品的示范与推广、循环经济基础能力建设等方面的财政专项资金。

第三条　专项资金由财政部会同国务院循环经济发展综合管理等有关主管部门按照职责分工共同管理，各司其职，各负其责。

第二章　专项资金使用安排原则

第四条　专项资金的使用和安排应当坚持以下原则：

（一）坚持充分发挥市场基础性作用与政府引导相结合。尊重市场经济规律，通过引导、示范、培育市场等方式，调动全社会的积极性。

（二）坚持创新财政资金支持方式。找准循环经济发展薄弱环节和突出问题，并根据每个环节的特点，分别采取不同的支持方式。

（三）坚持集中财力，重点突破。通过机制创新，将专项资金的使用和其他专项资金衔接起来，发挥财政资金合力作用。

（四）坚持“科学、公开、公正”，并接受社会监督。

第三章　专项资金支持范围

第五条　专项资金支持的重点工作和范围包括：

（一）国家“城市矿产”示范基地建设。本办法所称“城市矿产”是指工业化和城镇化过程中产生和蕴藏在废旧机电设备、电线电缆、通信工具、汽车、家电、电子产品、金属和塑料包装物以及废料中，可循环利用的钢铁、有色金属、稀贵金属、塑料、橡胶、玻璃等资源，其利用量相当于原生矿产资源。

1. 示范基地的“城市矿产”资源新增加工处理能力（含改造）建设。

2. 示范基地内的基础设施和公共服务平台建设。

3. 示范基地“城市矿产”资源回收体系建设。

（二）餐厨废弃物资源化利用和无害化处理。

1. 餐厨废弃物收运体系建设。

2. 资源化利用和无害化处理项目建设。

3. 能力建设。包括电子信息管理平台、监测系统等。

（三）园区循环化改造示范。

1. 循环化改造的关键补链项目构建。

2. 公共服务设施建设。

（四）再制造。本办法所称再制造是指对废旧汽车零部件、工程机械、机床等进行专业化修复的批量化生产过程，再制造产品达到与原有产品相同的质量和性能。

重点支持可再制造技术进步、旧件回收体系建设、再制造产品推广及产业化发展等。

（五）清洁生产技术示范推广。

1. 技术推广应用。重点支持能够显著提升企业清洁生产水平的成熟、先进、适用清洁生产技术的推广应用。

2. 技术应用示范。重点支持对行业整体清洁生产水平影响较大，具有推广应用前景，但尚未实现突破的共性、关键技术应用示范。

（六）循环经济（含清洁生产，下同）基础能力建设。

1. 循环经济法规、规划及政策研究。

2. 循环经济相关标准制定、目录编制。

3. 循环经济发展宣传教育、组织动员等。

4. 循环经济管理信息系统建设。

5. 循环经济发展综合评价与统计体系和规划、方案、项目评审及考核、验收等。

（七）国务院循环经济发展综合管理部门、财政部协商确定的其他重点工作。

第六条　对中央基建投资、中央财政节能减排专项资金等已支持的重点工作（工程）或项目，专项资金不再予以支持。

第四章　专项资金的支持方式

第七条　对循环经济的重点工作，专项资金采取不同的方式予以支持。

第八条　支持国家“城市矿产”示范基地建设的专项资金，采取预拨与清算相结合的综合财政补助方式。

（一）地方政府根据国家发展改革委、财政部要求，以及当地“城市矿产”资源情况提出示范基地建设方案（实施期原则上不超过5年）。

（二）国家发展改革委、财政部按规定对地方政府提出的方案进行论证并批复。对已批复的方案，地方政府与两部委签订承诺书并具体组织实施。

（三）财政部、国家发展改革委根据方案，以新增“城市矿产”资源集聚利用量为依据，并参考再生资源利用成本及市场售价测算核定补助资金，总额不超过新增投资额的一定比例。补助资金由地方政府按照国家发展改革委、财政部批复的有关实施方案统筹使用，专项用于“城市矿产”示范基地建设，资金使用方案及其调整情况需报两部委备案。

（四）承诺书签订后，中央财政按补助资金的50%拨付启动资金，5年内再生资源利用量已超过建设方案中设定目标90%以上的，由地方政府提出考核和余款拨付申请，国家发展改革委、财政部组织考核，考核合格的拨付余款；不合格的不予拨付余款并扣回部分已拨付补助资金。3年内工作无实质进展的，将已拨付补助资金全部扣回。

第九条　支持餐厨废弃物资源化利用和无害化处理、园区循环化改造示范的专项资金，支持方式比照国家“城市矿产”示范基地支持方式执行。具体实施方案由国家发展改革委、财政部另行制定。

第十条　支持再制造的专项资金，在构建完善质量保证体系的前提下，主要采取补贴的方式支持旧件回收及再制造产品的推广及产业化发展。具体实施方案由国家发展改革委、财政部另行制定。

第十一条　支持清洁生产技术示范推广的专项资金，对于成熟的先进、适用清洁生产技术，在组织专家论证的基础上，通过政府购买技术的形式，在全行业免费推广。过渡期内，对中西部地区的企业或部分重点企业采用成熟先进的清洁生产技术进行的改造可给予适当奖励。

对于未实现突破的重大共性、关键性技术进行应用示范，并按照项目投资额的一定比例予以补助，应用示范项目成功后可按项目投资额一定倍数进行政府购买，并免费在全行业推广。

具体实施方案由国务院财政部门、清洁生产综合协调部门会同国务院有关部门另行制定。

第十二条　支持循环经济基础能力建设的专项资金，按照部门预算管理规定，纳入国务院有关部门的部门预算。

第十三条　其他重点工作的资金支持方式由财政部会同国务院循环经济发展综合管理等有关主管部门另行确定。

第五章　监督管理

第十四条　财政部会同国务院循环经济发展综合管理等有关主管部门按照职责分工对专项资金使用情况实施监督检查、追踪问效，对专项资金使用管理情况实施专项核查。对达不到要求的，责令限期整改，经整改仍达不到要求的，扣回已拨付资金。

第十五条　相关单位及省级财政部门、循环经济发展综合管理等有关部门对申报材料的合法性、真实性负责，并应加强对本单位、本地区专项资金使用和项目实施情况的监督检查。

第十六条　专项资金应当坚持专款专用，任何单位和个人不得以任何形式、任何理由截留、挤占和挪用。违反本办法规定的，国务院财政部门会同循环经济发展综合管理等有关主管部门将视情节分别给予通报批评、取消申报资格、停止资金拨付或收回已拨付补助资金，并按照《财政违法行为处罚处分条例》（国务院令第427号）规定对有关单位和个人予以处罚。

第六章　附则

第十七条　本办法由财政部、国家发展改革委负责解释。

第十八条　本办法自2012年9月1日施行。

附录 8　清洁能源发展专项资金管理暂行办法

财建〔2020〕190 号

第一条　为规范和加强清洁能源发展专项资金管理，提高资金使用效益，根据《中华人民共和国预算法》、《中华人民共和国可再生能源法》等有关法律法规规定，制定本办法。

第二条　清洁能源发展专项资金（以下简称专项资金），是指通过中央一般公共预算安排，用于支持可再生能源、清洁化石能源以及化石能源清洁化利用等能源清洁开发利用的专项资金。

第三条　专项资金实行专款专用，专项管理。

第四条　专项资金实施期限为 2020—2024 年。到期后按照规定程序申请延续。

第五条　专项资金由财政部会同有关主管部门管理。

第六条　财政部主要职责如下：

（一）会同相关部门制订专项资金管理制度以及相关配套文件；

（二）负责编制专项资金预算，根据部门提出的资金安排建议和年度预算规模，统筹确定专项资金安排方案；

（三）及时拨付专项资金并组织实施全过程绩效管理。

第七条　国务院有关部门主要职责如下：

（一）按照有关法律规定，制订清洁能源相关行业工作方案；

（二）根据清洁能源发展实际情况，提出资金年度安排建议；

（三）组织实施清洁能源开发利用工作，负责监督检查工作执行及完成情况；

（四）按照预算绩效管理要求做好绩效管理工作。

第八条　地方财政部门和相关主管部门主要职责如下：

（一）负责本地区专项资金的分配、拨付并制定具体操作规程；

（二）组织申报专项资金，核实并提供相关材料；

（三）负责对相关工作实施、任务完成以及专项资金使用情况进行监督检查；

（四）按照预算管理绩效要求对本地区专项资金实施全过程绩效管理，强化绩效目标管理，做好绩效运行监控，开展绩效自评及项目的绩效评价，加强绩效结果应用。

第九条　专项资金支持范围包括下列事项：

（一）清洁能源重点关键技术示范推广和产业化示范；

（二）清洁能源规模化开发利用及能力建设；

（三）清洁能源公共平台建设；

（四）清洁能源综合应用示范；

（五）党中央、国务院交办的关于清洁能源发展的其他重要事项。

第十条　专项资金分配结合清洁能源相关工作性质、目标、投资成本以及能源资源综合利用水平等因素，可以采用竞争性分配、以奖代补和据实结算等方式。采用据实结算方式的，主要采用先预拨、后清算的资金拨付方式。

第十一条　使用专项资金对“十三五”期间农村水电增效扩容改造给予奖励，采用据实结算方式，按照改造后电站装机容量（含生态改造新增）进行奖励，标准为东部700元/千瓦、中部1000元/千瓦、西部1300元/千瓦。以河流为单元的给予奖励资金不得超过总投资（生态改造费用纳入改造总投资）的50%。奖励资金可以由地方统筹使用。

第十二条　使用专项资金对煤层气（煤矿瓦斯）、页岩气、致密气等非常规天然气开采利用给予奖补，按照“多增多补”的原则分配。超过上年开采利用量的，按照超额程度给予梯级奖补；未达到上年开采利用量的，按照未达标程度扣减奖补资金；对取暖季生产的非常规天然气增量部分，按照“冬增冬补”原则给予奖补。

第十三条　计入奖补范围的非常规天然气开采利用量按照以下方式确定：非常规天然气开采利用量=页岩气开采利用量+煤层气开采利用量×

1. 2+致密气开采利用量与 2017 年相比的增量部分。

第十四条　非常规天然气开采利用奖补资金计算公式如下：

某地（中央企业）当年奖补气量=上年开采利用量+（当年取暖季开采利用量-上年取暖季开采利用量）×1. 5+（当年开采利用量-上年开采利用量）×对应的分配系数。

某地（中央企业）当年奖补气量≤0 时，按 0 计算。

某地（中央企业）当年补助资金=当年非常规天然气奖补资金总额/全国当年奖补气量×某地（中央企业）当年奖补气量

第十五条　非常规天然气开采利用奖补资金分配系数按照以下方式确定：

（一）对超过上年产量以上部分，按照超额比例确定分配系数：

对超过上年产量 0—5%（含）的，分配系数为 1. 25；

对超过上年产量 5—10%（含）的，分配系数为 1. 5；

对超过上年产量 10—20%（含）的，分配系数为 1. 75；

对超过上年产量 20%以上的，分配系数为 2。

（二）对未达到上年产量的，按照未达标比例确定分配系数：

对未达标部分为上年产量 0—5%（含）的，分配系数为 1. 25；

对未达标部分为上年产量 5—10%（含）的，分配系数为 1. 5；

对未达标部分为上年产量 10—20%（含）的，分配系数为 1. 75；

对未达标部分为上年产量 20%以上的，分配系数为 2。

（三）每年取暖季（每年 1—2 月，11—12 月）生产的非常规天然气增量部分，分配系数为 1. 5。

第十六条　非常规天然气开采利用奖补资金采取先预拨、后清算的方式。地方和中央企业按照有利于非常规天然气开采的原则统筹分配奖补资金，并用于非常规天然气开采利用的相关工作。

第十七条　其他符合本办法第九条的支持事项，具体资金分配办法由财政部会同有关主管部门另行确定。

第十八条　财政部会同中央有关主管部门组织地方和中央企业申请专项资金。

第十九条　各省、自治区、直辖市（以下统称各省）水利、财政部门汇总本地区农村水电增效扩容改造奖励资金申请，按照规定时间向财政部和水利部报送相关申请材料和数据，并对报送材料和数据的真实性、准确性负责。

水利部根据各省报送的材料和数据以及奖励标准，向财政部提出资金拨付建议。

财政部依据水利部提出的资金拨付建议，按照预算管理有关规定下达预算。

第二十条　地方企业向各省财政部门申请非常规天然气开采利用奖补资金，并报送相关材料和数据。各省财政部门审核报送的材料和数据，汇总企业上年实际开采量和当年预计开采量，其中上年实际开采量由财政部当地监管局签署意见后，按照规定时间一并上报财政部、国家能源局。

中央企业汇总所属企业上年实际开采量和当年预计开采量，其中上年实际开采量由财政部当地监管局签署意见后，按照规定时间上报财政部、国家能源局。

申报企业应当对报送数据的真实性、准确性负责。

国家能源局按职责分工对各省和中央企业申报数据进行审核，并将审核结果函告财政部。

财政部依据国家能源局、财政部各地监管局和申请企业提供的数据测算，按照预算管理有关规定下达预算。

第二十一条　专项资金支付应当按照国库集中支付制度有关规定执行。

涉及政府采购的，应当按照政府采购有关法律制度规定执行。

第二十二条　省级财政部门会同有关部门按照职责分工，将本年度专项资金安排使用和项目实施情况及时报财政部和中央有关主管部门备案。

第二十三条　财政部各地监管局应当按照工作职责和财政部要求，对专项资金实施监管。

第二十四条　财政部会同有关主管部门对专项资金开展全过程绩效管理，强化绩效目标管理，组织开展绩效评价，加强评价结果应用。

第二十五条　任何单位或个人不得截留、挪用专项资金。各级财政、水利、能源等部门及其工作人员在专项资金审核、分配工作中，存在违反规定分配资金、向不符合条件的单位（个人）分配资金、擅自超出规定的范围或者标准分配或使用专项资金等，以及其他滥用职权、玩忽职守、徇私舞弊等违法违纪行为的，按照《中华人民共和国预算法》、《中华人民共和国公务员法》、《中华人民共和国监察法》、《财政违法行为处罚处分条例》等有关规定追究责任。构成犯罪的，依法追究刑事责任。

第二十六条　本办法由财政部商有关主管部门按职责分工负责解释。

第二十七条　本办法自发布之日起施行。财政部印发的《可再生能源发展专项资金管理暂行办法》（财建〔2015〕87号）、《关于〈可再生能源发展专项资金管理暂行办法〉的补充通知》（财建〔2019〕298号）同时废止。

附录 9　关于进一步做好新能源汽车推广应用工作的通知

财建〔2014〕11 号

各省、自治区、直辖市、计划单列市财政厅（局）、科技厅（局、科委）、工业和信息化主管部门、发展改革委：

为加快新能源汽车产业发展，推进节能减排，促进大气污染治理，经国务院批准，2013 年，财政部、科技部、工业和信息化部、发展改革委启动了新能源汽车推广应用工作。从实施情况看，各项工作进展顺利，推广数量快速增加，市场规模不断拓展，政策效果已逐步显现。为进一步做好相关工作，现将有关事项通知如下：

一、按照《财政部　科技部　工业和信息化部　发展改革委关于继续开展新能源汽车推广应用工作的通知》（财建〔2013〕551 号，以下简称《通知》）规定，纯电动乘用车、插电式混合动力（含增程式）乘用车、纯电动专用车、燃料电池汽车 2014 和 2015 年度的补助标准将在 2013 年标准基础上下降 10% 和 20%。现将上述车型的补贴标准调整为：2014 年在 2013 年标准基础上下降 5%，2015 年在 2013 年标准基础上下降 10%，从 2014 年 1 月 1 日起开始执行。

二、按照相关文件规定，现行补贴推广政策已明确执行到 2015 年 12 月 31 日。为保持政策连续性，加大支持力度，上述补贴推广政策到期后，中央财政将继续实施补贴政策。具体办法另行公布。

三、按现行办法规定，补助资金按季预拨、年度清算。请各生产企业于每年 4 月底、7 月底和 10 月底前将上一季度的新能源汽车销售情况及相关证明材料，通过注册所在地财政、科技部门，逐级上报至财政部、科技部，财政部、科技部将根据企业销售情况预拨补助资金。每年 1 月底前，按上述程序提交上年度的清算报告及产品销售、运营情况，包括销售发票、产品技术参数和牌照信息等，财政部等四部委组织专家审核清算。各级财政等部门要做好中央财政预拨付资金申请及年度清算工作，并按照财政国库管理制度规定及时拨付补助资金。

财政部

科技部

工业和信息化部

发展改革委

2014 年 1 月 28 日

附录10　关于新能源汽车充电设施建设奖励的通知

财建〔2014〕692号

各省、自治区、直辖市、计划单列市财政厅（局）、科技厅（局、科委）、工业和信息化主管部门、发展改革委：

为加快新能源汽车充电设施建设，推进新能源汽车产业稳步发展，按照《国务院办公厅关于加快新能源汽车推广应用的指导意见》（国办发〔2014〕35号）等文件精神，中央财政拟安排资金对新能源汽车推广城市或城市群给予充电设施建设奖励。现将有关事项通知如下：

一、奖励对象是经财政部、科技部、工业和信息化部、发展改革委（下称四部委）批复备案的、成效突出且不存在地方保护的新能源汽车推广城市或城市群；其他尚未备案但推广效果较好的城市或城市群，可按程序报经四部委备案后，比照本通知执行。

二、京津冀、长三角和珠三角地区等大气污染治理重点区域中的城市或城市群，2013年度新能源汽车推广数量不低于2500辆（标准车，下同），2014年度不低于5000辆，2015年度不低于10000辆；其他地区的城市或城市群，2013年度推广数量不低于1500辆，2014年度不低于3000辆，2015年度不低于5000辆。推广数量以纯电动乘用车为标准进行计算，其他类型新能源汽车按照相应比例进行折算。不同类型新能源汽车折算系数见附件1①。

三、中央财政对符合上述条件的城市或城市群，根据新能源汽车推广数量分年度安排充电设施奖励资金；对符合国家技术标准且日加氢能力不少于200公斤的新建燃料电池汽车加氢站每个站奖励400万元；对服务于

① 本书未附。

钛酸锂纯电动等建设成本较高的快速充电设施，适当提高补助标准。

四、奖励资金与各城市新能源汽车年度推广考核结果挂钩。四部委每年组织对新能源汽车推广城市或城市群进行综合考核，考核结果为优秀的，适当上浮奖励资金，考核结果较差的，相应扣减奖励资金。

五、奖励资金由地方政府统筹用于充电设施建设运营、改造升级、充换电服务网络运营监控系统建设等领域，不得用于新能源汽车购置补贴等。纳入奖励范围的充电设施应符合相应国家和行业标准。

六、地方政府要加大支持力度，将中央财政奖励资金与地方投入统筹使用，结合本地新能源汽车推广应用情况研究制定具体落实办法；对快速充电等建设成本较高的设施适当加大奖励力度；鼓励创新投入方式，采取公私合营（PPP）等建设运营新能源汽车充电设施。

七、符合条件的城市或城市群，由当地财政、科技、工业和信息化、发展改革等部门，按照本通知要求对推广的新能源汽车进行统计折算，编制奖励资金申请报告，提交上年度新能源汽车车辆推广信息，经省级财政、科技、工业和信息化、发展改革部门审核后，联合上报四部委。四部委对各城市或城市群资金申请报告进行审核后按程序拨付奖励资金。

八、地方财政、科技、工业和信息化、发展改革等部门须对本地申报材料的真实性、准确性负责，并加强资金使用的监督管理。对弄虚作假、违规使用资金的城市或城市群，将追缴扣回奖励资金，取消该城市或城市群新能源汽车推广应用资格。

九、本政策执行期限为2013—2015年；2016年以后，财政部等四部委将根据新能源汽车推广应用规模和充电设施建设运营成本等情况，对奖励政策进行适当调整。

财政部

科技部

工业和信息化部

发展改革委

2014年1月28日

附录11 关于2016—2020年新能源汽车推广应用财政支持政策的通知

财建〔2015〕134号

各省、自治区、直辖市、计划单列市财政厅（局）、科技厅（局、科委）、工业和信息化主管部门、发展改革委：

新能源汽车推广应用工作实施以来，销售数量快速增加，产业化步伐不断加快。为保持政策连续性，促进新能源汽车产业加快发展，按照《国务院办公厅关于加快新能源汽车推广应用的指导意见》（国办发〔2014〕35号）等文件要求，财政部、科技部、工业和信息化部、发展改革委（以下简称四部委）将在2016—2020年继续实施新能源汽车推广应用补助政策。现将有关事项通知如下：

一、补助对象、产品和标准

四部委在全国范围内开展新能源汽车推广应用工作，中央财政对购买新能源汽车给予补助，实行普惠制。具体的补助对象、产品和标准是：

（一）补助对象。补助对象是消费者。新能源汽车生产企业在销售新能源汽车产品时按照扣减补助后的价格与消费者进行结算，中央财政按程序将企业垫付的补助资金再拨付给生产企业。

（二）补助产品。中央财政补助的产品是纳入“新能源汽车推广应用工程推荐车型目录”（以下简称“推荐车型目录”）的纯电动汽车、插电式混合动力汽车和燃料电池汽车。

（三）补助标准。补助标准主要依据节能减排效果，并综合考虑生产成本、规模效应、技术进步等因素逐步退坡。2016年各类新能源汽车补助标准见附件1。2017—2020年除燃料电池汽车外其他车型补助标准适当退坡，其中：2017—2018年补助标准在2016年基础上下降20%，2019—2020年补助标准在2016年基础上下降40%。

二、对企业和产品的要求

新能源汽车生产企业应具备较强的研发、生产和推广能力，应向消费者提供良好的售后服务保障，免除消费者后顾之忧；纳入中央财政补助范围的新能源汽车产品应具备较好的技术性能和安全可靠性。基本条件是：

（一）产品性能稳定并安全可靠。纳入中央财政补助范围的新能源汽车产品应符合新能源汽车纯电动续驶里程等技术要求，应通过新能源汽车专项检测、符合新能源汽车相关标准。其中，插电式混合动力汽车还需符合相关综合燃料消耗量要求。纳入中央财政补助范围的新能源汽车产品技术要求见附件2。

（二）售后服务及应急保障完备。新能源汽车生产企业要建立新能源汽车产品质量安全责任制，完善售后服务及应急保障体系，在新能源汽车产品销售地区建立售后服务网点，及时解决新能源汽车技术故障。

（三）加强关键零部件质量保证。新能源汽车生产企业应对消费者提供动力电池等储能装置、驱动电机、电机控制器质量保证，其中乘用车生产企业应提供不低于8年或12万公里（以先到者为准，下同）的质保期限，商用车生产企业（含客车、专用车、货车等）应提供不低于5年或20万公里的质保期限。汽车生产企业及动力电池生产企业应承担动力电池回收利用的主体责任。

（四）确保与《车辆生产企业及产品公告》保持一致。新能源汽车生产企业应及时向社会公开车辆基本性能信息，并保证所销售的新能源汽车与《车辆生产企业及产品公告》（以下简称《公告》）及“推荐车型目录”内产品一致。

三、资金申报和下达

（一）年初预拨补助资金。每年2月底前，生产企业将本年度新能源汽车预计销售情况通过企业注册所在地财政、科技、工信、发改部门（以下简称四部门）申报，由四部门负责审核并于3月底前逐级上报至四部委。四部委组织审核后按照一定比例预拨补助资金。

（二）年度终了后进行资金清算。年度终了后，2月底前，生产企业提交上年度的清算报告及产品销售、运行情况，包括销售发票、产品技术参数和车辆注册登记信息等，按照上述渠道于3月底前逐级上报至四部委。

四部委组织审核并对补助资金进行清算。

四、工作要求

各地要科学制定地方性扶持政策，进一步加大环卫、公交等公益性行业新能源汽车推广支持力度，和中央财政支持政策形成互补和合力，加快完善新能源汽车应用环境。四部委将加强对新能源汽车推广情况的监督、核查。有下列情形之一的，四部委将视情节给予通报批评、扣减补助资金、取消新能源汽车补助资格、暂停或剔除“推荐车型目录”中有关产品等处罚措施：

（一）提供虚假技术参数，骗取产品补助资格的；

（二）提供虚假推广信息，骗取财政补助资金的；

（三）销售产品的关键零部件型号、电池容量、技术参数等与《公告》产品不一致的。

五、实施期限及其他

本政策实施期限是 2016—2020 年，四部委将根据技术进步、产业发展、推广应用规模、成本变化等因素适时调整补助政策。

对地方政府的新能源汽车推广要求和考核奖励政策将另行研究制定。

附件：1. 2016 年新能源汽车推广应用补助标准①

2. 纳入中央财政补助范围的新能源汽车产品技术要求②

3. 单位载质量能量消耗量评价指标说明③

财政部

科技部

工业和信息化部

发展改革委

2015 年 4 月 22 日

① 见附录 11. 1。

② 见附录 11. 2。

③ 见附录 11. 3。

附录 11.1　2016 年新能源汽车推广应用补助标准

（财建〔2015〕134 号文件附件 1）

一、纯电动乘用车、插电式混合动力（含增程式）乘用车推广应用补助标准（单位：万元/辆）

车辆类型	纯电动续驶里程 R（工况法、公里）			
	$100 \leq R<150$	$150 \leq R<250$	$R \geq 250$	$R \geq 50$
纯电动乘用车	2.5	4.5	5.5	/
插电式混合动力乘用车（含增程式）	/	/	/	3

二、纯电动、插电式混合动力等客车推广应用补助标准（单位：万元/辆）

车辆类型	单位载质量能量消耗量（E_{kg}，Wh/km·kg）	标准车（10 米<车长≤12 米）					
		纯电动续驶里程 R（等速法、公里）					
		$6 \leq R<20$	$20 \leq R<50$	$50 \leq R<100$	$100 \leq R<150$	$150 \leq R<250$	$R \geq 250$
纯电动客车	$E_{kg}<0.25$	22	26	30	35	42	50
	$0.25 \leq E_{kg}<0.35$	20	24	28	32	38	46
	$0.35 \leq E_{kg}<0.5$	18	22	24	28	34	42
	$0.5 \leq E_{kg}<0.6$	16	18	20	25	30	36
	$0.6 \leq E_{kg}<0.7$	12	14	16	20	24	30
插电式混合动力客车（含增程式）		/	/	20	23	25	

注：上述补助标准以 10—12 米客车为标准车给予补助，其他长度纯电动客车补助标准按照上表单位载质量能量消耗量和纯电动续驶里程划分，插电式混合动力客车（含增程式）补助标准按照上表纯电动续驶里程划分。其中，6 米及以下客车按照标准车 0.2 倍给予补助；6 米<车长≤8 米客车按照标准车 0.5 倍给予补助；8 米<车长≤10 米客车按照标准车 0.8 倍给予补助；12 米以上、双层客车按照标准车 1.2 倍给予补助。

三、纯电动插电式混合动力（含增程式）等专用车、货车推广应用补助标准：按电池容量每千瓦时补助**1800**元，并将根据产品类别、性能指标等进一步细化补贴标准。

四、燃料电池汽车推广应用补助标准（单位：万元/辆）

车辆类型	补助标准
燃料电池乘用车	20
燃料电池轻型客车、货车	30
燃料电池大中型客车、中重型货车	50

附录 11.2 纳入中央财政补助范围的新能源汽车产品技术要求

（财建〔2015〕134号文件附件2）

一、新能源汽车纯电动续驶里程要求（单位：km）

类别	乘用车	客车	货车	专用车	测试方法
纯电动	≥100	≥150	≥80	≥80	M1、N1类采用工况法，其他暂采用40km/h等速法。
插电式混合动力（含增程式）	≥50（工况法）	≥50	≥50	≥50	M1、N1类采用工况法或60km/h等速法，其他暂采用40km/h等速法。
	≥70（等速法）				
燃料电池	≥150	≥150	≥200	≥200	M1、N1类采用工况法，其他暂采用40km/h等速法。

注：1. 超级电容、钛酸锂等纯电动快充客车不按上表续驶里程要求执行。

2. M1类是指包括驾驶员座位在内，座位数不超过九座的载客车辆。

N1类是指最大设计总质量不超过3500kg的载货车辆。

二、纯电动乘用车最高车速要求

纯电动乘用车30分钟最高车速应不低于100km/h。

三、插电式混合动力汽车综合燃料消耗量要求

（一）插电式混合动力乘用车综合燃料消耗量（不计电能消耗量）与现行的常规燃料消耗量国家标准中对应目标值相比小于60%；

（二）插电式混合动力商用车（含货车、客车）燃料消耗量（不含电能转化的燃料消耗量）与现行的常规燃料消耗量国家标准中对应限值相比小于60%。

附录 11.3　单位载质量能量消耗量评价指标说明

（财建〔2015〕134号文件附件3）

为更科学地评价纯电动客车技术水平，特提出“单位载质量能量消耗量（E_{kg}）”指标，单位 Wh/km·kg，四舍五入至小数点后两位。计算公式如下：

$$E_{kg}=\frac{E}{M}$$

E 表示电能消耗率，试验检测项。电动汽车 GB/T 18386《电动汽车能量消耗率和续驶里程试验方法》试验中消耗的电能除以行驶里程所得的值，单位 Wh/km。

M 表示附加质量，车辆基本参数。GB/T 18386 检测试验中的所需附加质量，单位 kg，具体计算如下：

1. 最大允许装载质量小于或等于 180kg，附加质量 = 最大允许装载质量；

2. 最大允许装载质量大于 180kg，但小于 360kg，附加质量 = 180kg；

3. 最大允许装载质量大于或等于 360kg，附加质量 = 1/2 最大允许装载质量。

注：按 GB/T 3730.2《道路车辆　质量　词汇和代码》中定义：

最大允许装载质量 = 最大允许总质量 - 整车整备质量。

附录12　关于完善城市公交车成品油价格补助政策加快新能源汽车推广应用的通知

财建〔2015〕159号

各省、自治区、直辖市、计划单列市财政厅（局）、工业和信息化主管部门、交通运输厅（局、委），新疆生产建设兵团财务局、工业和信息化委员会、交通局：

按照《国务院关于印发节能与新能源汽车产业发展规划（2012—2020年）的通知》（国发〔2012〕22号）、《国务院关于印发大气污染防治行动计划的通知》（国发〔2013〕37号）、《国务院办公厅关于加快新能源汽车推广应用的指导意见》（国办发〔2014〕35号）等文件要求，为进一步加快新能源汽车推广应用，促进公交行业节能减排和结构调整，实现公交行业健康、稳定发展，经国务院批准，从2015年起对城市公交车成品油价格补助政策进行调整。有关事项通知如下：

一、充分认识城市公交车成品油价格补助政策调整的重要意义

2006年起实施的成品油价格补助政策，促进了石油价格形成机制的不断完善和城市公交行业的稳定发展。但成品油价格补助政策的长期执行，实际形成了鼓励购买和使用燃油公交车、阻碍新能源公交车推广应用的不良机制，不利于优化公交行业能源消费结构，与国家节能减排、大气污染防治和发展新能源汽车的工作要求不相符，迫切需要发挥价格机制的调节作用，建立鼓励新能源公交车应用、限制燃油公交车增长的新机制。

二、总体思路和基本原则

通过完善城市公交车成品油价格补助政策，进一步理顺补助对象和环节，加快新能源公交车替代燃油公交车步伐。一方面还原燃油公交车的真实使用成本，遏制燃油公交车数量增加势头，另一方面调动企业购买和使

用新能源公交车的积极性，鼓励在新增和更新城市公交车时优先选择新能源公交车，推动新能源公交车规模化推广应用，促进公交行业节能减排，为大气污染防治做出贡献。

（一）总体思路。

统筹考虑各类城市公交车购置和运营成本，在对城市公交行业补助总体水平相对稳定的前提下，调整优化财政补助支出结构，平衡传统燃油公交车和新能源公交车的使用成本，逐步形成新能源汽车的比较优势。循序渐进，分类实施，推动形成有利于城市公交行业节能减排和新能源汽车产业发展的政策环境，确保公交行业平稳转型、健康发展。

（二）基本原则。

一是统筹兼顾，突出重点。统筹考虑城市用油、用气、新能源等公交车一定期限内购置及运营成本，调整现行成品油价格补贴政策，加大对新能源公交车支持力度，及时研究制订用气公交车支持政策。

二是总量稳定，结构优化。在对城市公交行业补助总体规模稳定的前提下，通过逐年降低城市公交车成品油价格补助和增加新能源公交车运营补助，加大对新能源公交车支持力度，逐步形成新能源公交车的比较优势，优化城市公交车辆产品结构。

三是分类实施，循序渐进。对现行城市公交车成品油价格补助中因税费改革产生的补助（即2008年国务院实施成品油价格和税费改革时，对因取消公路养路费等六项收费后提高汽柴油消费税形成的涨价给予的补助，以下简称费改税补助）和成品油价格上涨产生的补助（以下简称涨价补助）区别对待。费改税补助，以2013年实际执行数为基数予以保留。涨价补助与新能源公交车推广完成情况挂钩，补助金额逐步减少。

四是绩效考核，有奖有罚。对各省（区、市）新能源公交车推广情况进行考核，完成新能源公交车推广目标的，给予新能源公交车运营补助；对未完成目标的，按照一定比例扣减本省（区、市）成品油价格补助中的涨价补助。

三、政策措施

（一）调整现行城市公交车成品油价格补助政策。

1. 现行城市公交车成品油价格补助中的费改税补助作为基数保留，不作调整。2015—2019 年，费改税补助数额以 2013 年实际执行数作为基数予以保留，暂不做调整。

2. 现行城市公交车成品油价格补助中的涨价补助以 2013 年作基数，逐年调整。2015—2019 年，现行城市公交车成品油价格补助中的涨价补助以 2013 年实际执行数作为基数逐步递减，其中 2015 年减少 15%、2016 年减少 30%、2017 年减少 40%、2018 年减少 50%、2019 年减少 60%，2020 年以后根据城市公交车用能结构情况另行确定。

（二）涨价补助数额与新能源公交车推广数量挂钩。2015—2019 年，城市公交车成品油价格补助中的涨价补助数额与新能源公交车推广数量挂钩。其中，大气污染治理重点区域和重点省市（包括北京、上海、天津、河北、山西、江苏、浙江、山东、广东、海南），2015—2019 年新增及更换的公交车中新能源公交车比重应分别达到 40%、50%、60%、70% 和 80%。中部省（包括安徽、江西、河南、湖北、湖南）和福建省 2015—2019 年新增及更换的公交车中新能源公交车比重应分别达到 25%、35%、45%、55% 和 65%。其他省（区、市）2015—2019 年新增及更换的公交车中新能源公交车比重应分别达到 10%、15%、20%、25% 和 30%。达到上述推广比例要求的，涨价补助按照政策调整后的标准全额拨付。未能达到上述推广比例要求的，扣减当年应拨涨价补助数额的 20%。新能源公交车推广考核具体办法由工业和信息化部、交通运输部、财政部另行制订。

（三）调整后的城市公交车成品油价格补助资金由地方统筹使用。调整后的城市公交车成品油价格补助资金由地方统筹用于城市公交车补助。各省（区、市）财政、工业和信息化、交通运输等部门根据本地实际制定具体管理办法。城市公交车补助问题由地方政府通过增加财政补助、调整运价等方式予以解决，确保公交行业稳定。

（四）中央财政对完成新能源公交车推广目标的地区给予新能源公交车运营补助。

为加快新能源公交车替换燃油公交车步伐，2015—2019 年期间中央财政对达到新能源公交车推广目标的省份，对纳入工业和信息化部“新能源汽车推广应用工程推荐车型目录”、年运营里程不低于 3 万公里（含 3 万公里）的新能源公交车以及非插电式混合动力公交车，按照其实际推广数量给予运营补助。具体标准见附件①。2020年以后再综合考虑产业发展、成本变化及优惠电价等因素调整运营补助政策。

四、资金申请和拨付

（一）城市公交车成品油价格补助。

调整后的城市公交车成品油价格补助资金将采取年初预拨、年度清算的资金拨付方式，即：

1. 在每年4月底前，中央财政将各省（区、市）当年应享受的全部费改税补助资金和80%的涨价补助资金，提前拨付给省级财政部门（2015年度补助资金将在政策发布后一个月内拨付地方）。

2. 剩余20%的涨价补助资金，在下一年度4月底前，对该省（区、市）的新能源公交车推广工作核查后，向符合条件的省（区、市）进行拨付，不符合条件的将不予拨付。具体的申报、核查程序以及时间要求如下：

（1）由县、市级交通运输部门和道路运输管理机构组织力量，对本辖区城市公交企业新增及更换公交车数量、新能源公交车实际推广使用数量、新能源公交车行驶里程及车辆购置发票等相关证明材料进行统计、整理、汇总，经核实并公示无异后，于每年2月10日前，逐级上报至省级交通运输部门，同时抄报同级财政、工业和信息化、审计部门。

（2）省级交通运输部门收到下级交通运输部门上报的车辆信息及相关证明材料后，经审核和重点抽查，将本省（区、市）新增及更换公交车数量、新能源公交车实际推广数量、新能源公交车运营里程等情况整理汇总，于每年2月底前，上报至交通运输部，并抄送同级财政、工业和信息化、审计部门及财政部驻当地财政监察专员办事处。

（3）交通运输部会同工业和信息化部对各省（区、市）公交车推广情况进行整理、汇总和分析，核定各省（区、市）新能源公交车推广数量和占新增及更换的公交车的比例，确定各省（区、市）是否完成相应的新能

① 本书末附。

源汽车推广任务，将审核报告于每年 3 月底前提交至财政部。

（4）财政部根据交通运输部、工业和信息化部审核结果，向符合条件的省（区、市）拨付剩余 20%的城市公交车成品油价格补助资金。

3. 省级财政部门收到财政部下达的补助资金（包括预拨资金和清算资金）后，应当会同同级交通运输、工业和信息化部门逐级下拨资金。基层财政、交通运输和工业和信息化部门应当及时将补助资金发放到补助对象。

（二）新能源公交车运营补助。

新能源公交车运营补助资金将采取存量部分年初拨付、增量部分年终清算的方式，即：

1. 在每年 4 月底前，中央财政对以前年度（从 2015 年 1 月 1 日起）已购买并上牌，且在正常运行（年运营里程不得低于 3 万公里）的新能源公交车，按照附件中确定的补助标准，将运营补助资金拨付给省级财政部门，与城市公交车成品油价格补助预拨资金一并下达。

2. 当年新投入运营的新能源公交车，中央财政将于下一年度 4 月底前，向符合条件的省（区、市）拨付运营补助资金，与城市公交车成品油价格补助清算资金一并下达；不符合要求的将不予拨付。

补助资金应当专款专用，全额用于补助实际用油者和新能源公交车的运营，不得挪作他用。

五、保障措施

城市公交车成品油价格补助政策调整涉及城市公交企业和广大群众切身利益，实施新能源汽车替代燃油车是一个系统工程，各地区要统一思想，精心组织，周密部署，做好有关工作，确保顺利实施。

（一）加强组织领导。城市公交车成品油价格补助政策调整以省（区、市）为单位实施，财政部、工业和信息化部、交通运输部分工协作，共同督促地方政府加强领导，精心部署，切实做好政策调整的组织实施工作。财政部牵头负责政策制定和调整、组织实施并具体负责中央财政补助资金的管理。工业和信息化部负责采取切实有效措施打破地方保护，督促企业加大新能源公交车生产供应和提高质量安全保障等。交通运输部负责对各地新能源公交车替代燃油公交车工作的考核、监督与指导。

（二）加强监督检查。各省级财政、工业和信息化、交通运输部门要联合有关部门加强对城市公交车成品油价格补助政策调整工作的监督检查，规范补助资金的申请和发放程序，加强资金管理。对弄虚作假、套取补助资金的公交企业，一经查实，追回上年度补助资金，并取消下年度补助资格；对虚报瞒报新能源公交车推广数量和推广比例、扩大范围发放补助资金、截留挪用补助资金的部门和管理人员，一经查实，将严肃处理，并追究相关责任人的责任。

（三）做好政策宣传。财政部、工业和信息化部、交通运输部会同有关部门和行业协会、企业做好宣传工作，加强舆论引导，及时回应社会关切，争取社会各方理解和支持，确保政策调整平稳实施。地方各级人民政府要结合本地实际情况，加强舆论引导。

（四）维护行业稳定。各省（区、市）要加强公交行业动态信息监控，及时掌握改革动态；要充分考虑公共财政保障能力、公众承受能力和企业运营成本，加快建立城市公交成本票价制度，消化补助政策调整给企业增加的运营成本，维护城市公交行业健康稳定发展。

（五）做好政策衔接。地方政府及相关部门应当按照本通知要求，尽快完善补助资金的发放管理制度，并将调整后的补助程序、补助对象、补助标准和金额等内容及时向社会公布。

本通知自 2015 年 1 月 1 日起实施。2009 年财政部、交通运输部联合发布的《城乡道路客运成品油价格补助专项资金管理暂行办法》（财建〔2009〕1008 号）中关于城市公交的内容同时废止。

财政部

工业和信息化部

交通运输部

2015 年 5 月 11 日

附录 13 关于"十三五"新能源汽车充电基础设施奖励政策及加强新能源汽车推广应用的通知

财建〔2016〕7 号

各省、自治区、直辖市、计划单列市财政厅（局）、科技厅（委、局）、工业和信息化主管部门、发展改革委、能源局，新疆生产建设兵团财务局、科技局、工业和信息化委员会、发展改革委、能源局：

按照《国务院办公厅关于加快新能源汽车推广应用的指导意见》（国办发〔2014〕35 号）、《国务院办公厅关于加快电动汽车充电基础设施建设的指导意见》（国办发〔2015〕73 号）等文件要求，为加快推动新能源汽车充电基础设施建设，培育良好的新能源汽车应用环境，2016—2020 年中央财政将继续安排资金对充电基础设施建设、运营给予奖补。现将有关事项通知如下：

一、奖补对象

中央财政充电基础设施建设运营奖补资金是对充电基础设施配套较为完善、新能源汽车推广应用规模较大的省（区、市）政府的综合奖补。

二、奖补条件

获得中央财政充电基础设施建设运营奖补资金的各省（区、市）应满足以下条件：

（一）新能源汽车推广规模较大。各省（区、市）新能源汽车推广要具备一定数量规模并切实得到应用：

大气污染治理重点区域和重点省市（包括北京、上海、天津、河北、山西、江苏、浙江、山东、广东、海南），2016—2020 年新能源汽车（标准车）推广数量分别不低于 3.0 万辆、3.5 万辆、4.3 万辆、5.5 万辆、7 万辆，且推广的新能源汽车数量占本地区新增及更新的汽车总量比例不低于 2%、3%、4%、5%、6%。

中部省（包括安徽、江西、河南、湖北、湖南）和福建省，2016—2020 年新能源汽车（标准车）推广数量分别不低于 1.8 万辆、2.2 万辆、2.8 万辆、3.8 万辆、5.0 万辆，且推广的新能源汽车数量占本地区新增及更新的汽车总量比例不低于 1.5%、2%、3%、4%、5%。

其他省（区、市）2016—2020 年新能源汽车（标准车）推广数量分别不低于 1.0 万辆、1.2 万辆、1.5 万辆、2.0 万辆、3.0 万辆，且推广的新能源汽车数量占本地区新增及更新的汽车总量比例不低于 1%、1.5%、2%、2.5%、3%。

新能源标准车推广数量以纯电动乘用车为标准进行计算，其他类型新能源汽车按照相应比例进行折算（折算关系见附件 1）。

中央和国家机关及所属公共机构实行属地化考核，即相关单位推广应用的新能源汽车纳入所在省（区、市）统一计算。

（二）配套政策科学合理。各省（区、市）要切实加强组织领导，建立由主要负责同志牵头、各职能部门参加的新能源汽车推广应用工作推进机制；要按照国务院及有关部门要求，结合本地实际，编制 2016—2020 年新能源汽车推广应用实施方案，切实履行政府应承担的职责，制定出台充电基础设施建设运营管理办法和地方鼓励政策，并向社会公布，加快形成适度超前、布局合理、科学高效的充电基础设施体系。

2016 年 4 月底前，各省（区、市）应将新能源汽车推广应用实施方案及充电基础设施建设运营管理办法报财政部、科技部、工业和信息化部、发展改革委、能源局等部门（以下统称五部门）备案。未按要求制定出台的地区不得享受中央财政充电基础设施建设运营奖补资金。

（三）市场公平开放。要严格执行国家统一的新能源汽车推广目录，不得设置或变相设置障碍限制采购外地品牌车辆；不得设置或变相设置障碍限制外地充电设施建设、运营企业进入本地市场；要严格执行全国统一的新能源汽车和充电设施国家标准和行业标准，不得自行制定地方标准；不得对新能源汽车进行重复检测、强制要求汽车生产企业在本地设厂、强制要求整车企业采购本地生产的电池、电机等零部件。经有关部门认定存在上述地方保护行为的省（区、市），中央财政将视情节严重程度对奖补资金进行相应扣减。

三、奖补方式和标准

（一）奖补方式。中央财政对符合上述条件的省（区、市）安排充电设施建设运营奖补资金，奖补资金由中央财政切块下达地方，由各省（区、市）统筹安排用于充电设施建设运营等相关领域。

（二）奖补标准。奖补标准主要根据各省（区、市）新能源汽车推广数量确定，推广量越大，奖补资金获得的越多，具体标准见附件2。

四、奖补资金使用范围

奖补资金应当专门用于支持充电设施建设运营、改造升级、充换电服务网络运营监控系统建设等相关领域。地方应充分利用财政资金杠杆作用，调动包括政府机关、街道办事处和居委会、充电设施建设和运营企业、物业服务等在内的相关各方积极性，对率先开展充电设施建设运营、改造升级、解决充电难题的单位给予适当奖补，并优先用于支持《国务院办公厅关于加快电动汽车充电基础设施建设的指导意见》（国办发〔2015〕73号）确定的相关重点任务。

奖补资金不得用于平衡地方财力，不得用于新能源汽车购置补贴和新能源汽车运营补贴。纳入奖补范围的充电设施应符合相应国家和行业相关标准。

中央和国家机关及所属公共机构应同等享受地方政府对本地区公共机构的奖补标准。

五、资金申请和下达

（一）每年2月底前，各省（区、市）财政、科技、工业和信息化、发展改革、能源等部门，编制奖补资金申请报告，联合上报至五部门。申请报告应包括：各省（区、市）上年度各车型实际推广情况，并按要求折算成标准车；车辆推广相关证明材料，包括车辆销售发票、车辆注册登记信息、相关技术参数等。

（二）科技部、工业和信息化部、发展改革委、国家能源局组织专家对各省（区、市）资金申请报告进行复核并将结果提交至财政部，财政部按程序拨付奖补资金。

六、监督管理

（一）各省（区、市）财政、科技、工业和信息化、发展改革、能源等部门要对本地区申报材料的真实性、准确性负责，并加强充电基础设施建设运营奖补资金使用的监督管理。对弄虚作假、违规使用资金的地区，将追缴扣回奖补资金。

（二）各省（区、市）要加大充电基础设施支持力度，结合本地区新能源汽车产业发展情况研究制定具体支持措施；鼓励创新投入方式，采取政府和社会资本合作（PPP）模式等建设运营新能源汽车充电设施。

（三）建立信息上报和公示制度。各省（区、市）要建立车辆推广和充电基础设施建设情况上报制度，按月报送新能源汽车推广、充电设施数量情况等信息，并于月度结束后10个工作日内逐级上报至五部门。年度结束后一个月内，各省（区、市）应将上一年度车辆推广情况、基础设施建设情况及充电基础设施奖补资金使用情况自查报告上报至五部门，五部门将对各省（区、市）进行综合考核，并向社会公示。

本政策执行期限为2016—2020年。财政部等相关部门将根据产业发展情况适时调整政策。

附件：1. 新能源标准车折算关系表①

2. 2016—2020年各省（区、市）新能源汽车充电基础设施奖补标准②

财政部

科技部

工业和信息化部

发展改革委

国家能源局

2016年1月11日

① 见附录13.1。

② 见附录13.2。

附录13.1 新能源标准车折算关系表

（财建〔2016〕7号文件附件1）

车型		与标准车折算比例
纯电动乘用车（续驶里程<150km）		0.8：1
纯电动乘用车（续驶里程≥150km）		1：1
插电式混合动力乘用车		1：1
纯电动客车		12：1
钛酸锂等纯电动快充客车		20：1
插电式混合动力客车		5：1
燃料电池乘用车		30：1
燃料电池客车		50：1
纯电动专用车	最大设计总质量≥3500kg	3：1
	最大设计总质量<3500kg	1.5：1
插电式混合动力专用车		0.6：1

附录 13.2 2016—2020 年各省（区、市）新能源汽车充电基础设施奖补标准

（财建〔2016〕7 号文件附件 2）

单位：辆、万元

年份	大气污染治理重点区域和重点省市			中部省和福建省			其他省（区、市）		
	奖补门槛（标准车推广量）	奖补标准	超出门槛部分奖补标准	奖补门槛（标准车推广量）	奖补标准	超出门槛部分奖补标准	奖补门槛（标准车推广量）	奖补标准	超出门槛部分奖补标准
2016 年	30000	9000	每增加 2500 辆，增加奖补资金 750 万元。奖补资金最高封顶 1.2 亿元	18000	5400	每增加 1500 辆，增加奖补资金 450 万元。奖补资金最高封顶 1.2 亿元	10000	3000	每增加 800 辆，增加奖补资金 240 万元。奖补资金最高封顶 1.2 亿元
2017 年	35000	9500	每增加 3000 辆，增加奖补资金 800 万元。奖补资金最高封顶 1.4 亿元	22000	5950	每增加 2000 辆，增加奖补资金 550 万元。奖补资金最高封顶 1.4 亿元	12000	3250	每增加 1000 辆，增加奖补资金 280 万元。奖补资金最高封顶 1.4 亿元
2018 年	43000	10400	每增加 4000 辆，增加奖补资金 950 万元。奖补资金最高封顶 1.6 亿元	28000	6700	每增加 2500 辆，增加奖补资金 600 万元。奖补资金最高封顶 1.6 亿元	15000	3600	每增加 1200 辆，增加奖补资金 300 万元。奖补资金最高封顶 1.6 亿元

续表

年份	大气污染治理重点区域和重点省市			中部省和福建省			其他省（区、市）		
	奖补门槛（标准车推广量）	奖补标准	超出门槛部分奖补标准	奖补门槛（标准车推广量）	奖补标准	超出门槛部分奖补标准	奖补门槛（标准车推广量）	奖补标准	超出门槛部分奖补标准
2019年	55000	11500	每增加5000辆，增加奖补资金1000万元。奖补资金最高封顶1.8亿元	38000	8000	每增加3500辆，增加奖补资金700万元。奖补资金最高封顶1.8亿元	20000	4200	每增加1500辆，增加奖补资金320万元。奖补资金最高封顶1.8亿元
2020年	70000	12600	每增加6000辆，增加奖补资金1100万元。奖补资金最高封顶2亿元	50000	9000	每增加4500辆，增加奖补资金800万元。奖补资金最高封顶2亿元	30000	5400	每增加2500辆，增加奖补资金450万元。奖补资金最高封顶2亿元

索 引

X

Y

Z

致谢

本书完成之际，心中不禁感慨万千。求学于武汉大学这一段经历将成为我一生难忘的记忆。自2016年前往武汉大学攻读博士学位，我便于武汉、郑州、洛阳及家乡之间来回奔波。其间，我平衡于家庭学业之间，变得更加成熟、坚强，明白了很多为人的道理。

在此，深深感恩我的双亲，感谢他们的养育之恩，感谢他们给予我的支持和理解。作为女儿，多年来一直在外求学，很少有时间看望、陪伴他们，心中不胜愧疚，希望在以后的日子里能够弥补！

同时要感谢我的丈夫张世明，感谢他无私的爱、宽容和理解，及对我毫无保留的支持！奋斗的路上，我并不孤单！

此外，要感谢我的两个孩子张颢田、张胜然，他们给我带来了无尽快乐！为家庭增添了新的色彩！他们是我前进的动力，有他们的陪伴，我很幸福！

最后，我要感谢我的姐妹，在学业上给予我的鼓励！

感谢我的公婆，在生活上给予我的照顾！

感谢我的朋友姚红、王璐和卜芳，谢谢他们在学习和生活上给予我的帮助！

感谢我的师兄、师姐、师弟和师妹们，在攻读博士学位期间和论文写作过程中给予我的帮助和支持！

在未来的日子里，我将以"堂堂正正做人，踏踏实实做事"为座右铭，时刻谨记各位恩师谆谆教诲和亲朋好友的期望，勤勤恳恳、兢兢业业地对待工作和生活。

董莉莉

2021年3月